オバマ後のアメリカ政治

2012年大統領選挙と分断された政治の行方

吉野 孝・前嶋和弘 編著

早稲田大学・日米研究機構

東信堂

プロローグ

吉野 孝

　2012年の大統領選挙は，少なくとも次の2点で注目された。
　第1に，オバマ大統領が2008年選挙で形成し，彼を大統領の地位につけた選挙連合を再建することができるのか否かに大きな関心が集まった。オバマ陣営は2008年選挙でソーシャル・ネットワーキング・サービス（SNS）を用いて青年層を選挙に引きつけ，アウトリーチ戦略を用いてマイノリティ集団を選挙に動員した。これがオバマ大統領の初当選を可能にした主要な要因であった。しかし，2010年の中間選挙では，ティーパーティ運動がSNSを用いて保守派を動員した結果，共和党が連邦下院で多数党の地位を獲得した。したがって，2012年の大統領選挙で，オバマ陣営がこれらの手段を用いてどのような勝利連合を構築することができるかが主要な関心事となった。
　しかも今回の大統領選挙運動では，アフガニスタン問題やテロの脅威は大きな争点とならず，主要争点とみなされたのは経済だけであった。これまでの大統領選挙では，経済運営の失敗，すなわち景気後退や失業率の高さの責任が現職大統領にあるとされ，そのような大統領は実際にも票を減らす傾向があった。したがって，現職のオバマ大統領が経済運営の責任を求められ，苦しい戦いを迫られるのは当然のこととみなされた。
　第2に，共和党大統領候補者ロムニーがどこまで票を伸ばすことができるのかに大きな関心が集まった。ロムニーはかつての経営者の経験から経済政策に強いといわれ，また久々の中道派の候補者として，共和党を「保守派の政党」から「中道派の政党」に生まれ変わらせ，政権を民主党から奪還することが期待された。ただし，共和党内ではなお保守派

の活動家や支持団体の力が強力であったので，ロムニーがいかに早く代議員獲得競争を抜け出して共和党大統領候補者の指名を獲得するかに注目が集まった。

　また，ロムニーがモルモン教徒であるという事実も一部では問題視された。プロテスタントや福音派からみると，モルモン教は特殊な宗派であり，それらの宗派の者が彼をどの程度にまで受け入れるのかはまさに未知数であった。予備選挙が終わり，本選挙運動が始まると，ロムニーの宗派問題はメディアによって取り上げられなくなった。さらに10月に行われた世論調査では，ロムニーはオバマと人気を2分し，一部の州ではオバマをリードしており，ロムニーの勝利を予測する専門家もいた。

　さて投票の結果，オバマ大統領は共和党候補者のロムニーを破って，第44代大統領に再選されたものの，2008年選挙ほどの熱狂はなく，2008年に56.9％であった大統領選挙の投票率は53.3％に低下した。また，同時に行われた連邦議会議員選挙において，共和党は連邦下院の多数党の地位を維持した。結局，第1期目のオバマ政権を苦しめた分割政府は，そのまま続くことになった。

　ここから生じるのは，次のような疑問であろう。
・アメリカの経済がよくなかったにもかかわらず，また2008年の選挙連合をまとめきれなかったにもかかわらず，2012年の大統領選挙では，なぜ現職のオバマ大統領が再選を果たすことができたのであろうか。
・当初，期待が高かったにもかかわらず，なぜ共和党のロムニーは大統領の候補者指名を獲得するまでに時間がかかったのであろうか。経済の悪さが追い風になっていたにもかかわらず，なぜロムニーは選挙で敗北したのであろうか。
・2012年の大統領選挙では，何が主要な争点となり，メディアはそれを有権者にどのように伝えたのであろうか。
・2012年の大統領選挙では，オバマ・ロムニー両陣営は，それぞれどのような統一的選挙メッセージを形成し，それを有権者集団ごと

にどの程度にまできめ細かく発信していたのであろうか。
・2012年の大統領選挙で，有権者はどのように投票決定をしたのであろうか？

　本書の目的は，2012年の共和党の大統領候補者指名過程，大統領選挙運動における争点とメディアの役割，両大政党の選挙アウトリーチ戦略，大統領選挙における投票行動に焦点をおいて，2012年の大統領選挙を多面的に分析し，合わせて，連邦議会指導部によるコミュニケーション戦略とその実際を分析し，オバマ政権2期目のアジア重視政策のシナリオを考察し，最後に，これまでのオバマ政権を暫定的に評価し，今後のアメリカ政治を展望することにある。

　第1章では，2012年の共和党の大統領候補者指名過程が分析される。まず共和党では，現職大統領がおらず，候補者を早期に指名して本選挙を有利に戦おうという動機が希薄であった。候補者指名過程が長期化し混戦した要因として，予備選挙期間の長期化，候補者への代議員配分への比例代表制の導入，公開候補者討論会の実施，スーパーPAC・メガドナーによる候補者への献金などの制度要因が挙げられ，ロムニーという人物も混戦の原因であった。そして，両党ともに「新人」が競争する2016年の候補者指名過程で，これらの制度要因がどのように作用するか重要であると論じられる。

　第2章では，2012年大統領選挙運動における争点とメディアの関係が分析される。まず，メディアが取り上げた争点，世論が認識した争点，候補者陣営が訴えた争点のいずれにおいても「経済」が最も重要な位置を占め，「同性婚」と「移民」については，オバマ陣営が効果的にメディアの議題設定を行っていた。また，2012年のオバマ大統領の勝因は，「地上戦」「空中戦」「サイバー戦」さらには「ローズガーデン戦略」で支持者固めを行ったことにあり，その背景にはデータ分析を徹底的に行うビッグデータの利用があった。

　第3章では，オバマ陣営を中心に，2012年の選挙アウトリーチの特質が分析される。オバマ陣営は，経済と雇用に絞った統一的メッセージ

を今回の選挙メッセージとし，それに基づいて有権者グループごとにきめ細かい情報発信を行った。これに対して，ロムニー陣営には統合的メッセージはなく，特定有権者グループ向けの運動も分散的であった。また，党大会をアウトリーチ戦略として利用する点では民主党が先行し，同党はアジア系やユダヤ系など人口数では少ないものの激戦州や資金獲得で影響力をもつ集団との関係強化を図った。最後に，メッセージングによる対立軸づくりとターゲティングによる激戦州での動員がオバマ陣営に勝利をもたらしたと論じられる。

　第4章では，有権者の認識と投票行動の視点から，オバマ大統領が再選された理由が分析される。2012年の大統領選挙において，経済状態がよくないにもかかわらずオバマがロムニーを破ることができた要因は，ロムニーの選挙戦略の失敗，ロムニーの選挙公約と有権者の政策選好のかい離，経済に対する責任の所在の不明確性，ロムニーの信仰問題にあった。とくに後者の2点について，インターネットサーベイを用いた実験調査をつうじて，1)すべての有権者がオバマ政権の経済運営に大きな責任があると考えているわけでなく，責任が軽いと考える投票者グループと責任が重いと考える投票者グループの間で，オバマに投票する比率が異なった，2)ロムニーがモルモン教徒であったという事実が投票行動に影響を及ぼした可能性が高かった，と論じられる。

　第5章では，連邦議会指導部によるコミュニケーション戦略の発達とその政治効果が分析される。コミュニケーション技術の発達と連邦議会指導部の制度化により，指導部によるコミュニケーション戦略が可能になった。この戦略が有権者の投票行動にどのような影響を及ぼすかを明らかにするため，インターネットを用いた実験調査を行い，分析の結果，議会多数党に帰属意識をもつ有権者，政党帰属意識をもたない有権者は議会指導部により批判的であることが部分的に妥当することが示唆される。そして，2012年選挙との関連において，この分析結果の含意が論じられる。

　第6章では，オバマ政権2期目の外交政策の変更可能性が論じられる。

まず2期目のオバマ外交の4つの特徴 ──①外交よりも内政，②リベラル国際主義，③対話と協調は可能，④前方展開からオフショア志向へ──が予想され，次にアジア外交の領域では再調整が行われ，クリントン国務長官時代の中国牽制路線が中国協調路線に変更されることが示唆される。ケリー国務長官，ヘーゲル国防長官，ブレナンCIA長官の任命は，このような政策変更の可能性を暗示している。そして，これらの政策変更との関連で，日米同盟の現状と将来が多面的に検討される。

最後に第7章では，「評価と展望：政府の機能障害の克服と"オバマ後"のアメリカ政治」と題して，オバマ政権が暫定的に評価される。オバマ大統領は2期目の就任演説で平等・公平な社会の実現の必要性を説き，一般教書演説でそれを実現するための政策提案をしたにもかかわらず，予算と連邦債務の上限引き上げ問題をめぐり連邦下院多数党の共和党と激しい対立が続いている。対立が続く理由は，分割政府のもとで連邦下院多数党の共和党が対決型アプローチを採用しているからである。しかし，オバマ大統領自身は財政保守・社会政策リベラル，市場システムの利用を認める中道政治家であり，オバマ政権のもとでアメリカ政治の「脱保守主義化」が少しずつ進行していることが指摘される。（第1章から第6章までは，原則として2013年3月までの事実を対象としている。第7章は，対象範囲をさら7月にまで拡張し，より新しい情報を含んでいる。）

なお，本研究は，日本学術振興会科学研究費（基盤研究（B）研究課題：「危機のアメリカ『選挙デモクラシー』：社会経済変化と政治的対応」課題番号：23330046　研究代表者：吉野孝・早稲田大学政治経済学術院）による研究成果の一部である。なお，この研究の一環として行われた調査Waseda American Voter Survey 2012（WAVS2012）のデータは，早稲田大学日米研究機構のウェブサイトから入手可能である。http://www.kikou.waseda.ac.jp/wojuss/study_groups/us_politics/

引用参考文献
吉野孝・前嶋和弘，2010『オバマ政権はアメリカをどのように変えたのか：支持連合・政策成果・中間選挙』東信堂。

オバマ後のアメリカ政治／目次

プロローグ ……………………………………………… 吉野　孝… i

第1章　2012年共和党大統領候補者指名の分析
………………………………………………… 今村　浩… 3
　第1節　はじめに……………………………………………… 3
　第2節　2012年共和党指名過程の政治的条件 …………… 5
　　(1) 大統領候補者指名の歴史的概観(5)
　　(2) 2012年大統領選挙の一般情勢(6)
　第3節　2012年共和党指名過程の制度的条件
　　　　　2012年指名過程のルールと長期化の要因 ……… 7
　　(1) 共和党の思惑(7)
　　(2) 予備選挙投票日の前期集中から分散長期化へ(10)
　　(3) 比例代表の導入(13)
　　(4) 公開候補者討論会(13)
　　(5) スーパーPACとメガ・ドナー(15)
　第4節　2012年共和党指名過程の経過 ………………… 16
　　(1) 日程争い再燃(16)
　　(2) 候補者討論会段階での浮沈と脱落(17)
　　(3) 本命ロムニー結局混戦を制す(19)
　第5節　2012年共和党候補者指名過程の評価 ………… 21
　　(1) 過去のパターンからの逸脱(21)
　　(2) 過去との連続性(22)
　　(3) 共和党大統領候補者指名過程は失敗だったか？(25)
　第6節　おわりに…………………………………………… 28
　注(30)

第2章　2012年選挙とメディア：争点と新しい変化
　　　　　　　　　　　　　　　　　　　　　　　　前嶋　和弘…33

　第1節　はじめに……………………………………………… 33
　第2節　2012年大統領選挙の争点 ………………………… 33
　　(1) メディアが取り上げた争点(35)
　　(2)「世論が認識した争点」(40)
　　(3)「候補者陣営が訴えた争点」(42)
　　(4)「メディア」「世論」「候補者」の争点の関連性(45)
　第3節　2012年大統領選挙におけるメディア関連の
　　　　　新しい動き………………………………………… 49
　　(1) ビッグデータ選挙(50)
　　(2) スーパーPAC(53)
　　(3) メディアの分極化の進展(55)
　第4節　まとめにかえて……………………………………… 57
　注(59)
　引用参考文献(60)

第3章　選挙アウトリーチと2012年オバマ再選選挙
　　　　　　　　　　　　　　　　　　　　　　　　渡辺　将人…63

　第1節　はじめに……………………………………………… 63
　第2節　アウトリーチにおけるメッセージの統一……… 64
　　(1) 2012年大統領選挙におけるオバマ陣営戦略の文脈(64)
　　(2)「経済愛国主義」というオバマ再選の基本メッセージ(66)
　　(3) オバマ陣営・ロムニー陣営のアウトリーチ対象比較(69)
　第3節　激戦州におけるマイノリティ・アウトリーチの
　　　　　活性化………………………………………………… 75
　　(1) 党大会を主戦場としたアウトリーチ戦略(76)
　　(2) 有権者向け党大会イベントの実際：2012年民主党大会(79)
　　(3) アジア系アウトリーチの事例(81)
　　(4) ユダヤ系アウトリーチの事例(83)
　第4節　まとめ………………………………………………… 88

(1) アウトリーチの可能性とテクノロジーの革新(88)
　　(2) 候補者の属性をめぐるアウトリーチの将来(91)
　注(93)
　引用参考文献(95)
　インタビュー(96)

第4章　悪い経済状態にもかかわらずなぜオバマが勝ったのか：Waseda American Voter Survey 2012の分析 ………………………… 飯田　健…97

　第1節　はじめに……………………………………… 97
　第2節　2012年アメリカ大統領選挙の結果 …………… 98
　第3節　経済と大統領選挙………………………………100
　第4節　オバマ勝利の要因………………………………102
　　(1) ロムニーの選挙戦略の失敗(102)
　　(2) ロムニーの公約と有権者の政策選好とのかい離(104)
　　(3) 経済状態に対するオバマの責任についての有権者の認識(104)
　　(4) ロムニーの信仰の投票への影響(108)
　第5節　まとめ……………………………………………105
　注(117)
　補遺：経済状態の認識と経済状態に対する責任帰属認識が
　　　　投票に与える影響についてのロジット分析 ……119
　引用参考文献(122)

第5章　連邦議会指導部によるコミュニケーション戦略の発達と2012年連邦議会選挙 ……………松本　俊太…125

　第1節　はじめに……………………………………………125
　第2節　連邦議会指導部によるコミュニケーション戦略の
　　　　　発達……………………………………………………126
　　(1) 2大政党の分極化による議会指導部の強化・イデオロギー化(126)
　　(2) 中央集権的なコミュニケーション技術の発達(131)
　　(3) 議会指導部によるコミュニケーション戦略の展開(132)

第3節　理論的検討……………………………………136
第4節　仮説の実証：WAVS2012実験サーベイデータの
　　　　分析……………………………………………140
　(1) 実験の説明(140)
　(2) データ分析(144)
　(3) 分析結果から得られる示唆：2012年議会選挙を中心に(151)
第5節　おわりに………………………………………153
注(154)
引用参考文献(157)

第6章　オバマ政権2期目の外交課題　…………高畑　昭男…159
第1節　はじめに………………………………………159
第2節「オバマ2」外交の展望………………………160
　(1) 4つの特徴(160)
　(2) 日本も注視すべき「オフショア志向」(162)
第3節　山積する課題…………………………………164
　(1)「推奨政策」と「想定外」への備え(164)
　(2)「中国を引き戻す」(167)
第4節　外交・安保チーム……………………………169
　(1)「対中協調」重視──ケリー国務長官(169)
　(2)「分裂の象徴」か？──ヘーゲル国防長官(172)
　(3) 必殺の「ヒットマン」──ブレナンCIA長官(174)
第5節　アジア太平洋重視戦略の行方と日米同盟………177
　(1)「パート2」は「外交・安保」と「経済・通商」の両輪(177)
　(2) アメリカ側の「巻き込まれ警戒論」と日米同盟(180)
第6節　おわりに………………………………………183
注(184)

第7章　評価と展望：連邦政府の機能障害の克服と
　　　　　"オバマ後"のアメリカ政治………………吉野　孝…189
第1節　オバマ政権2期目の政策提案と最初の

取り組み………………………………………………… 189
　　　(1) 就任演説と一般教書演説(189)
　　　(2)「財政の崖」問題に至る経緯(191)
　　　(3) 現在の対立状況(193)
　第2節　分割政府と連邦政府の機能障害…………… 196
　　　(1) アメリカに内在的なものとしての分割政府(196)
　　　(2) 現在の機能障害の原因(197)
　　　(3) 共和党指導部の穏健化の可能性(200)
　　　(4) 共和党指導部が非妥協的態度を採用した理由(202)
　第3節　オバマ政権の中間評価と"オバマ後"の
　　　　　アメリカ政治………………………………… 204
　　　(1) オバマ政権の革新主義的リアリズム(204)
　　　(2) 政治家オバマの政策理念：グローバリゼーション・競争・経済成長(206)
　　　(3) オバマ政権の経済政策の中間評価(208)
　　　(4) 民主党の将来(210)
　　　(5) 共和党の将来(213)
　第4節　おわりに：「脱保守化」のきざし ……………… 215
　注(221)
　　引用参考文献(224)

エピローグ……………………………………………吉野　孝…229

事項索引……………………………………………………… 231
人名索引……………………………………………………… 234
執筆者紹介…………………………………………………… 235

オバマ後のアメリカ政治:
2012年大統領選挙と
分断された政治の行方

第1章　2012年共和党大統領候補者指名の分析

今村　浩

第1節　はじめに

　本章では，2012年の共和党大統領候補者指名過程を概観し，若干の評価を試みる。この共和党候補者指名過程は，一般には異例の展開をみたとされてきた。とりわけ，予備選挙の初期の頃には，決着は5月過ぎになるとか，果ては予備選挙では決着がつかずに，夏の党大会までもつれ込むのでないかとさえ取り沙汰されたのである。そうまではならなかったものの，確かに異例の展開であったという面は認められる。それには，制度的な条件が一部寄与している。そしてそれこそがまさに，共和党の全国委員会が意図した展開であったとも言いうるのである。

　その一方で，一部で言われるほど異例の展開でもなく，結局は従前のパターンに収まる経緯を経たという側面もある。本章では，最早周知に属すであろう個々の候補者の浮沈の経緯よりも，このような展開をもたらした要因を探りたい。そして最後に，次回2016年大統領選挙の候補者指名過程の若干の展望を述べる。

　その前に，選挙デモクラシーにおける政党内候補者指名の意味を簡単にみておく。選挙デモクラシーとは，一般には「公職を求めて選挙で2大政党が競争し，政治運営を行うデモクラシー」，より特殊アメリカ的の文脈においては，「民主党・共和党という州法などで認知され，候補者指名手続きと投票機・用紙上の表示で特権的地位を持つ2大政党が，大統領，連邦上院議員，連邦下院議員のポストを求めて予備選挙と本選挙で競争し，大統領，連邦上院多数党指導部，連邦下院多数党

指導部がゆるやかな政党規律のもとで，ときには政策ごとに異なる多数派を形成して，政治運営を行うデモクラシー」とすることができるとしよう。

　２大政党の競争が前提であり，かつ登録党員制度を有しない，ある意味で開放的な政党のあり方と相俟って，政党は，選挙制度の一部として機能するし，また事実機能してきた。とりわけ大統領選挙においては，第１段階の候補者選抜機能を果たしてきたとすることができる。歴史的には，合衆国憲法制定者達が，大統領選挙人団が果たすものと期待した大統領選出の一部としての候補者の絞り込みの機能を，政治過程に登場した政党が果たすようになったとも言いうる。

　かかる政党の制度化，もしくは選挙制度への部分的編入は，実態として生じ，連邦議会の制定法というよりは，カズンズ対ウィゴダ事件判決[1]をはじめとする連邦最高裁判例により根拠づけられている。２大政党の特権的地位を伴う制度化は，しかしある意味における政党形骸化でもある。今日大統領候補者指名過程とは，一連の予備選挙にほかならない。この長丁場のレースを勝ち抜くために，真剣に大統領の座を目指す政治家達は，よく組織された各種の専門家から成る選挙運動組織を作り上げ，それを動かして予備選挙を戦う。選挙運動と組織の維持のためには巨額の資金を要し，その資金の手当ては，何年も前からし始めなくてはならない。こうして長丁場の選挙戦を戦う中で，幾多の浮沈を経験し苦楽を共にした選挙運動組織は，勝者として勝ち残った候補者の手足のごとく一体化して，文字通り最強の選挙運動マシーンに成長している。このような組織が手元にあれば，党内指名を得た候補者が，当然本選挙もそれに依拠して戦うことを選ぶとしても何ら怪しむに足りない。

　大統領選挙運動は，かくして最初から最後まで候補者の個人選挙運動組織によって担われるようになった。政党の全国機関は，一連の予備選挙日程や規則を定め，選挙管理委員会としてのそれなりに重要な機能を果たしはする。しかし，最早選挙運動の主たる担い手ではなくなってい

るのである。

　登録党員制度を取らないアメリカ政党にあっては，党が予備選挙に勝利した人物を候補者として拒むことはできない。政党と各州法が定める要件とを満たして予備選挙を勝ち進みさえすれば，誰でも大統領候補者になれる。こうした政党の開放的・無限定的性格が，2党制の維持に寄与しているとは，ある意味で皮肉なことであろう。

　すなわち，政界には無縁であり，かつ政治の現状とりわけ既存の2党制の枠組みにおける争点の設定に不満を持つ，野心と能力に富む人物がいるとしよう。そうした人物なり勢力は，第三党を創設するか無所属の候補者として政治の世界に参入するのがむしろ自然であると思念されよう。ところが，必ずしもそうはならない。非常な資金力や努力を要する第三党候補者として挑戦するよりも，民主・共和両党のいずれか，自らの政見により近い，もしくはより抵抗感の少ない党の予備選挙に参入するほうがはるかにたやすい。結果として既存の2党制は維持されることになる。かかる2党制こそ，ほかに類のない特殊アメリカ的のものであると言えよう。2012年共和党候補者指名過程にも，指名を得るには至らなかったものの，一定の支持を得たそうした人物を見出しうる。

第2節　2012年共和党指名過程の政治的条件

(1) 大統領候補者指名の歴史的概観

　合衆国憲法制定者達は，大統領選挙人団が候補者を絞り込む機能を主として果たし，候補者の選出をほとんどの場合下院が行うと想定していた。しかし，案に相違して政党の発展により彼らの構想は早々に潰え，政党の候補者指名の方法は，概略以下のような変遷を辿った。

　　第1期　1820年代まで　連邦議会議員集会による選出
　　第2期　1830年から19世紀一杯　ボス主導の党大会

第3期　1912年から1968年まで　予備選挙の導入による混合選挙　一種の過渡期
第4期　1972年以降　予備選挙主導の時代

　これらの区分はおおよそのものであると共に，過渡期・移行期というものが存在する。第4期は，巨視すれば1972年以降とできようが，厳密にみて，民主共和両党とも完全な予備選挙主導の指名過程になったのは，1980年選挙からである。このことは，以下の観点から重要である。すなわち，数字上は予備選挙が，候補者指名の帰趨に比重を増していたとはいえ，1970年代や60年代，ましてや50年代の事例を安易に引用・参照することには，慎重でなければならない。と同時に，本来選挙は，その一つひとつが特殊個別的であり1回限りのものである。以下に，2012年共和党大統領候補者指名過程を，大枠としての第四期の中に位置づけつつ，特殊個別の事情をも解説する。

(2) 2012年大統領選挙の一般情勢

　2012年選挙は，共和党に勝機ありとみられていた。経済情勢の悪化から，既に2010年の中間選挙において共和党は復調し，連邦議会下院の多数派の座を奪還したのみならず，各州議会議員選挙においても党勢を拡大していたのである。州議会における両党の勢力は，一般に党の言わば「基礎体力」を示す指標として重要である。しかし，この年2010年の州議会議員選挙には，それ以上の意味を認めなければならない。すなわち，2010年の国勢調査を受けての州別議席配分に伴う選挙区再画定に重要な役割を果たすことの多い州議会の多数党が，選挙の勝利の一種の賞品として，自党に有利な線引きを行う例が少なからずみられた。故に，2010年の選挙で共和党が議会で勢力を拡大したことは，すなわち，以後5回の連邦下院議員選挙において有利なスタートラインを引くチャンスを得たということなのである。さらに，一向に改善しない雇用情勢は，ブッシュ前政権の施政に責めを負わせるには，もう時間が経

ちすぎており，民主党の支持基盤にオバマ政権への失望を生ぜしめていた。

　苦しんでいたのは失業者ばかりではない。実際に賃金を得ている平均的なアメリカ人の生活も苦しくなったといういくつかの指標がある。例えば，平均時給で購入できるガソリン量の推移は減少の一途を辿っており，オバマ当選前後には10ガロン以上であったのに，2012年9月末時点では5.3ガロンと，実に半減していた[2]。人口が広大な国土に分散しているアメリカでは，一部の大都市を除けば，公共交通機関は皆無に近く，自家用車は文字通りの下駄代わりである。極端に言えば，徒歩圏内には住宅以外何もないという条件に暮らすアメリカ人達にとっては，ガソリンの消費は，飲食と同様に切り詰め難い。とりわけ低所得層ほどガソリンへの支出が家計支出に占める比率が高く，平均時給での購入量の減少は，彼らを直撃する。

　また，平均時給の低迷と裏腹とも言える，富の配分の不均等性を示す代表的な指標であるジニ係数は，先進国中異例の高さ0.4台に達していた[3]。

　共和党としては，この有利な情勢，あるいはより正確には政権党たる民主党に不利な情勢からして，あまり党内論争を過熱させることなく，たとえ目の覚めるような候補者でなくとも，無難な人選で乗り切りたいところであったと推測される。しかし，必ずしも，そうはならなかったのである。

第3節　2012年共和党指名過程の制度的条件：
　　　　ルールと長期化の要因

(1) 共和党の思惑

　民主党については，現職のオバマ大統領を擁している以上，候補者指名レースなどはない。故に，予備選挙の日程など，極端な話，どうでもよかったのである。つまり，予備選挙の実施については，政党間の利害

の衝突は比較的少なかった。州議会で共和党が多数を占めていなくとも，共和党の意向が通りやすかったであろうと推測される。では，共和党の思惑とは，どういうものであったのだろうか。以下は，共和党の舵取りを1人でしている架空の人物の独白を想定して，その思惑を筆者が完全に憶測したものであることを断っておく。

　前回2008年の選挙をみれば，早く決めればよいというものでもなさそうだ。民主党は，オバマとヒラリーの白熱した指名争いが，むしろ良い方に出たな。中盤以降はさすがに誹謗・中傷もあったものの，支持基盤が活性化した上に，何よりメディア露出が効いた。黒人か女性か，いずれにしても史上初の候補者だし，話題性からいっても，報道が民主党のレース一色だったのはしょうがないとも言える。一方こっちの話題はと言えば，マケインが史上最年長の大統領候補者になるかどうかというんだから，意気上がらぬこと夥しい。これだけでもう，勝負あったという感じだったよ。

　さて今度だが，民主党より早く候補者を決めるのは不可能だ。だって，向こうはもう決まってるんだから。だったら，中途半端に早く決めてもしょうがない。共和党の候補者が争っているうちだけは，メディアの関心も共和党に集中するだろう。でも一旦候補者が決まってしまったら，メディア露出では，何と言っても現職の大統領には敵わない。何も無理な日程で，3月早々に候補者を決めることはない。メディアにただ乗りして選挙運動ができる期間は，長い方が良いからな。それには，前倒しを競う傾向に一定の歯止めが必要だ。

　と同時に，勝者総取り方式にも見直しが必要だ。前回の民主党の長期にわたるデッドヒートの一因は，民主党が，各州・地域で比例配分を基本にしていることにある。ただし，そうは言っても，うちにはあまり馴染みのないやり方でもあるし，すべての州に一律に押し付けるのも乱暴過ぎる。

　単に日程を引き伸ばしただけでは，足りないかもしれない。早くに

予備選挙・支持者集会を実施するところで，勝ち続けて，そこの代議員を独り占めしてしまうような候補者が出てくれば，もう決まりになってしまう。せめて，3月のスーパーチューズデーまでは，そういうことにならないようにしたい。少なくとも指名レースの初期に支持者集会・予備選挙を実施する州には，代議員を候補者の間に比例配分してもらう。それで，レースの初期に来る州の絶大な影響力を緩和できれば，有力候補者間に決定的な大差がつかずに，3月以降のレースに興味をつなげるだろう。しかし，だらだらとレースが続いて，中傷合戦に飽きが来ないうちに決着させることも考えねば。勝者総取りの予備選挙を4月1日以降にやるようにすれば，先頭を走る候補者に弾みがついて，然るべきところに落ち着くだろう。

　本選挙を戦うのは誰か決まるのが多少は遅れても，昔とは違う。候補者指名が予備選挙を勝ち抜く長丁場になるにつれて，各候補者は，自前で大金を集めて，大規模な選挙運動組織を作るようになった。本選挙となれば，全国委員会も応援は出すが，極端に言うなら候補者の個人組織が党の選対に看板を架け替えるだけだ。実際，候補者の個人運動組織は，本選挙の運動にも耐えられるほどよく構成され，専門家を揃えている。

　そもそも今回は，相手に現職の強みがあるから，金集めでは，分が悪い。でも，候補者の決定時期が多少遅れることが，資金集めでの大きな不利にはつながらない。資金集めは，インターネット献金が普及してから，はるかに速くできるようになった。昔話もなんだが，かつての献金は，小切手が主だった。献金者が地元の銀行の小切手を，郵便で送ってくる。何千通もの封筒を，運動員が手作業で開封しては，記録して換金手続きに銀行に回す。1通1通銀行が違うから時間がかかった。今は，ネットの画面にクレジットカードの番号を入力すれば，即オーケーとは，時代も変わったよ。

　1人で共和党の予備選挙日程を決めた人間など，無論いはしない。し

かし，全国委員会の多数派，分けても2010年8月6日に，全国委員144名中，規約の改正に賛成票を投じた103名の総意としては，あるいはこんなところであったかと思われる[4]。

(2)予備選挙投票日の前期集中から分散長期化へ

近年，予備選挙日程の前倒しによる前期集中が問題視されてきた。そもそも1912年から1972年までの間，予備選挙の季節は，90日に及んだためしがなかった。それが，第4期に入ると長期化の趨勢がみて取れる（表1-1）。

表1-1　ニューハンプシャー州における予備選挙から最後の予備選挙までの日数と中間日の推移

選挙年	日数	中間日
1980	99	4月15日
1984	106	4月21日
1988	119	3月8日
1992	112	4月7日
1996	105	3月12日
2000	126	3月14日
2004	147	3月2日
2008	147	2月12日
2012	168	4月13日

前倒しの傾向は，こうして見ると，前回2008年に1つのピークに達したようでもある。2008年には，1月に恒例のアイオワ州とニューハンプシャー州でそれぞれ支持者集会と予備選挙が行われたかと思えば，2月5日には，何と15の州で予備選挙が実施され，翌週12日の火曜には，予備選挙の過半が終わっていた。圧巻は，大票田のカリフォルニア州とニューヨーク州の予備選挙が2月5日に重なっていたことであろう。3時間の時差があるアメリカ大陸の両岸を，往復して遊説した候補者達の体力と気力は，文字通り大リーガー級と言えた。

こうなったのには，それなりの理由がある。まず，各州が党派を越え

て抱く願望，すなわち，自州が大統領候補者指名に可能な限り大きな影響を及ぼしたいという望みが挙げられる。そして，それには日程が重要である。とはいえ，アイオワ州とニューハンプシャー州が，それぞれ支持者集会と予備選挙の先陣を切ることは，最早両州の既得権益と化しており，これに割り込むことは容易ではない。そこで，先頭ではなくとも，なるべく早い段階に予備選挙を行いたいということになってきたのである。

その一方で，とりわけ前回2008年の選挙は，両党共に党内指名を早期に決着させたいとの思惑が強かったようである。予備選挙を勝ち進んで指名を得るという現在の方法は，やや乱暴に単純化すれば，1972年に出現し，1980年に完全に定着したと言えよう。このやり方には，利害得失がある。政策論争を通じて党を活性化し，本選挙に支持者を動員できる可能性がある一方で，大きな危険は，党内亀裂を深めてしまいかねないことである。予備選挙で同じ党の有力政治家同士が競うということは，健全な政策論争ならばよいとしても，白熱すれば，誹謗中傷合戦になりかねない。というより，まず間違いなくそうなるということは，過去の「実績」が示している。最終的に勝っても負けても，お互いに深い恨みを残す。指名が決着すれば，「それまでの遺恨・恨みは水に流して，今度は共和党（民主党）相手に一致団結がんばろうじゃないか，エイエイオー」とは，理性と感情とを併せ持つのが人間なれば，そうすんなりといくものではない。

ここから導かれる経験則とは，党内指名をなるべく早く決着させることが，本選挙を有利にするということであろう。事実として，1972年から2004年までの9回の選挙中，民主共和両党の大統領候補者がほぼ同時に決まった2000年を除く8回の内7回までもが，先に候補者が決まっていた政党の勝利に帰している。例外は，現職のブッシュ大統領（父）に挑んだ，当時は無名のダークホース，ビル・クリントンが勝利した1992年であった。

であればこそ，2008年選挙では，善戦しながらも終始オバマ候補の

後塵を拝し続けたヒラリー・クリントン候補に，本選挙における民主党の勝利という大目的のために，潔く撤退せよという「降りろコール」が起こったのであり，しかし恰も「決まるのが早かろうが遅かろうが，勝つときは勝つのよ」と言わんばかりに，彼女はその圧力をはねつけたのである。何しろ，1992年の夫の選挙を間近で見守った当事者であったのだから。

　前回2008年選挙は，この「経験則」に大きな疑問符を付したと言える。ヒラリー・クリントンは，早くにスタートを切り，しかもほぼ絶対の本命候補者と目されながら，民主党の候補者にすらなれずに終わった。共和党のジョン・マケイン候補も，序盤には優勢であったものの，たちまち失速して，スタッフの整理解雇に追い込まれ，一時は再起不能とすら思われてからの劇的な復活を遂げ，しかし，結局本選挙では敗れたのである。早く大統領候補者に決まればよいというものでもない。

　また，指名過程を早く始めれば早く終わるとも限らないということも示された。史上最も前期に予備選挙と支持者集会が集中したにもかかわらず，民主党も共和党も，フロントランナーが弾みをつけて，早期に逃げ切りのゴールインを果たすというようにはならなかった。

　各州の予備選挙や支持者集会の日程は，基本的には，各州の政府が決める。しかし，非公式には，両党の全国委員会が調整機能を果たしており，一定の規則を定めてもいる。2008年の結果を見て，とりわけ共和党の関係者は，考えるところがあったのであろう。各州共和党に対し，予備選挙日程の前期集中是正が要請された。具体的には，3月の第1火曜日，いわゆる「スーパーチューズデー」以前には，アイオワ州支持者集会とニューハンプシャー州予備選挙を除いては，ネバダ，サウスカロライナ両州にしか予備選挙の実施を認めないとした[5]。かくして，近年にない長丁場の日程になったわけである。また，後述のように，勝者総取り方式の見直しも行われている。

(3) 比例代表の導入

　民主党は，1972年の改革以来，勝者総取り方式の予備選挙を失くすべく努力してきた。各州・地域政党に，比例代表を推奨する反面，徒に指名過程が長期化することを防ぐために，各予備選挙で得票率15％に達しなかった候補者は切り捨てて，15％以上を得た候補者の間に，当該州に割り当てられた代議員を比例配分することが一般的となっていたのである。対して共和党は，各州・地域政党への全国委員会の規制が緩やかである伝統があり，具体的な配分の方法は，各州・地域政党に委ねてきた。その結果として，申し合わせたように，各州・地域においては，勝者総取りの方法が採用されてきたのである。

　これが，今回は2012年4月1日以前に行われるすべての党大会代議員選出手続きにおいては，候補者間に比例的に代議員を配分すべきこととされた[6]。つまり，4月以降は，勝者総取り方式が，言わば「解禁」される。ただし，「比例的に」との一般的な指示の具体的内容は，各州・地域共和党に委ねられたのである。

　以上の2つは，概ね共和党指導部の意図に沿う制度要因であったのに対して，以下の2つは，必ずしも共和党が意図したことではなかった。

(4) 公開候補者討論会

　共和党指名過程の大きな特徴は，実に20回にも上る公開候補者討論会が開かれたことであろう。それも，まだ1つの支持者集会も予備選挙も行われていない段階から始まった。2011年5月5日，サウスカロライナ州グリーンビルを皮切りに，2011年中に13回，明けて2012年，予備選挙まさにたけなわの2月22日，アリゾナ州メーサに至るまで7回，都合20回が開催された。しかも，全国メディアを通して全米に伝えられ大きな注目を集めたのであった。ある意味で，討論会ベースの指名過程となったのは，恐らくは初めてのことであろう。この討論会は，大手メディア自身が後援する場合もあり，自社の視聴率，接続回数上昇にも寄与すると期待されたことは想像に難くない。

この公開討論会の増殖が与えたインパクトは，あるいは1972年における予備選挙の増殖がもたらしたそれに匹敵するかもしれない。実は，4年ごとの大統領選挙年の前年もしくは前々年から，既に大統領の座をうかがう政治家達の胎動は始まるのが常であった。しかし，第4期の成熟と共に，それはますます早く始まり，しかも大掛かりとなってきたのである。まず，資金調達はいつ始めても，早過ぎるということはない。そうした資金調達レースは，近年「見えざる予備選挙」(invisible primary)と呼ばれ，大統領選挙の事実上の第1段階となってきていた。アメリカ大統領選挙は，しばしばマラソンに例えられる。しかし，かくも長期化した近年の大統領選挙は，むしろトライアスロンに比すべきかもしれない。見えざる予備選挙，本番の予備選挙から成る党内指名過程，そして本選挙という，微妙に性格の異なる3つの競技からなるレースなのである。

　この第1段階としての「見えざる予備選挙」は，単なる資金調達に尽きるものではない。まず，何か理由をみつけて，または何の理由がなくとも，とにかくアイオワ州とニューハンプシャー州詣では欠かせない。そして，本選挙まで一蓮托生となるべき選挙運動組織を作り上げていく。この「見えざる予備選挙」は，確かに比喩には違いない。しかし，真の予備選挙と同様，敗者すなわち脱落者を生じる。資金の集まりが思わしくなかったり，支持率が低迷したままであると，選挙戦を断念して撤退することになる。しかし，そうした参入と撤退は，あくまで言わば玄人筋の間で話題になるだけで，全国メディアで大々的に報じられることはなかった。今回の一連の候補者討論会は，「見えざる予備選挙」を可視化する効果があったと言えよう。それに伴って，まだ支持者集会も予備選挙も一度として開かれていない段階での候補者の撤退，例えば，2011年12月3日のハーマン・ケイン(Herman Cain)候補の撤退などが，一定の重大ニュースとして伝えられたのである。

(5) スーパー PAC とメガ・ドナー

　以前から存在した政治活動委員会 PAC には，連邦選挙運動法により，個人・団体からの献金上限が設けられていた。しかし，まず2010年１月，合衆国最高裁は，憲法修正第１条に照らして，連邦政府が，自ら選挙に候補者を擁立していない企業や労働組合が行う独自の政治活動を禁止することは許されないとした[7]。これを受けて，同年３月，首都ワシントン連邦控訴裁は，独立支出を行おうとする団体への献金規制を定めた連邦選挙運動法の当該部分を違憲無効としたのである[8]。

　両判決の結果として，従前の PAC には，ほぼ無制限の献金が可能となり，同時にこれらの団体の支出も無制限となった。その献金者は，企業・労組を含むすべての団体のみならず個人であってもよい。これによって，富裕な個人，大企業，大労組の大口献金規制が，事実上の骨抜きとなったという批判の生じる所以である。ジニ係数をみても分かるように，彼の国には真に富裕な個人というものが，それもかなり分厚い層として存在する。独立支出を行なう団体を個人で設立し，その全財政を１人で賄って，ある候補者の応援，または批判を行うことは，特定候補者・政党とは無関係に，言わば「勝手に」行う限り，完全に合法となったのである。

　こうして無制限の支出が可能になった PAC をスーパー PAC，それに莫大な金額の献金を行う個人をメガ・ドナーと呼ぶようになった。本選挙のみならず候補者指名過程においても，これらは少なからぬ影響力を発揮したのである。

　最後に結論として言えるのは，以上に挙げた４つの制度条件は，いずれも指名過程の長期化と混戦模様を招来するものであったということである。

　可視化された「見えざる予備選挙」の戦場たる候補者討論会に参加するのに，基本的にはあまり資金を要しない。つまり，資金調達に難を抱えた候補者がなかなか脱落しないのである。それは必ずしも悪いことではないのかもしれない。しかし，候補者の数が絞り込まれぬまま，乱立

模様となったとも言えよう。そして，踏み止まっているうちに，後ろ盾になってくれる大口の献金者が現れる。それこそが5に挙げたメガ・ドナーであった。

　20回の候補者討論会に3回以上参加した候補者は，9名に上る。選挙民が選択するに際して適切な候補者の数というものは定め難いにせよ，9人という数は，多岐に渡る争点についての立場を比較し，また生い立ちや背景などについての情報を得て，候補者を比較するには，いささか多過ぎたかもしれない。また，討論会のたびに，メディアが，勝者とみなされたもしくは優勢であったと認識された候補者を伝える。その一時の先頭走者となった候補者は，次回の討論会では他候補の集中射撃を浴びて支持率を低下させるという傾きがあった。言わば，制度化された足の引っ張り合いが生じたのである。

第4節　2012年共和党指名過程の経過

(1) 日程争い再燃

　共和党全国委員会は，アイオワ，ニューハンプシャー，ネバダ，サウスカロライナ各州には，2月中の予備選挙，集会の実施を認め，他州には3月第1週のスーパーチューズデー以前の実施を禁じていた。ところが，2011年10月，フロリダ州共和党が，予備選挙の1月31日実施を発表し，結果的にネバダを除く3州が，対抗上その前に出る日程を採用した。このフロリダ州共和党の反乱は，過去に起こったアイオワ州とニューハンプシャー州の既得権益連合に対してのもの（例えば，96年と2000年のアラスカ，ルイジアナ州）ではなかったようである。なぜなら，1月の最終日では，アイオワ州もニューハンプシャー州も楽々と前に出られる。真の標的は，むしろサウスカロライナ州であり，南部で最初の予備選挙州たらんとしたものであろう。結果としては，アイオワ州，ニューハンプシャー州に加えてサウスカロライナ州も，日程を変更して，1月21日に予備選挙の投票日を設定したことで，アイオワ州，ニューハン

プシャー州，サウスカロライナ州という従来の順序で，指名過程の初期段階が展開することとなったのである。加えて，規則ではスーパーチューズデーか，それ以後に日程を組まなければならない8州が，2月7日から3月3日に「割り込み」だ。

(2) 候補者討論会段階での浮沈と脱落

　大政党たる共和党の候補者指名に名乗りを上げ，また上げるのではと取り沙汰される人間の中から，何らかの基準で泡沫の候補者を除くのは難しい作業である。客観的な基準や，ましてや法定の条件があるわけでもない。以下に挙げる9名が，筆者の判断で抽出した有力候補者であるとしよう。すなわち，アルファベット順に挙げれば，ミシェル・バックマン (Michele Bachmann)，ハーマン・ケイン，ジョン・ハンツマン (Jon Huntsman)，ニュート・ギングリッチ (Newt Gingrich)，ロン・ポール (Ron Paul)，ティム・ポーレンティー (Tim Pawlenty)，リック・ペリー (Rick Perry)，ミット・ロムニー (Mitt Pomney)，そしてリック・サントラム (Rick Santorum) である。ほかには，2008年の副大統領候補者サラ・ペイリン，実業家ドナルド・トランプ，ニュージャージー州知事クリス・クリスティーらの名前が取り沙汰されたものの，結局参入はせずに終わった。

　支持率で先行したのは，2008年の指名争いで次点であったと言いうる前マサチューセッツ州知事ミット・ロムニーである。しかし，かくも早期の世論調査は，支持というより知名度の確認でしかない。他の候補者の参入と共に，ロムニーの優位も相対化されていった。指名に名乗りを挙げた時期は一様ではないが，残る候補者についてごく簡単に触れておきたい。

　バックマンは，ミネソタ州選出の連邦下院議員であった。共和党内で隠然たる力を持つに至ったティーパーティ運動系の政治家であり，非妥協的な保守色が濃厚である。彼女は，本来ならほとんど泡沫に近い扱われ方をされてもおかしくなかった。しかし，一時の勢いこそ失ったものの，ティーパーティ運動の共和党内における影響力，唯一の女性候補者であること，そして，自身が緒戦の戦場たるべきアイオワ州の出身であ

り，親族や知人を残している地の利があるのではと思われたことで，全く無視はできない存在であった。

　ケインは，唯一職業政治家ではなく，企業経営者で黒人である。公職に就いた経験はない。実業家として経済問題，とりわけ税制改革を訴えて，連邦所得税，消費税，法人税の税率を一律9％とするという9-9-9プランの単一争点候補者の趣もあった。当初はほとんど泡沫と思われた。

　ハンツマンは，前ユタ州知事で民主党政権下で駐中国大使を務めた。イデオロギー色は比較的薄く，実際的な実務家で，中道寄りとされていた。モルモン教徒である。

　ニュート・ギングリッチは，ロムニーと並ぶ高い知名度を持ち，政界でのキャリアは，ある意味でロムニーを凌ぐであろう。ジョージア州選出連邦下院議員として共和党議員団を束ね，万年少数党であった共和党を多数党の座につけて下院議長となった1994年が，今にして思えば，彼の絶頂期であった。直後にクリントン政権と衝突して，神通力を失った感がある。さらに，金銭疑惑も取り沙汰されて，政界を去った。以後政治評論家として活躍していた。思想面では，意外に実際的であり，社会文化争点ではさほど極端ではない。世俗的で宗教にはとらわれずというより信仰心が薄いとみられていた。

　ポールは，ロムニーを除けば，2008年に続いて指名争いに加わった唯一の政治家である。リバタリアンの信条に忠実で，一種の理想主義者とも言えよう。当時はテキサス州選出下院議員であった。

　ポーレンティーは，前ミネソタ州知事で，中道派と目されていた。

　ペリーは，現職のテキサス州知事であり，共和党内でも保守派とされていた。能力は未知数の面があるものの，予備選挙，本選挙双方で大票田のテキサスを押さえていることは，大きな強みとされていた。

　サントラムは，前ペンシルバニア州選出上院議員であり，保守派であった。

　これらの候補者の中から，ロムニーを追撃する一番手となったのは，バックマンであった。2011年6月に選挙運動を開始し，8月にアイオ

ワ州エイムズで行われた模擬投票に勝利して注目された。しかし，程なく失速気味となる。この模擬投票での不振から，8月14日で撤退したのは，ポーレンティーである。まるで入れ替わるように，テキサス州知事ペリーが，党内保守派の期待に応える形で参入して来た。しかし，9月の討論会で演じた失態もあり，竜頭蛇尾に終わる。9月の討論会以降に支持を集めるようになったのは，何とケインであった。しかし，11月以降，複数の女性からのセクシャル・ハラスメント行為の告発を受け，12月3日には，撤退を余儀なくされたのである。11月の短かったケインの絶頂期の後を襲って支持を伸ばしたのは，ギングリッチである。しかし，先頭に踊り出たとたんに，主としてロムニーを支持するスーパーPACの攻撃目標とされて，これまた失速した。

　これを要するに，共和党指導部の支持をえた先頭走者としてのロムニーに，次々と対抗馬が現われては消えたとすることができよう。9人の主要候補者のうち，アイオワ州の初戦に駒を進めたのは7名である。ロムニーの優位は認めるとしても，明確な先頭走者は見出し難いままであった。

(3) 本命ロムニー結局混戦を制す

　初戦アイオワ州での結果は，当初は，僅差の8票でロムニーが勝利を収めたと発表され，後にサントラムが34票差で勝利していたと訂正された。しかし，さして有力視されておらず，ダークホースもしくは泡沫の存在であったサントラムの健闘は，人々を驚かせた。実のところ，得票率では，ロムニーとサントラムは互角の25％，3位にはこれまた意外にもポールが21％で続き，三竦み状態と言って言えなくもなかったであろう。二強であれ三竦みであれ，とにかく本命不在の印象が残ったのである。一方，6位で5％に終わったバックマンは，撤退を表明した。

　続くニューハンプシャー州予備選挙は，ロムニーが制したものの，その得票率39％は，彼が隣州マサチューセッツ州を地盤としていた点を割り引くとすると，いささか物足りない数字という印象も残ったのであ

る。同時に，ニューハンプシャー州は，2人の脱落者を生んだ。アイオワ州を意図的に捨てて同州に注力しながら3位に終わったハンツマンと，アイオワ州で5位，ニューハンプシャー州で最下位に甘んじたペリーである。

　この時点で，候補者は4名に絞られ，かつ「我が道を往く」ポールを除く3人の争いとなったと言いうる。さらに，ギングリッチ，サントラムが振り落されて，あるいはロムニーが独走態勢に入るかと思われた。ところが，続くサウスカロライナ州予備選挙では，ギングリッチが4割の得票率で勝利し，次点で28％のロムニーにかなりの差をつけたのである。後述のように，これは，共和党が初めて経験する混戦であった。

　それでも，これ以降は，ロムニーとギングリッチを軸に選挙戦が推移するようにも思われた。そして，規則を破って設定された1月31日のフロリダ州と，規則通りの当初の日程であえてフロリダ州の前に出なかった2月4日のネバダ州にロムニーが連勝し，優位に立つ。

　今一度の驚きは，2月7日に訪れた。それまで雌伏していたサントラムが，同日のコロラド，ミネソタ，ミズーリ3州すべてを制したのである。それもコロラド州以外では圧勝を収めた。この結果は，サントラムの強さというよりロムニーの脆弱性という文脈で理解され始めた。共和党内の保守派を糾合し切れていないというのである。そして，保守派に多い福音伝道派プロテスタントから見て，ロムニーがモルモン教徒であることが，今1つの支持の盛り上がりを欠く要因かとも思われた。

　その後は，ロムニーが盛り返して迎えたスーパーチューズデーでは，10州の予備選挙・支持者集会のうち，ロムニーが6州，サントラムが3州，ギングリッチが1州をそれぞれ制した。争われた代議員の半数以上をロムニーが獲得した点からしても，彼の勝利と言ってよかったであろう。しかし，仔細に見れば，彼は付け入る隙を残しているようにも見えた。すなわち，本選挙では共和党に勝ち目が薄い州・地域から代議員をかき集めるばかりで，共和党の地盤と言ってよいはずの南部では，生彩を欠いた印象があったのである。スーパーチューズデーで予備選挙が

あった南部州は，ジョージアとテネシーであった。このうちジョージア州は，ギングリッチの地元であり，彼の優勢は動かなかったから，ロムニーが南部で勝てる候補者であると証明するには，テネシー州での勝利が不可欠であったのである。しかるに，やはりテネシー州では勝てずに終わった。

　ロムニーは，他の候補者に撤退を強いるだけの決定打を放つことができなかったし，同時に，対抗馬にもロムニーを射程距離内に捉えきれない憾みが残った。サントラムとギングリッチ両候補は，お互いにロムニーに飽き足りぬ保守層を分け合う形勢となり，結果としては共倒れとなったのである。それが典型的に現れたのが，3月13日のアラバマ州とミシシッピ州予備選挙であった。ロムニー，サントラム，ギングリッチの3名が，ほぼ30％ずつ票を分け合ったのである。

　結局4月3日の，メリーランド，ウィスコンシン両州と首都ワシントンにおける勝者総取り式の予備選挙では，ロムニーが首位のボーナスとして得票率を大きく上回る代議員を得ることができた。あるいはこの快勝がものを言ったか，遂に4月10日，サントラムが撤退を表明するに至る。これをもって，事実上ロムニーの指名が確定したのである。

第5節　2012年共和党候補者指名過程の評価

(1)過去のパターンからの逸脱

　今回の共和党大統領候補者指名過程は，ある意味では，完全に過去の

表1-2　アイオワ州支持者集会，ニューハンプシャー・サウスカロライナ両州予備選挙の共和党勝利者

年	アイオワ州	ニューハンプシャー州	サウスカロライナ州
1980	ジョージ・ブッシュ(父)	ロナルド・レーガン	ロナルド・レーガン
1988	ボブ・ドール	ジョージ・ブッシュ(父)	ジョージ・ブッシュ(父)
1996	ボブ・ドール	パット・ブキャナン	ボブ・ドール
2000	ジョージ・W・ブッシュ(子)	ジョン・マケイン	ジョージ・W・ブッシュ(子)
2008	マイク・ハッカビー	ジョン・マケイン	ジョン・マケイン

パターンを離れてしまった。すなわち，第4期の中でも，とりわけ予備選挙中心の現行システムが定着した1980年以降で[9]，共和党が現職候補者を擁して候補者指名過程が無風状態であった年を除いてみよう。表1-2の結果から読み取れることは，アイオワ州かニューハンプシャー州いずれかの勝者のうちサウスカロライナ州を制した者が，最終的に候補者指名を得ているということである。つまり，結果的にサウスカロライナ州は，共和党の大統領候補者たらんとする先頭走者2人が雌雄を決する場となってきたのであり，それには，同州が南部で最初に予備選挙を行うことが寄与していたと思われる。

　今回は，この3州の勝者が3様となった。しかも，ニューハンプシャー州を制したロムニーが，隣州の出身で，「地の利」を得ていたがゆえに，ある程度はその勝利を割り引く必要があったとも言えることを考慮すれば，過去になかった混戦であったとも言いうる。

　実は，これら3州の結果の中には，比較的僅差であり，事実上互角であると言えなくもない場合が含まれている。例えば，1996年のアイオワ州とニューハンプシャー州や2008年のニューハンプシャー州である。しかし，メディアの勝敗報道は，そうしたことを捨象してしまいがちであった。その意味では，アイオワ州におけるサントラムの勝利が，かなり遅れて，しかもロムニーの勝利の発表をくつがえす形で公になったことの意味は大きかったと言えよう。今さらしてみても始まらぬ話ではあっても，サントラムの初戦勝利で幕が切って落とされていれば，どのように推移したであろうか。

(2) 過去との連続性

　時期を違えて州・地域ごとに行われる一連の予備選挙・支持者集会からなる大統領候補者指名過程には，1回きりの本選挙や議員・知事などの予備選挙にはみられない現象が存在する。すなわち，候補者の選挙戦からの撤退がそれである。

　ここで，いささか陳腐であるのを承知で，候補者には2つの類型が存

在することを思い出したい。純然たる泡沫候補者を除くと,「当選志向型」と「争点・アジェンダ志向型」の２類型が考えられる。前者は, ごく「普通の」候補者であり, 職業政治家であることが多い。後者は, かつて公選の全国公職に就いたことがなく, 単一の争点か比較的少数の争点群を掲げ, かつそれについては非妥協的である。無論当選できればそれにこしたことはない。しかし, 自らの「大義」を譲ってまで当選しても仕方がないと考えている。そして, その大義以外の政策争点に関しては, 概して無知か無関心である。対して当選志向型候補者は, 当選するためには, 政策路線上の妥協もやむなしと考えている。

　そこで大統領候補者指名過程において, 撤退を考慮し, また実際に撤退するのは, 当選志向型の候補者に限られる。争点・アジェンダ志向型の候補者が途中で撤退してしまうということは, 基本的にはない。たとえわずかでも党大会代議員を獲得していれば, 党大会に出席でき, そこで自らの主張を広く訴えることができる。あわよくば, 指名される大統領候補者の, ひいては党全体の政策路線を, 自らの主張に近づけることができるかもしれない。ただし, 指名争いの大勢が決した後は, 予備選挙からは撤退することもありえよう。耳目を集めなくなってからの予備選挙は, どの道勝算がない以上, 意味を失う。党大会まで「待機」するということになる。

　これは, 正しくポールの取った行動であった。すなわち, 2012年5月14日, サントラム, ギングリッチが相次いで撤退し, ロムニーが勝ち残っていた時点で, 選挙運動を停止し, しかしあくまで指名を追求する意思を保持したまま党大会に望む旨声明したのである。

　一方, 当選志向型候補者にとって, 勝算失せたる後の撤退時期の判断は, 政治的に重要な問題となる。１％の可能性に賭けて, 最後まで撤退せず, 党大会を攪乱するなどは, 通常は選択肢の中にない。勝負が事実上ついた時点で撤退を表明すれば, 負けを認めて「潔く」勝者を党の代表として受け入れることになる。党内の対立候補者や中立的な党指導者にも良い印象を残せる。４年後, ８年後に再起を期すのなら, このこと

は重要である。次は，彼らの支援が期待できるかもしれない。しかし，過早の撤退は，支持者に失望を与えかねないし，「日和を見過ぎる」との誹りを受けてしまう。また，撤退するにしても，他の誰かの支持を表明するのか，誰も支持しないのか，それを何時公にするのかという問題もある。

2012年の共和党全国党大会代議員総数は2,286名，その過半数1,144名が，指名過程でのゴールであった。予備選挙・支持者集会を重ねていく過程で，各候補者の得票率に応じた代議員が獲得される。各メディアが刻々と報じる獲得代議員数とは，基本的にはこの数字の累積である。過去の経験からして，当選志向型の類型の候補者は，獲得した代議員数に党大会代議員総数の15％前後の差を，先頭候補者との間につけられると，撤退の時機を探り始める。

3月24日のルイジアナ州予備選挙終了時点の獲得代議員数は，ロムニー563人サントラム259人で，その差は273，11.9パーセントあったが，4月3日に384，16.8パーセントの差がつく。そして1週間後の4月10日に撤退表明へと至ったのである。無論，この数字だけから機械的に撤退を決断したわけではあるまい。選挙戦に踏み止まるということは不可能ではなかった。しかし，もうこの時期になるとさすがに，早期の指名決着を求める声が共和党内から噴出し始めており，ブッシュ（父）元大統領をはじめとする長老政治家のロムニー支持表明が相次ぐようになっていたのである。54歳という年齢からして次回，次々回に望みを繋ぎうるサントラムにしてみれば[10]，粘り続けて本選挙の敗戦の元凶にされる危険は冒しにくいところであったに違いない。

一方，69歳の誕生日を目前の6月に控えて，もう後がなかったギングリッチは，一縷の望みを抱いて5月までレースには留まった。これに対して，サントラムにとっては，元来泡沫扱いされていたところから，一躍ロムニー候補の堂々たる対戦者の地位にまで登りつめただけでも十分な政治資産であり，これに傷がつかぬ今が引き際との判断に至ったものであろう。傷と言えば，日程上4月24日に迫っていた地元ペンシル

ベニア予備選挙の情勢が，サントラムには必ずしも有利ではなかったことも懸念されたと思われる。ロムニーとギングリッチが，それぞれの地元マサチューセッツ州とジョージア州で勝利していたのに，1期とはいえ上院議員を務めた地元州で大敗する不面目は避けたかったであろう。こうして，2012年共和党大統領候補者指名に，事実上の決着が付けられたのであった。

(3) 共和党大統領候補者指名過程は失敗だったか？

2012年共和党大統領候補者指名過程は，徒に長く不必要な党内論争を招いて，本選挙の敗北につながったように難じられている。その原因として，長期に分散した日程と比例代表の導入も挙げられている。しかし，本当にそう言えるのであろうか。

まず，本選挙の勝者を指名できなければ失敗だというのは，俄には承認し難い議論である。3回の大統領候補者討論会において，現職大統領に伍して堂々論陣を張り，結果として得票率の差3％で惜敗したミット・ロムニーを候補者に選んだことは，決して誤った選択であったとは言えない。無論，政治家もまた成長する。時に「ポストが人を作る」と言われるように，大統領候補者になればなったで，その過程で成長していくものなのかもしれない。それでもなお，指名を争った候補者中，ロムニーに比肩しえたのは，ギングリッチくらいであったろうとは，筆者個人の主観的判断である。

しかし，結果としてロムニーの指名が誤った人選ではなかったにせよ，長期にわたる指名過程がロムニー陣営を，とりわけ資金面で疲弊させたこと，その原因は，共和党全国委員会の設定した長期分散日程と比例代表にあるとする議論は，単純に負けたから失敗だったという議論よりは，確かに傾聴に値しよう。

ただし，それは大統領候補者指名過程を評価する基準をいかに設定するかによる。単に大統領候補者を決定する時期が早ければ早いほど良いとでも言わんばかりの議論に，筆者は組しない。候補者指名とは，候補

者を選ぶ選挙であるからには，公平かつ公正であることが求められる。2012年共和党大統領候補者指名過程は，私見によれば第4期の中では，最も公正なものであった。特定の，単に昔からそうだったからというだけで年初に支持者集会や予備選挙を行う特定の州の共和党支持者だけが，不均衡に大きな影響力を行使するのではなく，また従前の「キング・メーカー」3州，すなわち，アイオワ，ニューハンプシャー，サウスカロライナ以外の多くの州の予備選挙が，そしてそれらの州の共和党支持者の一票が，候補者指名に一定の意味を持った。例えば，指名過程に転換をもたらしたメリーランド，ウィスコンシン両州と首都ワシントンの役割は大きかったと思われる。とりわけ，地元では少数派の悲哀をかこつメリーランド州，首都ワシントンの共和党支持者が，かくも政治的に重要な意義を持ったことはまれであった。

　明らかに，完全ではないまでも一定の公正さを確保した今回の指名過程は，制度として決して失敗などではない。もし，単に指名過程を短縮すべきであるとするのならば，日程調整や，個別州の選挙制度を論ずるよりも，同一日の全国予備選挙を提唱する方が論理に敵う。それは，時間差による不平等を解消する最も簡明な方法ではある。しかし，現実には，それは非常に困難である以上，従来の枠組みの中で，日程の分散と代議員の比例配分は，現実的な選択であった。

　一方で，比例代表が早期の決着を妨げたと，恰も自明の如く言われている。ところが，勝者総取り方式を念頭に置くと，ロムニーが，得票第1位になれず，その意味で敗北しながら，比例代表により，言わば「救われる」形で得た代議員の数と，一方でロムニーが第1位の得票で勝利しながら，比例代表のために「逃した」代議員の数はほぼ見合うという事実がある[10]。このことはつまり，これらの州がすべて勝者総取り方式を採用していたとしても，ロムニーの得た代議員数はほとんど変わらなかったことを示唆しているのである。今回の混戦は，必ずしも比例代表のもたらしたものであったとは言えない。

　むしろ，ロムニーという人物，彼の資質・経歴こそが混戦の原因であっ

たのではないであろうか。民主党の金城湯池とも言うべき北東部はマサチューセッツ州の出身で，同州知事として，民主党が堅固に多数派を維持する州議会と妥協せざるをえなかったこと，社会文化争点における態度が首尾一貫していないと思われる面があったこと，そしてモルモン教徒であること等々，共和党の中核的支持層が熱狂して迎える候補者像とは，いささかずれがあったと言わざるをえない。しかし，彼の対抗馬達は，これまた一長一短であり，淘汰の末にロムニーと共に勝ち残ったサントラム，ギングリッチと比べれば，やはりロムニーに一日の長ありとは，既に述べた判断である。

　政策路線ばかりでなく宗教についても，そう言えよう。モルモン・ファクターは，一般に認識されているよりも，かなり重要であったと思われる。ここでも偶然が作用した。夫人に合わせてバプテストからルター派を経てカトリックとなったギングリッチには，誰も信仰心など期待しなかった。サントラムはカトリックであり，福音派プロテスタントから見て,「いま１つ」というところであったのではないであろうか。ロムニーの信仰の敬虔さという点には疑いを容れる余地はなく，最終的には，何とかこの宗教問題を乗り越えたのである。

　かかる指名過程の長期化は，しかし，選挙民全体から見て保守的に過ぎる中核支持層への政策路線上の過度の接近を競い合うことになり，それが本選挙に影響したという主張には，ある程度は真実が含まれていよう。それは，しかしむしろ，候補者討論会の段階から露わであり，予備選挙の日程のせいでは必ずしもない。分けても，移民規制を巡って各候補者が強硬路線を競い合う形になったことは，不吉な前兆であったであろう。2011年9月22日，フロリダ州オーランドの討論会において，テキサス州知事ペリーが集中攻撃を浴びた。テキサス州において不法移民の子弟に取られていた学費の減額措置を，ロムニーは，不法移民を磁石のように引き付けると難じたのである。対するペリーの応答は，そのようなことを言う者には「心」(heart)がないというものであった。このやり取りは，ヒスパニック系の票には当然つながるはずもなく，ある共和

党関係者をして「ロムニー陣営の最低の瞬間であった」と言わしめたのである[11]。

　確かに本選挙におけるヒスパニック票の獲得で，共和党は後れを取った。しかし，ロムニーは，何も目先の白人保守派の支持目当てに，思ってもいないことを口走ったというわけではあるまい。送還を含む政策こそが正しいという彼の信念に発しているのであれば，そのことを隠蔽することが望ましいとは言えまい。一旦は指名を得るために党の中核的支持者層の見解を取り入れ，指名を得た後に中道シフトを試みるというのは，第4期における民主・共和両党にみられるパターンとなっている。両党共に，そのような困難な過程を経なければならないのであり，今回たまたま民主党にそれがなくて済んだのは，現職候補者を擁していたが故であった。真に候補者を比較し決めなければならなかった共和党には，そもそもできない相談だったのであり，指名過程が失敗であっというのは当たらない。

第6節　おわりに

　共和党の2012年大統領候補者指名過程は，一部で報じられたほどではなかったにせよ，確かに従来のパターンからは異例の面があり，またその長期にわたった討論会，そして熾烈な予備選挙は，本選挙に暗い影を落とすことになった。とりわけ，移民規制の問題についての強硬路線を競い合う格好になったことは，本選挙におけるヒスパニックへの訴えを損なう方向に作用したであろう。それでも全体として，2012年の共和党大統領候補者指名過程は，かなり改善され，正しい方向に向っていると評価しうる。

　それでは，今回の共和党指名過程の展開は，次回2016年の指名過程にいかなる示唆を与えるであろうか。

　次回はいずれの党も新人候補者のみによる指名レースとなる可能性が高い。2008年と同様の状況である。ただし，「準」現職候補者とも言い

得る副大統領バイデンの動向は微妙である。2016年の選挙時には74歳になること，ヒラリー人気が先行していることから，出馬しても指名獲得は困難であろうと見られるものの，自身の意思を鮮明にしてはいない。周囲には出馬を促す向きもあるらしく，完全に除外はできない[13]。

　一般論としては，現職候補者を擁しない党は，指名過程をある程度までは長引かせたいという誘惑に駆られるものかもしれない。しかし，2008，2012年の経験から長引き過ぎて党内にしこりを残さぬ程度に，適度の緊張感のあるレースというものが理想であるとしても，そう上手くいくものではないことを，両党の指導者達は身に沁みて知ったことであろう。もしも，全国委員会レベルでの暗黙の合意が形成されれば，次回の候補者指名は，再び前倒し日程の短期決戦型になるかもしれない。各州・地域の予備選挙日程は，党の制御下にあると一応は言いうるからである。

　しかしその一方で，候補者討論会をメディアその他の機関が主催する場合，各州・地域政党に後援を一律に禁じることは難しい。全国委員会が，各州・地域の党委員会に後援を控えるように働きかけることはできるであろう。しかし，日程の規則を破って，代議員数の削減という制裁措置を忍んでまで1月に予備選挙を強行したフロリダ州共和党の事例を想起すべきであろう。討論会主導の長期にわたる前哨戦が，果たして両党に広がるであろうか。

　もっとも，次回は両党共に熾烈な指名争いになるであろうから，今回の如く20回にも及ぶ討論会が行われるとは考えにくい。両党ともそれぞれそのような回数を開催すれば，さすがに飽きられてしまう。前哨戦としての候補者討論会が定着するかどうかは，党が完全に制御しえないからには，迂闊な予想は避けておくべきであろう。スーパーPACとメガ・ドナーは，党が制御しえぬ要因であり，最高裁が判例を変更しない限り，次回も大きな役割を果たすことになろう。ただ，民主・共和両党の候補者指名過程に登場してくるのは初めてのことになる。つまり，参考にすべき前例にないのである。

一定の回数の候補者討論会が両党で，2015年中旬より開催され，スーパーPACとメガ・ドナーが，個別候補者ごとに資金支援を行うならば，予備選挙・支持者集会の日程いかんにかかわらず，両党の指名過程が長期化し，3人以上の候補者による乱戦模様となる可能性なしとしない。それが現実となれば，今回の共和党大統領候補者指名過程は，新しいゲームのルールの予兆であったという意義をもつことになろう。

注
1　Cousins v. Wigoda, 419 U.S. 477 (1975)
2　http://www.businessinsider.com/chart-of-the-day-the-american-paycheck-now-buys-half-as-much-gas-as-it- did-10-years-ago-2012-9　(2013年2月26日アクセス)
3　http://en.wikipedia.org/wiki/Gini_coefficient　(2012年12月30日アクセス)
4　http://www.huffingtonpost.com/　(2013年3月3日接続)
5　共和党2008年全国大会採択共和党規則第15条(b)項(1)2010年8月6日付け修正。
6　同上共和党規則第15条(b)項(2)2010年8月9日付け修正
7　Citizens United v. Federal Election Commission, 558 U.S. 310 (2010)．
8　SpeechNow.org v. Federal Election Commission, 599 F.3d 686 (D.C. Cir. 2010)
9　実は，1976年には，ほぼ予備選挙主導の候補者指名が形成されていた。しかし，現職大統領フォードがいたにもかかわらず，当時カリフォルニア州知事であったレーガンが，真剣な挑戦を試み，党大会における投票でようやく最終的な決着をみたのである。民主党に比べてまとまりの良いことで知られる共和党としては，異例の展開だった。党内保守派を糾合したレーガンの，当時としては強いイデオロギー性もさることながら，やはり「現職」候補者フォードに，現職大統領が本来持つべき権威に欠けるところがあったということが，少なからず作用していた。彼は，実に特異な経緯でその地位に就いたと言える。すなわち，憲法修正第25条の規定により，辞任したアグニュー副大統領の空席を埋めるべく下院議員から副大統領に指名されて就任し，ニクソン大統領の辞任を受けてさらに副大統領から昇格して大統領の職に就いた。副大統領からの昇格は，過去にも少なからぬ事例を見出しうる。しかし過去に昇格して大統領となった人物は，副大統領としては選挙で選出されていた。フォードこそは，選挙の洗礼を一切受けずに大統領となった史上初の，（そして今のところ唯一の）事例であったのである。
10　事実，2016年を視野に入れて，サントラムは，早くもアイオワ詣でに加わっ

ていると伝えられる。
11 http://uselectionatlas.org/RESULTS/index.htmlによる。（2013年3月3日接続）
　筆者の試算によれば，3月6日のスーパーチューズデイまでに行われた12の拘束式予備選挙において，仮にすべての予備選挙で勝者総取り方式が採用されていた場合の，ロムニーの獲得代議員数は285であり，実際の獲得代議員数281とほとんど変わらない。さらに3月24日までの17の予備選挙についてみても，359対372で，たとえわずかではあっても，ロムニーはむしろ比例配分の恩恵に浴しているとさえ言える。
12 Michel Gerson, "A GOP That's Off Track,", *Washington Post*, November 7, 2012.
13 「バイデン米副大統領の支持者，次期大統領選に向けて準備着々」ウォール・ストリート・ジャーナル日本語電子版　2013年8月19日。http://jp.wsj.com/article/SB10001424127887324562504579022370305079370.html?mod=djem_Japandaily_t

第2章　2012年大統領選挙とメディア：争点と新しい変化

前嶋　和弘

第1節　はじめに

　メディアに焦点を当てて2012年大統領選挙を分析するのが本章の目的である。本章は2部に分かれている。第1部(第2節)では2011年秋から2012年の本選挙までの期間を対象に，大統領選挙の政策争点(議題)について分析し,「メディアが取り上げた争点」「世論が認識した争点」「候補者陣営が訴えた争点」という3つの争点を明らかにした上で，それぞれの関連を検証する。「メディアが取り上げた争点」については，筆者自身が行ったニューヨークタイムズの大統領選挙に関する記事の内容分析を説明し，その結果と世論調査の結果を照らし合わせて分析する。それに続き,「候補者陣営が訴えた争点」として，オバマ陣営が行った演説や記者会見の内容分析を行うほか，戦術そのものの変化を丹念に追い，メディアに取り上げられる議題をオバマ陣営がいかに効果的に設定していったかを検証していく。

　後半の第2部(第3節)では，2012年大統領選挙におけるメディアの役割について，これまでの選挙と何が異なっていたのかを確認する。とくに，新しい動きについて焦点を置き，ビッグデータ選挙，スーパーPAC，メディアの分極化の進展という3点を中心に論じる。

第2節　2012年大統領選挙の争点

　メディアと争点の分析については，マスメディアの議題設定機能

（agenda-setting function of the media）についての研究がその代表的なものとして知られている。マスメディアの議題設定機能とは，竹下（2008:3）によると「メディアは日々の報道において，比較的少数の争点やトピックを選択し，またそれらを格づけしながら提示することで，人々の注目の焦点を左右し，今何が重要な問題かという人々の判断に影響を与えること」である。つまり，マスメディアが争点を強調することで，人々の認識が変化し，争点重要性（顕出性：salience）が"転移"していく。そうすることで，世論の中での争点（議題）が設定されていくという一連の機能のことを指している。

　メディアの議題設定研究については，様々な手法はあるものの，多くの場合，マスメディアの内容分析を行い，マスメディアに頻繁に現れる争点を見出し，「メディア議題」(media agenda) を明らかにする。同時に世論の動向も分析し，マスメディアで取り上げられた争点と，世論がどの争点を重要に考えているかという点が一致しているかどうか検証し，争点重要性（顕出性）の"転移"を検証するのが一般的な手法である。マスメディアの議題設定機能については，政治学，そしてメディア研究ではメディアの効果研究の一環として，1970年代から研究が開始され，現在に至っている（McCombs and Shaw 1972; McCombs 2004; 竹下 2008）。近年では，社会心理学・政治心理学的な研究でもマスメディアの議題設定機能が取り上げられることが多くなっている。例えば，人々の認知的努力が少ない場合にはメディアの議題設定機能が大きくなるといった分析（Bulkow, Urban and Schweiger 2012）や，メディアの「ゲートキーパーとしての信頼度（gatekeeping trust）」が議題設定機能の大小に関連するという研究（Pingree, Quenette, Tchernev and Dickinson 2012）などもある。また，メディアの議題設定機能に限定せず，政策過程論の分野で公共政策上の議題設定についても長年，検証され続けてきた（例えば，Bachrach and Baratz 1962; Baumgartner and Jones 2009）。

　メディアの議題設定の先行研究に従い，本研究ではまず，メディアの内容分析をすることで「メディアが取り上げた争点」について明らかに

第 2 章　2012年大統領選挙とメディア：争点と新しい変化　35

し，それを「世論が認識した争点」と比較する．さらに，メディアだけではなく，「候補者陣営が訴えた争点」という第3の争点を検証し，3つの関連性を考察する．

　4年前の2008年大統領選挙においても，筆者はメディアの内容分析の結果と世論の争点を比べる分析を行っている（前嶋2009）．今回は，「メディア」「世論」のそれぞれの争点と共に，「候補者陣営が訴えた争点」も加え，さらに多角的に2012年大統領選挙における争点を検証する．

(1)メディアが取り上げた争点

　「メディアが取り上げた争点」については，マスメディアの代表として，ニューヨークタイムズの争点を例に取り，内容分析を行った．ニューヨークタイムズはアメリカを最も代表するメディアとして，様々な内容分析の研究などで利用されてきた[1]（例えば，Winter and Eyal 1981; Althaus and Tewksbury 2002など）．

　具体的な手法については，ニューヨークタイムズのウエブサイト[2]の有料検索機能を使い，ニューヨークタイムズの大統領選挙関連の記事を検証していった．対象とする時期については，2011年9月1日から2012年10月末までの14カ月分とした．大統領選挙の場合，予備選挙のそのものの前倒し（フロントローディング）現象が1980年代から進んできた（前嶋2011）．2012年選挙でもアイオワ州党員集会が1月3日，ニューハンプシャー州予備選が1月10日と予備選挙に対応するために選挙運動そのものも前倒しになっている[3]．選挙前年からの動きも活発になっており2012年選挙の場合，現職のオバマは2011年4月4日に再選のための選挙運動の書類を提出したことを明らかにしている（Jackson 2011）．大統領選挙前年の動きも明らかにするために，本章は共和党のアイオワ州エイムスでのストローポール（2011年の場合，8月13日）直後の月である2011年9月1日から本選挙直前の月である2012年10月末までの掲載記事を分析した．

　内容分析は，3段階で行った．まず，第1段階では「大統領選挙

（presidential election）」という言葉をデータベースに入れ，記事を検索した。第2段階はすべての記事について，大統領選挙を実際に取り扱っているものかどうか，それぞれを確認し，記事を絞り込んでいった。「presidential election」という言葉が入った記事の総計は長短様々なものを合わせると，2万3,000もの記事量となったため，絞り込み段階においては明らかに選挙関連の記事とは言えない記事が多数あった。例えば，「presidential election」という言葉が含まれていても，書評の記事や2012年以前の大統領選挙のものだったり，あるいは「大統領選挙の直前に映画が封切られる」などのような選挙とは直接関係ないものについては，除外した。分析の結果，「大統領選挙を中心に取り扱った記事」は計1万5,683となった。

その月別推移を示したのが図2-1である。この図からも分かるように，

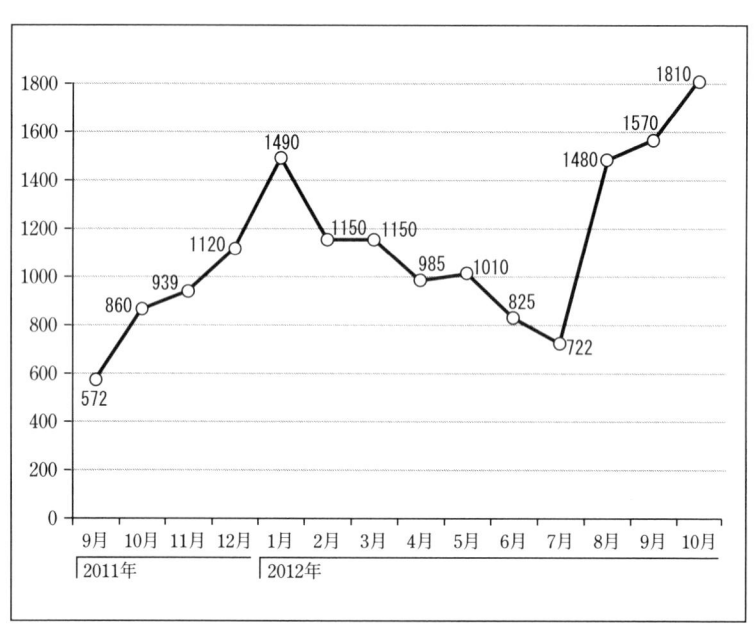

図2-1　ニューヨークタイムズが取り扱った月別の大統領選挙関連の記事の推移(2011年9月1日から2012年10月31日，数字は記事数)

記事量のピークは2つあり，予備選挙の段階と本選挙の段階に呼応している。最初の記事の量のピークが，2011年末から2012年3月末であり，共和党の予備選挙が本格化しロムニーへの一本化がほぼ決まるまでの時期である。次のピークは，大統領選挙直前の3カ月の期間であり，当然かもしれないが，選挙当日に向けて記事量が増えていく。大統領選挙の本選挙が本格化するのは，民主・共和両党の候補者が正式に決まる全国党大会（2012年選挙の場合，共和党大会は8月27日から30日，民主党大会は9月3日から6日）の後の「労働者の日（レイバーデー）」（2012年は9月3日）前後であると伝統的に指摘されてきた。そのことが8月からの記事の量の急増からもうかがわれる。

内容分析の第3段階では，それぞれの記事の中で扱っている大統領選挙の政策争点を分類していった。それぞれの記事は大統領選挙に関連する複数の争点を取り扱うことが多く，かなり多岐にわたるのが一般であり，候補者が各地を遊説した際の演説（stump speech）を取り上げた記事の場合，とくにこの傾向は強くなる。また，それまでの選挙戦の動向をまとめたような記事や，民主・共和両党の全国党大会などの記事の場合も同じ傾向にあり，1つの記事から複数の争点が盛り込まれている（例えばShear and Parker 2012）。

2012年の大統領選挙と関係ない記事を削除するのを目的とした前述の内容分析の第2段階の場合，一つひとつの記事を深く読み込む必要はなかったが，どのような争点がどれくらい含まれているかという内容分析の第3段階では，膨大な記事を効率よく分析するために工夫が必要であった。時間的な制限もあるため，すべての記事を入念に読み込むのではなく，予備選挙段階の2011年11月（939記事），予備選挙でロムニーの勝利が確定し，本選挙に向かいつつある段階の2012年5月（1,010記事），本選挙段階の2012年9月の記事（1,570記事）の3カ月については最初に詳細にすべての記事を読み，出てくる頻度が高いものを「主な争点」として高いものから10点抽出した。この10の争点とは，「同性婚（same-sex marriage）」「移民（immigration）」「女性（woman）」「医療（health

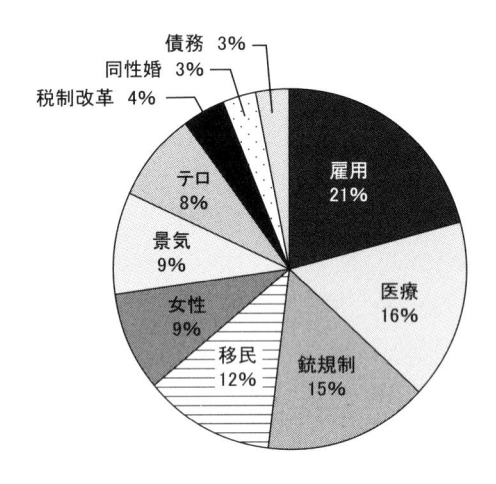

図2-2　大統領選挙記事争点の内訳

care)」「税制改革（tax reform）」「債務（national debt）」「テロ（terrorism）」「銃規制（gun control）」「雇用（jobs）」「景気（economy）」である。それ以外の12カ月分については，この10の争点について，記事の量をデータベースで検索し，数を確認していくという手法にした。

この10の争点について，14カ月分を総計した内訳が図2-2となる。これをみると，「雇用」が最も多く，それに続き，「医療」「銃規制」「移民」「女性」「景気」「テロ」「税制改革」「同性婚」「債務」の順となっている（図2-2）。

この中で，「景気」「雇用」「税制改革」「債務」の4つについては経済関連の争点である。また，「医療」についても，2012年選挙では経済問題として取り上げられることがほとんどといっても過言ではない。例えば，共和党側が「医療保険改革（オバマケア）は税金の無駄遣いであり，国民にとっては重税である」と主張するのに対し，「医療保険問題は，医療費高騰と無保険者の増加は，家計や企業，政府負担が増えるため，社会問題であるだけでなく，経済問題である」というのがオバマ政権の主張であった（例えば，Friedman 2012）。図2-2の「景気」「雇用」「税制改革」

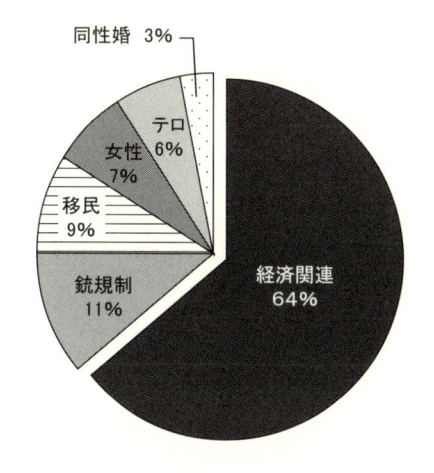

第2章　2012年大統領選挙とメディア：争点と新しい変化　39

図2-3　大統領選挙記事争点（経済対他）

「債務」「医療」の記事数を合わせて「経済関連」とし，大統領選挙の記事で扱われた争点を再度，円グラフにしたのが図2-3である。ただし，前述のように，記事から複数の争点を盛り込んだ記事も多いため，例えば，「景気」と「雇用」のいずれも取り扱った記事の場合，図2-3の場合，2回数えられている。筆者が内容分析を進めた際の感覚では記事の半分は少なくとも，経済関連の内容を取り扱っていた感がある。

一方，ニューヨークタイムズが取り扱った大統領選挙関連記事の争点を月別の推移で示したのが，次頁の図2-4である。14カ月を通じ，一貫して「雇用」がすべての大統領選挙の争点の中でも目立っており，それに続き，最終の2012年10月なら，「医療」「銃規制」「テロ」「移民」「景気」「女性」「税制改革」「同性婚」「債務」の順となっている。このように，ニューヨークタイムズが取り上げた2012年大統領選挙の争点の中では，圧倒的に経済的な争点が目立っていた。

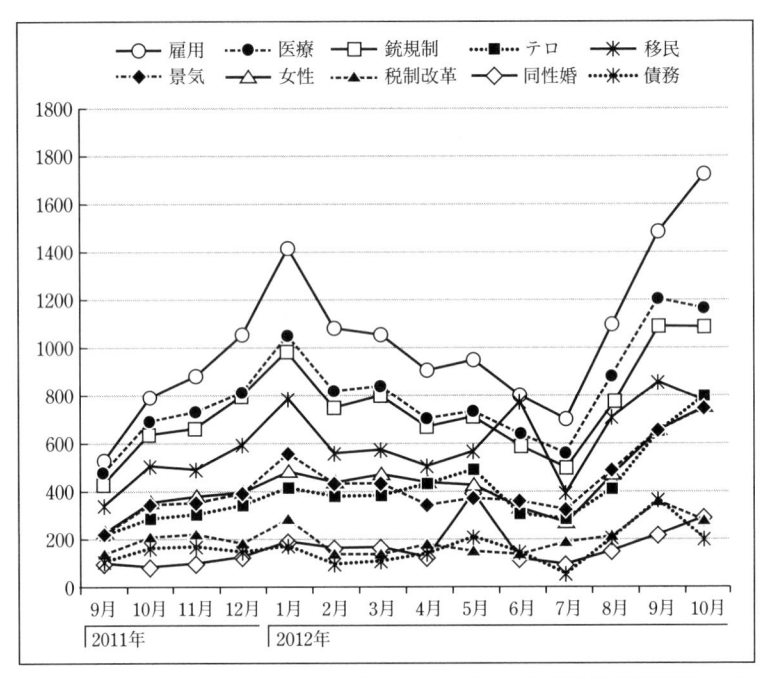

図2-4 ニューヨークタイムズが取り扱った大統領選挙関連記事の月別争点推移(2011年9月1日から2012年10月31日, 数字は, 争点を盛り込んだ記事の数)

(2)「世論が認識した争点」

次に,「世論が認識した争点」を確認した。様々な世論調査結果があるが, 多くの結果が似ているため, アメリカ政治に関する様々な研究で頻繁に引用されるピュー・リサーチセンターの分析結果を本研究では利用した。ピュー・リサーチセンターは2012年9月12日から16日にかけ, 同年大統領選挙の登録を済ましていた有権者2,424人を対象に, 投票の際に参考にする「とても重要な争点」について電話調査を行った (調査総数は3,019人)。図2-5がその結果である。これによると,「とても重要な争点」として, 挙げた争点の上位は「経済」「雇用」が上位2位を占め, 上述のとおり経済争点の1つでもあった「医療」も3番目に多かったほ

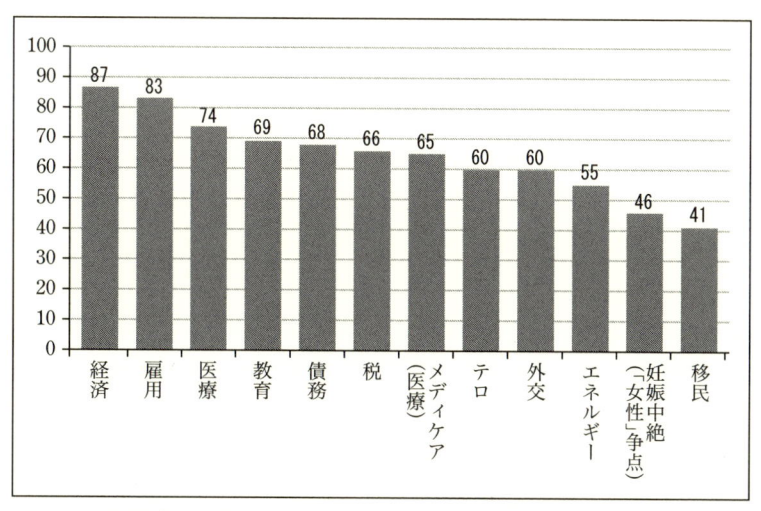

図2-5 登録済の有権者を対象にした「大統領選挙の際の"とても重要な争点"」(ピュー・リサーチセンター調べ、2012年9月12日から16日。数字は%)

棒グラフの数値：経済 87、雇用 83、医療 74、教育 69、債務 68、税 66、メディケア(医療) 65、テロ 60、外交 60、エネルギー 55、妊娠中絶(「女性」争点) 46、移民 41

か、「債務」「税」も5、6番目であった。このように、経済関連の争点は「メディア議題」の中で突出していただけではなく、世論調査の結果でも経済争点が最も高い優先順位であったことが確認できる。

　世論調査が示した争点と、上述のニューヨークタイムズの記事の内容分析が示した争点とはかなりの関連を見出すことができる（「世論が認識した争点」「メディアが取り上げた争点」「候補者が訴えた争点」のさらなる関連については後述する）。

　世論調査の結果で上位を占めているものの、ニューヨークタイムズの記事の内容分析では大きな争点として取り上げられなかったのが、教育問題である。ニューヨークタイムズが教育問題を取り上げる場合には、候補者の教育に対する見方や具体的な教育政策などを比較して論じる場合など、比較的限定されていた。ただ、時期的な問題もあり、秋以降、瞬間的に教育問題を争点として取り上げた時期もあった。その代表的なものが、2012年秋のシカゴにおける教員ストの前後である。このスト

とは，シカゴ市長ラーム・エマニュエルが導入を検討した教員評価制度をめぐってのものであり，2012年9月には，公立学校の教員が大規模な抗議デモをシカゴの中心部などで行った。このデモの前後には，公教育における教員の雇用安定，教員労組のあり方の問題などがオバマ，ロムニー両候補の教育観などと関連し，何度も報じられている（Landler 2012; Gabriel 2012）。

(3)「候補者陣営が訴えた争点」

次に，世論が認識した争点，メディアが報じた争点と共に，候補者がどのように動き，どの政策を「争点化」しようとしたのかを検証する。「候補者陣営が訴えた争点」については現職であるオバマ陣営の動きに絞り，記者会見と演説の内容を中心に分析してみる。オバマの場合，現職の大統領のため，その発言は公式的な記録として継続的に情報公開されており，ホワイトハウスのウエブサイトの中の大統領の演説についてのページ[4]で確認できる。一方，ロムニー陣営の場合，選挙中も選挙公式サイト[5]に掲載される遊説演説や記者会見の発言記録は網羅的ではなかったほか，選挙後はサイトそのもののコンテンツが削除されている（2013年3月確認）。そのため，本研究ではオバマ陣営の動きに絞って論じてみる。

まず，オバマ陣営（オバマ大統領，バイデン副大統領，ミッシェル夫人）が2011年9月から2012年10月までの期間に行った演説の数は図2-6の通りである。この数字はオバマ大統領だけでなく，大統領の動きと呼応する形で選挙運動を行ったバイデン副大統領，ミッシェル夫人の演説も含まれている。ただ，全演説の9割（92.5%）はオバマ大統領のものである。これをみると，長期休暇シーズンである年末を除けば，ほぼコンスタントに60前後の演説を行っている。

オバマの場合，現職であるため，選挙に特化した演説や記者会見だけでなく，その時点で重点的に進めている政策についての説明を中心とした発言も少なくない。実際の政策と連携させながら，政策で成果を挙げ，

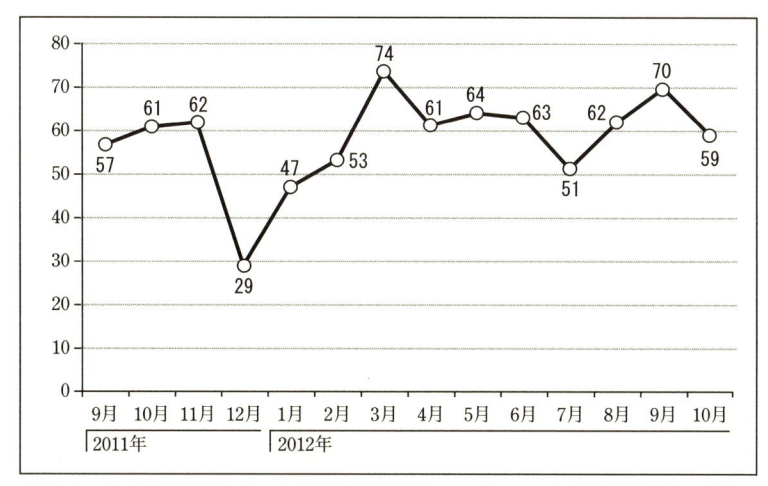

図2-6 オバマ陣営(オバマ大統領，副大統領，ミッシェル夫人)が2011年9月から2012年10月までの期間に行った演説の数(数字は回数，ホワイトハウス発表の記録から筆者が分析)

　選挙に好影響をもたらそうとすることで，選挙運動の効果を最大限に高めようという「ローズガーデン戦略」こそ，現職のオバマ陣営の強みである。ローズガーデン戦略の名前は，ホワイトハウスのローズガーデンから名づけられている。ローズガーデン戦略とはもともと1976年選挙で現職のフォード大統領が選挙遊説を積極的に行わず，政策運営に専念したことに由来している。ただ，近年のローズガーデン戦略はホワイトハウスに留まるだけでは完結しない。オバマもホワイトハウスの中での記者会見だけではなく，全米で遊説するのは，選挙直前の演説スタイルに極めて似ている。
　演説のタイプについて注目したいのは，「ローズガーデン戦略」の効果を高めるために，選挙を強く意識した動きをオバマ陣営が長期にわたって行っている点である。実際に，初期段階から選挙に特化した演説も組み込んでいる。2011年9月の段階では選挙に特化した演説や記者会見は民主党全国委員会でのイベントくらいだったが，翌10月には選挙に特化した演説も複数行っており，その数は月を経るごとに増えていき，

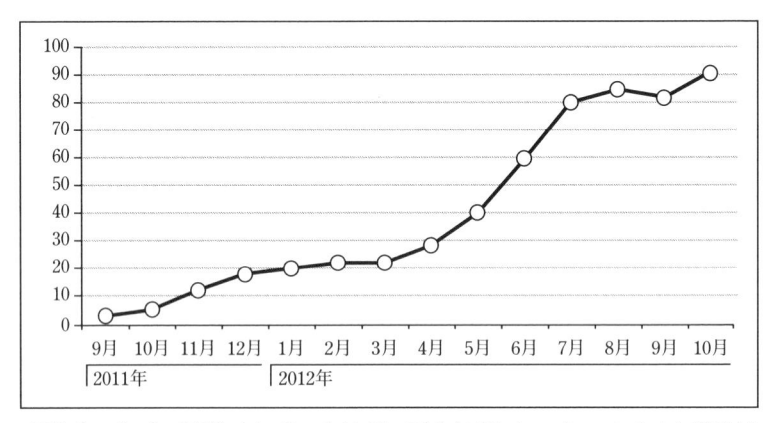

図2-7 オバマ陣営（オバマ大統領，副大統領，ミッシェル夫人）が2011年9月から2012年10月までの期間に行った演説の中で選挙に特化したものの割合（数字は%，ホワイトハウス発表の記録から筆者が分析）

選挙戦の最後の段階ではほぼ9割が選挙に関連した発言となっている。

さらに，図2-7で示したオバマ陣営が行った演説や記者会見の内容分析を行い，どの争点について話したのかという内訳をまとめたのが下の図2-8である。前述のニューヨークタイムズの記事ほどではないものの，演説や記者会見の場合も，複数の争点を取り扱うことが多い。そのため，

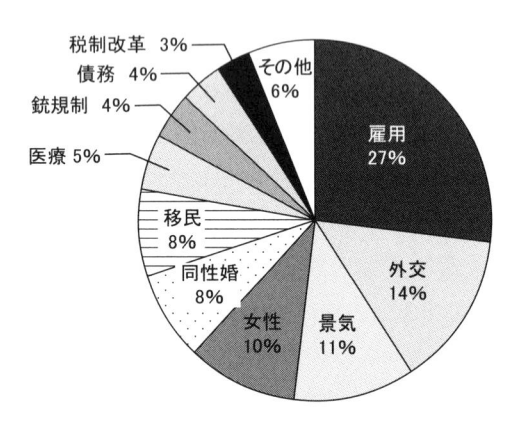

図2-8 オバマ陣営の発言（演説，記者会見）の内訳

挙げられた争点をすべて足し，その中で，個々の争点がどれだけの割合を示したものになっているかを分析した。

全体として，「雇用」が最大であり，「景気」や「債務」などの経済争点を合わせると40％を超える。経済争点が多いのはこれまで論じたニューヨークタイムズの内容分析（メディアの争点）と同じであるほか，世論調査における選挙の最重要争点とも一致し，「メディア」「世論」「候補者」の争点はそれぞれ大きく関連している。

一方で，2番目の「外交」については，現職の大統領が外国の要人が訪問する場合，記者会見をするケースが多く，その際には外交問題に必ず言及する。メディアの争点や世論の争点の順位とはこの点は異なっている。

メディアの争点や世論の争点の順位とオバマ陣営の発言が異なっている点にさらに注目すると，4番目の「女性」，5番目の「同性婚」の争点内の割合が，オバマ陣営が行った演説や記者会見では高くなっている。「女性」や「同性婚」はオバマ陣営にとっては，ロムニー陣営の動きと差異化できるため，有権者にアピールしたい政策である。さらに，世論調査の結果では高い順位ではなかった「移民」についても「非合法移民は自主帰国（self-deportation）すべき」としたロムニーの立場と対照的にオバマ陣営は移民に寛容な政策を訴えており，自分の訴えたい政策を争点化させようと意図が読み取れる。

(4)「メディア」「世論」「候補者」の争点の関連性

これまで論じたように，「メディア」「世論」「候補者」の争点はそれぞれ大きく関連している。表2-1は「メディア」「世論」「候補者」のそれぞれの争点について，出現数に順番をつけて，表したものである。これによると，経済関連の争点が上位を占めている点では3つは一致している。

経済関連の争点が世論でも「メディア議題」の中でも突出していたのは，2012年選挙だけではない。筆者が前述の別の論考で分析した4年前の2008年大統領選挙においても，世論調査では経済争点の優先順

位が非常に高かったほか，ニューヨークタイムズの内容分析でも経済問題が最大の記事量を占めていた。とくに，リーマンショック直後の2008年秋の時点では経済問題の重要性が極めて高くなっていた（前嶋2009）。

一方で，経済関連の争点については，このように関連があるとしても，どちらの議題がどこに影響を与えたのかを分析するのは極めて難しい。というのも，このように，2008年大統領選挙から不景気の状況は長引いており，既に最重要課題としての景気問題はメディア，世論，候補者のいずれの間でも共有されていたためである。そのため，「メディアから世論」，あるいは「候補者からメディア」といった議題の設定の流れは経済問題については明らかではない。

表2-1 「メディア」「世論」「候補者」のそれぞれの争点

順位	メディアの争点	世論の争点	オバマ陣営の争点
1	雇用	経済	雇用
2	医療	雇用	外交
3	景気	医療	景気
4	債務	教育	女性
5	税制改革	債務	同性婚
6	女性	税	移民
7	同性婚	医療	医療
8	銃規制	テロ	銃規制
9	テロ	外交	債務
10	移民	エネルギー	税制改革

議題の設定の流れについては経済以外の争点についてみると少し分かりやすくなる。例えば，移民，同性婚，女性，銃規制については，「メディア」と「候補者」との間で大きな関連があることが読み取れる。一方で移民，同性婚，女性，銃規制については世論の中には10番以内に入っていない（世論の方では，移民は12位，妊娠中絶＝女性＝が11位だった）。

さらに，時間的な流れを追っていくと，同性婚と移民については，「候補者からメディア」といった議題の設定の流れが見えてくる。2012年

選挙で特筆される点として，しばしば指摘されているとおり，オバマ陣営が極めてリベラル色が強い層の心の琴線に触れるような政策を次々に打ち出し，支持層であるリベラル層の離反を抑えた（例えばCohen 2012）。その際の目玉としての政策が同性婚容認，移民寛容政策であり，いずれも2012年春以降，オバマ大統領自身が大々的に記者会見を行い，PRしていった政策である。

「同性婚」の場合，2012年5月に急にオバマが同性婚容認の政策をABCとのインタビューで打ち出しており，この問題が一気に争点化した。また，翌6月には移民寛容政策をオバマが記者会見でやはり突然に発表している。表2-2はオバマ陣営の同性婚と移民に関する演説の数であり，それぞれ2012年5月，同6月に発言が一気に増えて，それ以降，本選挙まで一定の数の演説で2つの政策については言及があったことが示されている。

ニューヨークタイムズの内容分析の流れをみても，リベラル色を鮮明にしたオバマ政権の政策である「同性婚」と「移民」が特定の月に増

表2-2　同性婚,移民政策についてのオバマ陣営の発言
（演説，記者会見，数字は回数）

同性婚		移民政策	
2011年9月	0	2011年9月	1
2011年10月	1	2011年10月	2
2011年11月	0	2011年11月	1
2011年12月	0	2011年12月	2
2012年1月	1	2012年1月	1
2012年2月	1	2012年2月	2
2012年3月	2	2012年3月	2
2012年4月	2	2012年4月	2
2012年5月	18	2012年5月	2
2012年6月	9	2012年6月	14
2012年7月	8	2012年7月	8
2012年8月	5	2012年8月	6
2012年9月	8	2012年9月	9
2012年10月	7	2012年10月	8

えている点が明らかになる。「同性婚」の場合，2012年5月に急激に増えている。この月には，オバマが同性婚容認の政策をABCとのインタビューで打ち出しており，この問題が一気に争点化された。一方，翌6月には移民寛容政策をオバマが発表しており，移民についてもオバマ陣営がメディアの議題を設定した形となっている。図2-9では同じデータを2012年3月1日から2012年8月31日に限り，「同性婚」(5月)「移民」(6月) が急激に増えた月を●印で囲んでいる。

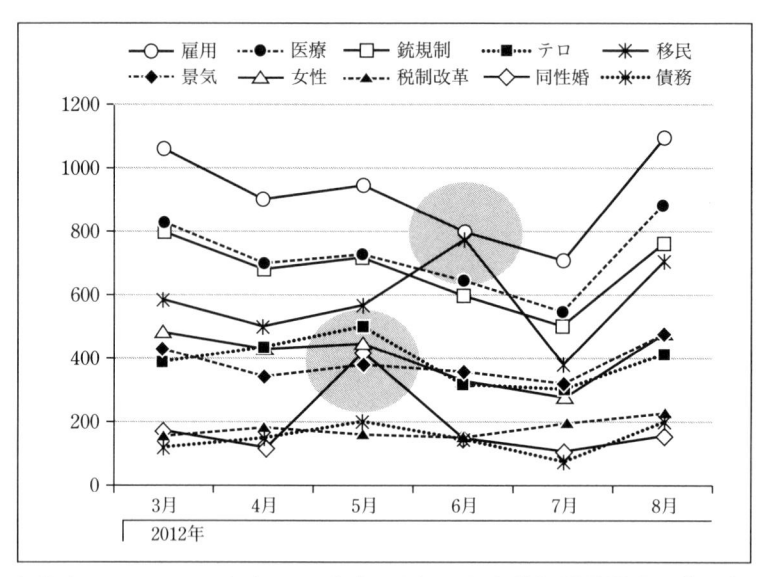

図2-9　ニューヨークタイムズが取り扱った大統領選挙関連記事の争点推移(2012年3月1日から2012年8月31日)

後述する「メディアの分極化」の中で，近年，ニューヨークタイムズのリベラル色がやや強くなっているという指摘も少なくない。ただ，その点を差し引いても，メディアにおける争点とオバマ陣営の狙いが一致していたことは，報道の争点にオバマ側の影響力があったといえると推察できる。

　それでは，そもそもなぜオバマ陣営がリベラル色を前面に出した政策

を打ち出さなくてはならなかったのか。2008年選挙の場合，共和党候補のマケインに比べ，オバマの方が経済状況を不安視する国民からの支持があったと考えられている（2009 前嶋: 55-59）。しかし，2012年選挙の場合，経済政策の手腕についての世論からの支持は，オバマと共和党候補のロムニーと並んでいた。出口調査の結果によると，経済政策で「オバマが優れている」と回答したのが48%，ロムニーはそれを1ポイント上回る49%だった。一方で，同じ出口調査で「現在の不景気はどの大統領の政策のせいか」という質問に対しては，「オバマ」としたのが38%だったのに対し，「ブッシュ」としたのが53%と圧倒的に多かった[6]。つまり，経済政策ではオバマに対する非難は大きくはないといえるものの，期待も大きくないというのが，世論全体の動きであったとみられる。オバマ陣営は後述するビッグデータの利用などで確実に世論の動向を把握していた。そのため，オバマ陣営は，国民が最も関心のある経済政策では得票では差が出ないと読み，確実に支持が狙えるリベラル層の囲い込みに力を入れたのではないだろうかと推測される。さらに，そう考えると，リベラル派だけでなく，保守を含めた広い有権者に調査を行っている世論において，「同性婚」「移民」などの争点の重要度が低いのはむしろ当然であったかもしれない。

第3節　2012年大統領選挙におけるメディア関連の新しい動き

　後半では，2012年大統領選挙におけるメディアの役割について，新しい動きについて焦点を置く。アメリカの選挙におけるメディアの役割は近年では選挙ごとに大きく変化していくといっても過言ではない。例えば，選挙におけるインターネット利用については，2000年選挙でジョン・マケインがオンライン献金で先鞭をつけ，翌2004年にはハワード・ディーンがブログを通じて草の根の支援ネットワーク作りを仕掛けた。ソーシャルメディアを使うことでオンライン献金，そして支援者の輪を

広げることのいずれにも成功したのが,2008年のバラク・オバマだった。
　2012年大統領選挙では,2008年選挙に引き続き,大統領選挙には3つの戦いがあった。3つの戦いとは,すなわち,戸別訪問や投票促進運動などの組織作りを中心とした「地上戦（ground war）」,テレビでの選挙CM（選挙スポット）を中心とする「空中戦（air war）」,さらにはソーシャルメディアなどを使ったオンラインでの選挙運動「サイバー戦（cyber war）」であった。この3つのいずれも2012年にはさらに巧妙な戦略がとられるようになったのが大きな変化である。
　その時に鍵となったのが,大量のデータの収集と分析であり,的確な戸別訪問や有権者の動向に合わせた選挙スポットの提供が可能となった。そのため,2012年選挙は「ビッグデータ選挙（big data election）の元年」であると後世の歴史家は指摘するかもしれない。
　また,1990年代には連邦選挙規制法の対象とならなかった意見広告が,2010年の最高裁の判例もあり,2012年選挙ではさらに自由かつスーパーPACによる大規模な意見広告合戦に発展した。事実上の「選挙スポット」を第三者が提供するスーパーPACの存在が大きくなったのも2012年選挙の特徴である。さらに,世論にしろ,議会内の法案投票にしろ,保守とリベラルという2つの極での分極化が進む中,2012年選挙ではメディアの分極化がさらに進んだ傾向がある。次項からビッグデータ選挙,スーパーPAC,メディアの分極化の進展,という3点についてさらに詳しく論じていく。

(1)ビッグデータ選挙
　ビッグデータ選挙とは,文字通り,大量のデータを分析し,選挙運動に利用する手法のことを言う。オバマ,ロムニー両陣営がどのようなビッグデータ選挙を実際に展開してきたかについては,秘密の部分も多く,まだ詳細には分かっていないものの,各種の情報を蓄積したデータベースと,その中から必要な情報を抽出するデータマイニング技術を使って,効率のよい選挙運動に活用しようとしたのは間違いない。利用

するデータにはインターネットのソーシャルメディアの情報なども取り入れ，リアルタイムでの分析が進んでいる。

　2008年選挙での成果をきっかけに，2012年選挙ではオバマ陣営は情報技術に熟知したスタッフの数を増やし，徹底的にソーシャルメディアを使った選挙戦略を練り直した。その一環にソーシャルメディアを通じて集めた有権者情報の徹底的な利用がある。激戦州の中で誰が「説得できる」対象なのかを割り出し，集票を最大限化する戦略の一環にソーシャルメディアが活用されていった。オバマ陣営が有権者のグループ分けと絞り込みのために使用した大規模ITシステムは北極海の歯クジラから「Project Narwhal」（イッカク計画）と名づけられ，インターネットなどからのリアルタイムの情報をつき合わせて，「地上戦」「空中戦」「サイバー戦」のいずれにおいても，オバマ陣営はロムニー陣営を圧倒してきた（Madrigal 2012）。とくに，民主党支持者と共和党支持者が拮抗する激戦州においては，オバマ陣営の地上戦，空中戦，サイバー戦という3つの戦いを相互に密接に関連づけることで，効果を一気に高めていった。さらに，現職の強みであり，政策を打ち出すことで有権者拡大を狙う前述の「ローズガーデン戦略」もオバマ陣営はこの3つの戦いに有効に組み込んだ。

　オバマ陣営は，まず，本選挙1年前の2011年秋から冬にかけては離反が目立っていたアフリカ系などの所得再配分を強く主張する層のつなぎとめに奔走した。地上戦で選挙事務所の数を増やして実際に支援者と接触することで，「オバマ離れ」を防ごうとした。同時に富裕層増税の必要性をツイッターやフェイスブックで熱心にPRするサイバー戦を展開した。さらに，2012年頭の一般教書演説でも「すべての人に公平な社会」を訴え，富裕層増税を政策として掲げた。春以降に本格化した空中戦でも富裕層増税を中心とする「公平な社会」をオバマの選挙スポットで最も頻繁に取り上げる中心テーマに位置づけた。

　これに続き，2012年春以降には，地上戦での有権者との接触を続けると共に，同性婚容認，移民寛容政策など，リベラル色が強い層を強く

意識した政策を次々に打ち出していった。もちろん，打ち出した政策は，選挙スポットと各種ソーシャルメディアを使って徹底的に後押しする。こうすることで，白人リベラル層に加え，同性愛者やヒスパニック票の獲得を確実にしていった。

　特筆したいのは，選挙戦を通じて，オバマ陣営が空中戦とサイバー戦では常にロムニー陣営の「一歩先」を進んでいた点である。オバマ陣営は共和党候補者が一本化された2012年4月ごろから，過去の再選を目指す大統領陣営よりも2カ月ほど早く，空中戦を本格化させた。データを検証することでロムニーについての否定的な意見を割り出し，「ロムニーは首切り名人」「女性の敵」などと強調し，ネガティブなレッテルを貼ることを執拗に繰り返した。党大会前後からは，堅調に集まった選挙献金を使い，オバマ陣営は激戦州の空中戦に余すところなく投入した。一方，共和党内での予備選勝ち残りにリソースを費やした分，ロムニー陣営は後手に回ってしまった。

　それでも，ロムニー陣営も「Project Orca」（シャチ計画）という名前のビッグデータ選挙を行った。これについても，有権者情報のデータベース化などを進め，データマイニングツールと予測分析手法を駆使する同じ手法だった。しかし，システム的に脆弱であり，投票当日のGOTV（票の駆出運動：get-out-the-vote）運動などを支援する際，技術的な問題があり，システムが当日動かなくなってしまったと伝えられている（Marcus 2012）。後述するスーパーPACに選挙スポットを肩代わりしてもらった部分の下支えはあったものの，このビックデータ選挙でも遅れたこともあり，サイバー戦の中ではロムニーの遅れが目立っていた。ソーシャルメディアでの影響力を示すスコアである「クラウトスコア」でもロムニーは常にオバマに追いつけなかった。

　このように，2012年ではビッグデータ選挙への移行の中，ソーシャルメディアが選挙陣営のツールとして使われるケースも非常に目立っていた。ソーシャルメディアの特性を活かし，2008年の選挙ではオバマを支援することが一種の社会運動となり，支持者相互の自由で自由な横

のつながりが増えていったが，2012年選挙では「上からのコントロール」が目立つようになっている（前嶋　2013）。

(2) スーパー PAC

　2012年大統領選挙におけるメディアの役割に注目する中で，「ビッグデータ選挙」と共に特筆できるのが，スーパー PACの台頭であろう。スーパー PACとは，候補者とは直接関係ない「意見広告（issue ad）」を提供する「独立支出（independent expenditure）」に限定された委員会のことである。2010年の最高裁判決で設立が認められ，「表現の自由」の観点から個人も企業も労組などの団体もスーパー PACへの支出制限はない。2010年のこの判決直後には中間選挙があったが，大統領選挙としては，2012年選挙がスーパー PACが関与する初めての選挙となった。候補者や政党への献金を行う通常のPAC（Political Action Committee，政治活動委員会）の場合，候補者や政党は受け取った献金を規制内で自由に使うことができるものの，個人のPACへの献金も，PACからの候補者・個人への献金にも支出制限がある。これに対して，スーパー PACの場合は「独立支出」に限定され，候補者や政党への直接献金は禁じられているものの，「意見広告」への支出制限はないため，新しい政治献金の受け皿として，一気に台頭した。

　「意見広告」とは，候補者との協議がないという条件内で，司法で認められた「独立支出」を使い，政治的な意見などを伝えるテレビCMや雑誌広告である。「独立支出」をめぐっては，提供者と候補者や政党との間との協議を行わないよう表向きにはかなり厳しく規制準拠が求められている。意見広告のスポンサーが意見広告を提供する場合，政党や候補者陣営との協議は規制に従って行えない。しかし，「独立支出」を使っていても，意見広告が実質的には特定候補を応援している事実には変わりはなく，実際の独立性には大いに疑問である。スーパー PACの意見広告が，特定の候補の政策をテレビCMで支援したり，非難すれば，視聴者にとっては特定の陣営の「選挙CM」にほかならない。また，多く

の場合，意見広告であるという事実は，選挙スポットの最後や新聞広告の一番下に非常に細かな文字で示されるだけである。

しかも，候補者や政党への選挙献金には上限があるものの，スーパーPACに提供する献金には上限がない。つまり，実際は選挙資金が厳しく規制されている候補者陣営とは異なる「意見広告」という形で選挙CMを肩代わりし，提供するのがスーパーPACの役割といえる。

実際，2012年選挙ではスーパーPACはオバマ，ロムニーの両候補に候補者の選挙CMを肩代わりすることで影響力を示した。連邦選挙委員会（FEC：Federal Election Commission）によると，オバマが2012年選挙の際に集めた献金額は7億2,238万ドルで，ロムニーの4億4,763万ドルの1.6倍以上だった[7]。一方で，スーパーPACの方はロムニーが優位であった。ウエスリアン・メディア・プロジェクトによると，2012年4月11日から10月29日の期間にオバマ陣営はロムニー陣営の2.6倍もの50万強の数の選挙スポットを投じた。ただ，外部応援団であるスーパーPACについては，「Restore Our Future」「American Crossroads」などのロムニー支援の団体が，「Priorities USA」などのオバマ支援の団体よりも潤沢な資金を使って，ロムニー応援の意見広告を展開したため，全体的にはオバマ陣営の選挙スポットとオバマ支援の意見広告を足した総量は，ロムニー陣営の選挙スポットとロムニー支援の意見広告の合計量に比べ，1割弱上回っただけだった[8]。

それでも，オバマ陣営が春から初夏の段階に先行して空中戦を展開したのに対し，ロムニー支援のスーパーPACの意見広告の放映がピークを迎えたのが選挙戦終盤だったという遅れは決定的だった。「醜いロムニー像」が既に国民の心に中に刷り込まれた後では，ロムニー側の反撃も結局，時遅しだった。10月3日の第1回討論会でロムニーはオバマを圧倒したが，植え付けられたロムニーの悪いイメージはもう修復できなかった。

2012年選挙では，ロムニー陣営の戦略的な失敗があったものの，スーパーPACの台頭で候補者はこれまでの大統領選挙とは全く別の戦略を

進めることができるため，今後のアメリカの選挙を大きく変貌させていくであろう。その意味で2012年選挙は将来的に大きな分岐点として考えられるかもしれない。

ところで，注意すべき点は，スーパーPACが登場しても，従来のPACも大きな影響力を与え続けている点である。連邦選挙においては，1907年のティルマン法（Tillman Act）で企業献金が，47年のタフト・ハートリー法（Taft-Hartley Act）で労組の献金が，それぞれ禁じられている。1974年の連邦選挙運動法（Federal Election Campaign Act）改正で存在が合法化されて以来，PACは今後も，企業献金や労組献金の受け皿として重要な位置を占めていくであろう。

(3)「メディアの分極化」の進展

アメリカにおける政治報道は近年，規範である客観性追及から左右の政治的な立場を明確にし，保守とリベラルといういずれかの立場を明確にした状態での情報提供に収斂しつつある。この「メディアの分極化」の中で，様々なアクターが自らに有利な報道をするメディア機関を厳選している。政治報道を瞬時に波及させるソーシャルメディアの利用が一気に盛んになる中，「メディアの分極化」は政治参加からガバナン

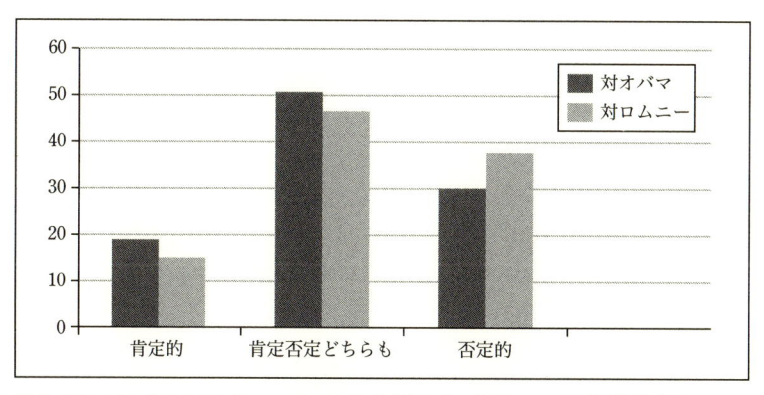

図2-10　オバマとロムニーに対する様々なメディアの報道傾向（ピュー・リサーチセンター調べ，単位%）[9]

スのあり方まで，アメリカの政治過程を大きく変貌させつつある（前嶋 2012）。

2012年選挙ではメディアの分極化がさらに目立つようになっている。それを象徴するのが，ピュー・リサーチセンターが2012年8月27日から10月21日にかけて行った調査である。この分析（図2-10）は，新聞（11紙），ニュースウエブサイト（12），地上波テレビ（3大ネットワークとPBS），ラジオ（7番組），ケーブルテレビ，衛星放送のニュース専門局（MSNBC，FOXNEWS，CNNの15番組）の中で，オバマとロムニーがどのようなトーンで報じられていたかを分析したものである。総合すれば，比較的，肯定否定の双方のトーンからの報道が多かった。

一方で，ケーブルテレビ・衛星局の専門ニュースチャンネルであるMSNBCとFOXNEWS Channelに限ってみると，非常にイデオロギー色の強い報道傾向となっている。図2-11に示した通り，MSNBCはロムニーに極めて否定的であり，FOXNEWSはオバマに圧倒的に否定的である。FOXNEWSが保守派に偏った報道姿勢を貫いているのに対し，MSNBCはリベラル派に極端に加担した報道が目立っており，イデオロギーをそのまま反映した報道となっている。

ただ，このような極端な傾向はあくまでも一例かもしれないが，問題なのは，ケーブルテレビ，衛星放送のニュース専門局を選挙の情報源と

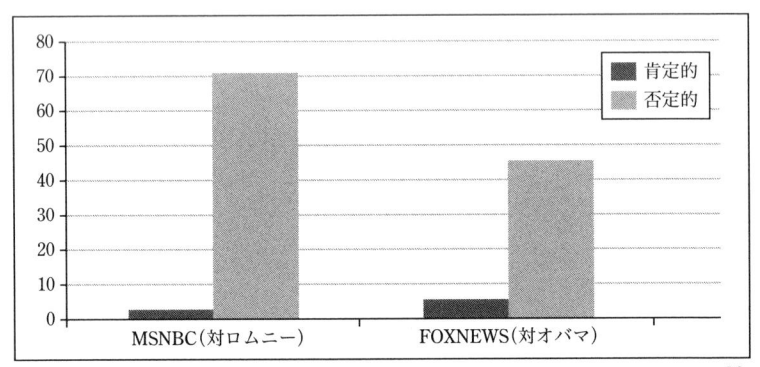

図2-11 MSNBCとFOXNEWSの報道傾向（ピュー・リサーチセンター調べ，単位%）[10]

第2章　2012年大統領選挙とメディア：争点と新しい変化　57

表2-3　2012年選挙の情報源(ピュー・リサーチセンター調べ)[11]

	2012年1月	2012年10月
ケーブル・衛星テレビのニュース専門局	36%	41%
テレビのローカルニュース	32%	38%
3大ネットワークの全国ニュース	26%	31%
ケーブル・衛星テレビのニュース専門局のトークショー	15%	18%
レイトナイト・コメディショー	9%	12%
インターネット	25%	36%
地元紙	20%	23%
全国紙	8%	13
NPRラジオ	12%	12%
政治トークラジオ番組	16%	16%
フェイスブック	6%	12%
ツイッター	2%	4%
ユーチューブ	3%	7%

して利用する人が増えており，2012年では他のメディアを抑えて1位になっていることである。また，ケーブルテレビ，衛星放送のニュース専門局のトークショーの利用者も多い。なお，ケーブルテレビ，衛星放送のニュース専門局にはMSNBCとFOXNEWSのほかに，老舗のCNNもあるが，CNNよりもMSNBCとFOXNEWSの方が各種データでは視聴者増が目立っている（表2-3）。

第4節　まとめにかえて

「メディアが取り上げた争点」「世論が認識した争点」「候補者陣営が訴えた争点」という3つの争点について考察するために，本章ではまず，2012年選挙においてマスメディアがどのような政策争点を取り上げたかを明らかにし，その上で，世論との関連，さらにオバマ陣営の演説の争点との関連を分析した。3つにおいて，経済関連の争点はいずれも最も重要な位置を占めていた。一方で，争点としての「同性婚」と「移

民」については，オバマ陣営が効果的にメディアの議題設定を行っていた。

また，本章の後半部分では2012年大統領選挙におけるメディア関連の新しい動きを追った。大統領選挙直前までの全米を対象にした世論調査の結果から，オバマとロムニーの差は「歴史的僅差」などと報道されていた。しかし，ふたを開けてみると，獲得選挙人ではロムニーとは126もの差がついた。オバマの「想定外の大勝」は，効果的に行った支持者固めを行っており，それが獲得選挙人の差に表れている。「地上戦」「空中戦」「サイバー戦」さらには「ローズガーデン戦略」での圧倒が2012年選挙でのオバマの勝因であり，その背景にはデータ分析を徹底的に行うビッグデータの利用という事実がある。

一方で，2008年選挙の時に顕著だった，支持者相互の自由闊達な横のつながりはオンラインでもオフラインでも消えていった。オバマが本格化させた選挙におけるソーシャルメディア利用は，2012年選挙ではそれが当たり前のことになり，一方で，ビッグデータ選挙が進む中で，もともと，オンライン上の自由な政治参加を支えていたソーシャルメディアのデータも選挙の際の動向分析の対象となってしまったのは，皮肉かもしれない。また，スーパーPACの台頭も「上からのコントロール」をさらに印象づけることになっている。オバマは再選されたが，選挙戦における「上からのコントロール」が進む中，2008年のような熱狂的な陶酔感は全くといっていいほどなかった。

アメリカの選挙におけるメディアの役割は近年では選挙ごとに大きく変化し続けている。「上からのコントロール」が今後の選挙でさらに進展するのか，あるいは「草の根のネットワーク」的な横の連携が戻っていくのか，2014年中間選挙にまずは注目したい。

注

1 後述する「メディアの分極化」の中で,ニューヨークタイムズはリベラル派のメディアの代表格と位置づけられることが多くなっており,記事で取り扱われる争点については,例えば,保守の新聞の代表格であるワシントンタイムズあたりとは,多少異なっている可能性がある。例えば,本章で中心に論じた争点の推移についてはニューヨークタイムズの方がよりオバマ陣営の動きに敏感に対応している可能性は捨てきれない。それでも,メディアの内容分析などの研究では,上述のように様々な研究で「アメリカを代表するメディア」という形での分析が続けられており,筆者もこれに従った。
2 アドレスは www.nytimes.com
3 フロントローディング現象は,最初に党員集会,予備選挙が開かれるアイオワ,ニューハンプシャーの両州とできるだけ選挙日程を近づけ,大統領候補選出の過程に影響を与えたいとする各州の意向の結果が現れている。その一方で,予備選挙の前倒しで大統領候補が決まる時期が早くなり,11月の本選挙まで時間が空き,有権者の興味が途切れてしまう傾向にあるため,2012年選挙では共和党全国委員会が予備選挙の日程についてのガイドラインを作成し,日程の前倒しを防ごうとしたほか,特定候補に予備選挙の代議員の集中しないように一部で比例代表制を導入した(比例代表制の導入については2008年の民主党予備選挙の規則を参考にしたといわれている)。
4 サイトは http://www.whitehouse.gov/briefing-room/speeches-and-remarks (2011年11月から2013年6月まで継続的にアクセス)
5 http://www.mittromney.com/ 2013年3月に筆者が確認したところ,この公式サイトにはロムニーの顔写真と支持者への感謝の言葉が掲載されているだけだった。
6 http://www.people-press.org/2012/11/07/changing-face-of-america-helps-assure-obama-victory/ (2013年2月10日にアクセス)
7 http://www.fec.gov/disclosurep/PCandList.do/ (2013年2月20日にアクセス)
8 http://mediaproject.wesleyan.edu/2012/11/02/presidential-ad-war-tops-1m-airings/ (2013年2月10日にアクセス)
9 http://www.journalism.org/analysis_report/winning_media_campaign_2012/ (2013年2月10日にアクセス)
10 同
11 http://www.journalism.org/commentary_backgrounder/social_media_doubles_remains_limited/ (2013年3月1日にアクセス)

引用参考文献

Althaus, Scott L. and David Tewksbury. 2002. "Agenda Setting and the 'New' News: Patterns of Issue Importance among Readers of the Paper and Online Versions of the New York Times." *Communication Research*. 29 :180-207

Bachrach, Peter and Morton S. Baratz. 1962. "Two Faces of Power." *The American Political Science Review*. 56: 4:94

Baumgartner, Frank R. and Bryan D. Jones.2009. *Agendas and Instability in American Politics*. 2nd ed. University Of Chicago Press.

Bulkow, Kristin Juliane Urban and Wolfgang Schweiger. 2012 "The Duality of Agenda-setting: The Role of information Processing." *International Journal of Public Opinion Research, Abvance Access Version* (April 2, 2012), http://www.oxfordjournals.org/our_journals/ （2013年8月1日にアクセス）

Cohen, Michael.2012. "Liberal, gay and a mix of races – Obama's rainbow nation signals a new America." *Guardian*. November 11. 2012.

Friedman, Thomas, L. 2012. "Obama Should Seize the High Ground." *New York Times*, May 26, 2012.

Gabriel, Trip. 2012. "Ryan Says He Stands With Emanuel on Chicago Teachers' Strike." *New York Times*. September 10, 2012.

Jackson, David. 2011. "Obama: I'm Running Again in 2012." *USA Today*. April 4,2011.

Landler, Mark. 2012. "Obama Promotes His Education Credentials, Putting Down Romney's." *New York Times*. August 22, 2012

Madrigal, Alexis C. 2012. "When the Nerds Go Marching In" *Atlantic*. Nov 16 2012.

Marcus, Stephanie. 2012. "Mitt Romney's Project ORCA Failure: Broken ORCA App Cost Him Thousands Of Votes." *Huffington Post*. Novemver 10, 2012. (http://www.huffingtonpost.com/ 2012/11/10/mitt-romney-project-orca-broken-app-cost-thousands-votes_n_2109986.html, 2013年1月20日にアクセス）

McCombs,Maxwell and Donald Shaw. 1972 "The Agenda-Setting Function of Mass Media." *Public Opinion Quarterly*. 36 :176-187.

McCombs, Maxwell. 2004. *Setting the Agenda: The Mass Media and Public Opinion*, Blackwell.

Pingree, Raymond, Andrea Quenette, John Tchernev and Ted Dickinson. 2013. "Effects of Media Criticism on Gatekeeping Trust and Implications for Agenda Setting." *Journal of Communication*. 63: 351-372.

Shear, Michael and Ashler Parker. 2012."Romney Says He Will 'Repeal Obamacare' if Elected." *New York Times*. August 29, 2012.

Winter, James and Chaim Eyal. 1981 "Agenda Setting for the Civil Rights Issue."

Public Opinion Quarterly. 45:376-83.
竹下俊郎，2008『メディアの議題設定機能―マスコミ効果研究における理論と実証』増補版，学文社．
前嶋和弘，2009「本選挙と選挙運動：争点とその変化」吉野孝・前嶋和弘編『2008年アメリカ大統領選挙：オバマの当選は何を意味するのか』東信堂，51-70頁．
前嶋和弘，2011「アメリカ大統領選予備選過程の変化とメディア：フロントローディング現象をめぐって」『アメリカ政治とメディア：政治のインフラから政治の主役になるマスメディア』北樹出版，95-116頁．
前嶋和弘，2012「複合メディア時代の政治コミュニケーション：メディアの分極化とソーシャルメディアの台頭で変わる選挙戦術」吉野孝・前嶋和弘編『オバマ政権と過渡期のアメリカ社会：選挙，政党，制度，メディア，対外援助』東信堂，83-116頁．
前嶋和弘，2013「"下からの起爆剤"か"上からのコントロール"か――変貌するアメリカ大統領選挙のソーシャルメディア利用」，清原聖子，前嶋和弘編『ネット選挙が変える政治と社会：日米韓にみる新たな「公共圏」の姿』慶應義塾大学出版会，47-66頁．

第3章　選挙アウトリーチと2012年オバマ再選選挙

渡辺　将人

第1節　はじめに

　2012年大統領選挙はアウトリーチの観点からは3つの特徴を指摘できる。第1に，失業率が選挙戦を通じて9％台から8％台に高止まりしたままという経済環境の悪さの中で，珍しく現職が再選されたことである。オバマ陣営は雇用に焦点を絞ったメッセージをキャンペーンの主軸に据える必要があった。第2に，一般投票では3％程度の差（オバマ51％，ロムニー48％）と相当な接戦だったにもかかわらず，選挙人では332人（オバマ），206人（ロムニー）と100人以上の大差で圧勝したことである。一般投票での僅差と選挙人での大勝の落差は，実際にはオバマ再選への向かい風が全国的には相当程度強かったことと同時に，激戦州への資源配分を集中させたオバマ陣営の戦略の効果の高さを示唆する。第3に，アウトリーチのターゲットを絞った動員を可能とさせた技術革新による基礎票の動員強化である。2008年に情熱的にオバマ（Barack Obama）を応援したアフリカ系や若年層の継続的支持を疑問視する見方を覆し，アフリカ系やリベラル派などのオバマの基礎票集団は2008年と同様にオバマを支持して投票行動に及んだ[1]。

　2012年においては中国問題も外交政策ではなく，雇用の文脈で突出して重要論点となった。そこで本章では，まずオバマ陣営があらゆる有権者集団に対して同一のメッセージとして「経済愛国主義」と称する「雇用セキュリティ」を主題にキャンペーンを統一した背景を概観する。「愛国主義」から派生した戦略として，中西部の農村・白人・労働者層を離

反させない配慮に加え，警官・消防士・退役軍人など公務員の「英雄」を対象に反戦リベラル色からの脱皮で「中間層コアリション」形成を重視した。オバマ陣営のアウトリーチの現場を指揮した当事者への聞き取り調査に加え，メッセージングの象徴と中心となったパンフレット等の1次資料と共に，陣営と党のウェブサイト分析を行う。その上で，激戦州での底上げ戦略とスーパーPACがもたらした資金獲得競争の2面で，人口は多くないもののスイング・ボート的な位置にある有権者集団の重要性が以前にも増して高まっていることをアジア系とユダヤ系を例に検討する。また，アウトリーチの新展開をめぐるフロントとして，民主党独特の党大会のアウトリーチ活用戦略を省察する。民主党の全国党大会は，代議員による候補者指名投票という伝統的儀式やメディア向けのテレビ演説会という目的とは別に，アウトリーチへの応用を見据えたイベント開催による有権者のソーシャルネットワーク構築を目指している。激戦州重視，資金獲得競争の激化，テクノロジーの進歩によってその意義が増していることを，2012年民主党全国党大会および共和党全国党大会での現地調査による観察と聞き取り調査で明らかにする[2]。

第2節　アウトリーチにおけるメッセージの統一

(1) 2012年大統領選挙におけるオバマ陣営戦略の文脈

　2010年中間選挙で民主党の大敗と直面したオバマ政権は，共和党との超党派路線を目指して，中間選挙後に経済政策に限定して中道化に舵を切る歩み寄りの決断をした。顕著だったのはビジネス界への接近で，所得税と配当税の期限付きの減税延長，いわゆる「ブッシュ減税」の延長にも踏み切り，首席補佐官にJPモルガンチェース出身の元商務長官ウィリアム・デイリーを指名したほか，共和党ブッシュ政権でも完遂できなかった韓国，パナマ，コロンビアとの自由貿易協定（FTA）の実現を決断した。オバマ政権の経済中道化や遅々として進まない雇用対策へのリベラル派の苛立ちは連邦議会で噴出した。下院では2011年8月

上旬に，学校，公園などのインフラ整備や医療サービスへのアクセスの拡充に伴って220万人の雇用を創出し，失業率を1.3％下げるとしたリベラル・コーカスのシャコウスキー議員（Jan Schakowsky, イリノイ州選出）による雇用対策の独自提案が提出された。また，同じ頃ウィスコンシン州知事による公務員の団体交渉権制限に反対するデモとリコール運動が，ニュース専門放送局MSNBCのリベラル系ホストであるエド・シュルツ（Ed Schultz）らのキャンペーン報道で過熱した。ただ，全国からSEIU（Service Employees International Union）などの労働組合やコミュニティー・オーガナイザーが応援に入る中，オバマ政権はウィスコンシン州の運動に明確な協力姿勢を示さなかった[3]。

　オバマ政権は2011年夏にピークを迎えたこれらの「党内外圧」と危機的な失業率に鑑みて，2011年秋より労働者寄りの経済ポピュリズム路線を鮮明にした。オバマ大統領は，政権内の経済専門家による財政問題と雇用問題の扱いをめぐる抽象的議論に不満を募らせていたが，2011年9月に政権内のエコノミストに一度は拒絶されていた雇用対策案を議会に提出した。これが雇用対策重視でアメリカの経済復活を政権の最優先課題として押し出した「経済愛国主義」の土台となった。これ以後のオバマ政権1期目の運営は，政策案件であっても2012年再選戦略と不可分の関係が色濃くなった。

　オバマ政権による雇用対策法案は，総額4,470億ドル規模の雇用対策を盛り込んだ法案で，インフラ整備，公共事業，失業者や退役軍人を採用した企業への税制優遇，教育関係，軍関係に焦点が絞られたが，法案通過以前にアウトリーチの重点票へのアピールを狙ったメッセージ効果が期待された。同法案を理念化したのが，2012年1月24日の一般教書演説だった。「大きな政府」路線を掲げての，事実上の「中道化」からの方向転換宣言であり，金融規制強化，医療保険改革の再擁護，製造業保護，イノベーション促進などを訴えた。オバマ大統領は「この経済危機をもたらした政策に戻るつもりはない」とブッシュ政権とウォール街批判を展開し，控えてきた階級闘争色を前面に出すことを躊躇せず，デ

イリー首席補佐官も交代させた。国内ハイテク企業への税控除など国内で産業を起こす企業は厚遇するが，空洞化原因を作る企業に厳しくと，製造業復活を打ち出した。こうした経済ポピュリズム路線は，中間選挙後の中道化の時期に実現させた自由貿易路線と矛盾が生じかねなかったが，自由貿易協定は雇用創出のためであるというロジックを組み立て，自動車産業を聖域化することで労働者の不安を軽減した。かくして自由貿易はオバマ政権においては「中道化」ではなく「グローバル化への対応」として再定義されたのだった。

(2)「経済愛国主義」というオバマ再選の基本メッセージ

オバマ政権とオバマ陣営は，雇用をキーワードに「大きな政府」路線の意義を強調するために，非公式のキャンペーン・スローガンを「ビンラディンは死に，GMは生き残った（Bin Laden is dead, GM is alive）」とした。これを陣営顧問のアクセルロッド（David Axelrod）がメディアに広め，選挙戦ではバイデン副大統領（Joe Biden）が好んで使用した（Corn 2012）。このスローガンについてオバマ陣営で2008年選挙から戸別訪問など地上戦で使用するダイレクトメールを中心にメッセージングを担当しているピーター・ジャングレコ（Peter Giangreco）は「このスローガンのおかげで，オハイオ州で勝利したのは間違いない」として次のように語った。

　これは経済回復のためのメタファーに留まらず，アメリカのプライドの回復を示唆している。(中略) GMとコルベット［シボレー・コルベット］，クライスラーとジープを破綻させるということは，過去30年間のアメリカが破綻するというメタファーである。"もう物作りをしない，もうミドルクラスはいない"という意味になる。経済の悪化で中間層を支えられず，大学に子供を進学させられず，自分の父親以上の暮らしを2度とできないことを意味する。製造業の経済はそのシンボルであり，自動車産業以上に大きなシンボルはない。(Giangreco

とのインタビュー 2013）

　ここで意図されたのは GM 救済に象徴される経済危機を乗り越える政権の強靭さと安全保障に弱い民主党のイメージ脱却を掛け合わせることだった。オサマ・ビンラディンという固有名詞は悪の象徴として描かれているが，必ずしもブッシュが対応できなかった負の遺産であるテロリストの殺害というオバマ政権 1 期目の外交の実績アピールの文脈だけではなく，1980 年選挙のカーター（Jimmy Carter），1984 年選挙のモンデール（Walter Mondale），あるいは 2000 年代前半の民主党が象徴した安全保障に弱い民主党のイメージを払拭する内政的な含意があった。「われわれは経済を救い，悪者に立ち向かった。われわれはもう，あの古い弱い民主党ではないのだ」「大きな愛国主義がメッセージングに織り込まれている」とジャングレコは説明する。

　試みられたのはオバマを強いアメリカのリーダーとして置換するメッセージングであり，モデルはレーガン（Ronald Regan）だった。参考にされたのは 1984 年のレーガンの 2 つの CM だった。1984 年再選キャンペーンで，レーガン陣営は「アメリカの朝」と名づけた前向きなイメージの CM と，アメリカを脅かすソ連の象徴である熊が迫り来る不安を煽る CM を別々に製作した。前者はアメリカ人とアメリカの未来賛美であり，後者は弱腰の民主党では熊（外敵脅威）には勝てないという批判 CM であった。2012 年選挙では共和党に対してかつて 1984 年にレーガン陣営がしたのと同じことをすることがオバマ陣営の狙いであった（Giangreco とのインタビュー 2013）。

　民主党全国委員会（DNC）のウッドハウス（Bred Woodhouse）が述べるように「ロムニーを否定的に定義すること」がキャンペーンの要であり，オバマ単体の信任投票すなわちレファレンダムではなく，2 つのビジョンのチョイスであるとして常にロムニーとの対比でメッセージを組み立てた（Woodhouse とのインタビュー 2013）。資産を海外に蓄積し，大量解雇も過去のビジネスの過程で行っていたロムニーはオバマとのコン

トラストを明確にしやすい格好の相手であり，オバマ陣営はロムニーが共和党の指名を獲得してから，一貫してロムニーとの対比でオバマのビジョンを組み立てた。中国もロムニーとの対比における1つのキーワードになった。「われわれにはアメリカ人の自動車労働者がついている。レーガンには「アメリカの朝」がついていた。レーガンは熊と対峙したが，われわれは中国と対峙した」とジャングレコは述べ，1984年のレーガン再選キャンペーンと2012年のオバマ再選キャンペーンには愛国主義という共通点があり，2012年選挙では脅威とは経済，なかでも中国からの経済的脅威であったとする。「ロムニーについてのすべては中国への個人投資，ベインキャピタルによる中国への雇用の流出，海外への雇用の移転への減税である」として，ロムニーはアメリカの「国益の敵」して位置づけられた（Giangrecoとのインタビュー 2013）。

　こうしたメッセージの背景には，対中関係をアメリカ人の多くが安全保障争点としてよりも経済争点として懸念している世論があった。ピュー・リサーチセンターの調査（2012年9月18日）では，対中関係で危機的な問題として全体の78％が負債であると回答し，次いで71％が中国への雇用流出，さらに61％が対中貿易不均衡と続いている。中国の軍事力増強を懸念要素に挙げた人は半数以下の49％で共和党支持者ですら47％に過ぎない。台湾との緊張関係を挙げた人は全体で27％でしかなく，共和党支持者でも29％にとどまっている。他方，民主党の注目争点であるはずの中国の人権問題についても民主党支持層でも半数の50％しか挙げておらず，2012年選挙においては党派を越えて中国が経済的な脅威や不満の対象になっていたことがわかる[4]。

　「経済愛国主義」の象徴は，キャンペーン終盤の中心的な政策綱領パンフレットとして作成された「新たな経済愛国主義・雇用対策プランと中間層セキュリティ（The New Economic Patriotism: A Plan for Jobs & Middle-Class Security）」であった。パンフレットを作成したジャングレコによれば，フォーカスグループを経て被験者の有権者が最も好ましい印象を抱いた見本版が採用された。「中間層からの経済の建設」「アメリカ製造業

の復活」「メイド・イン・アメリカのエネルギー」「中小企業成長策」「中間層雇用促進のための教育」「赤字削減と雇用増大のための減税計画」「あなたのための医療」「退職後の安心を守る」の各項目に，3つから5つの政策提言を簡潔にまとめた。過去の実績と未来の約束を同時に示すために「インフォグラフ」という色付きのグラフが多用され，「過去31カ月に50万近くの雇用を創出し，2016年までに100万の新たな製造業雇用を生む」などオバマ政権の基幹的な実績と政策が盛り込まれ，「ロムニーの政策は2000ドルの中間層増税」などロムニーとの比較を随所に載せた。デザインは星条旗の色である愛国カラーの赤・青・白で埋め尽くされたほか，「製造業の復活」の頁ではクライスラー社のジープ工場で演説する大統領の写真が採用された。大統領の発言引用は2012年9月の全国党大会の指名受諾演説など最新のものも使用された。オバマ陣営は同パンフレットを400万部製作し，12の激戦州の「説得可能有権者」に300万部強を配布した（Giangrecoとのインタビュー 2013）[5]。

(3) オバマ陣営・ロムニー陣営のアウトリーチ対象比較

オバマ陣営は「プロジェクト・ボート」と称したアウトリーチの部署を独立させ，「説得可能有権者」を高齢者と退役軍人に，「動員可能有権者」をヒスパニック系，女性，若年層，アフリカ系，同性愛者などに絞って，カトリック票で「宗教左派」系の教会・尼僧団体と連携させたフィールド作戦を構想した。キャンペーン・ウェブサイトには両陣営がアウトリーチ対象とすることを公言する有権者集団が並んだ。オバマ陣営サイト（barackobama.com）には20の「グループ」が設けられ，登録を呼びかけた（図3-1）。他方，ロムニー陣営のサイト（mittromney.com）には19の「コミュニティ」が設置された（図3-2）。

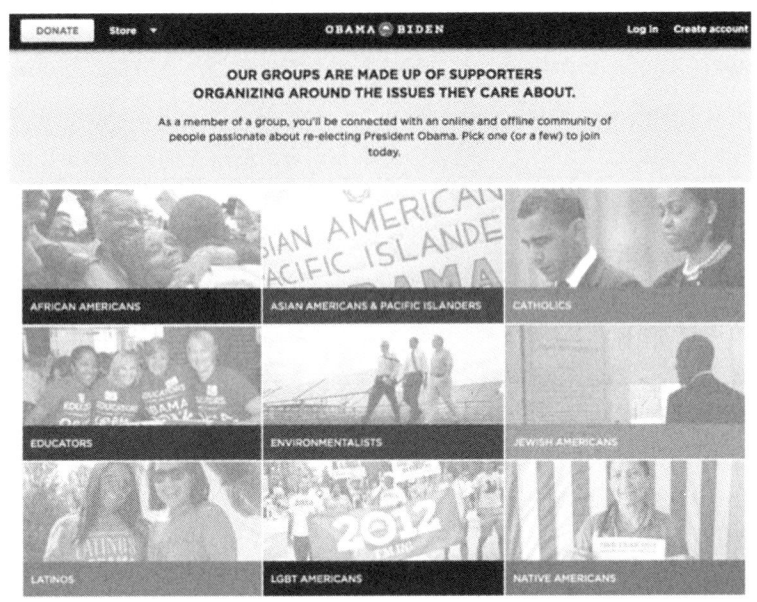

図3-1　オバマ陣営ウェブサイト内「Groups」の扉頁

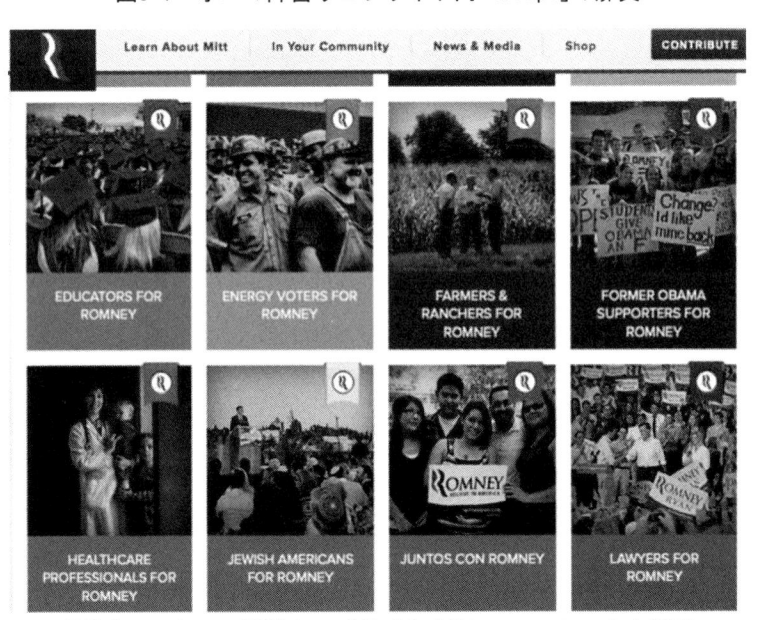

図3-2　ロムニー陣営ウェブサイト内「Communities」の中段頁

表3-1
オバマ陣営・ロムニー陣営のサイトと関係者のインタビューを基に筆者が作成

《オバマ陣営のアウトリーチ対象グループ分類》
アフリカ系，アジア系と太平洋諸島系，カトリック信徒，教師，環境保護主義者，ユダヤ系，ラティーノ，LGBT（同性愛・両性愛・性転換者），ネイティブ・アメリカン，看護師，親，信仰心ある者達，障害者，農村部住民，高齢者，中小企業経営者，スポーツマン，退役軍人と軍属者を抱える家族，女性，若年層
《ロムニー陣営のアウトリーチ対象グループ分類》
信仰心あるアメリカ人，アジア系と太平洋諸島系，黒人リーダーシップ・カウンシル，カトリック信徒，教師，エネルギー重視有権者，農家と酪農家，元オバマ支持者，医療専門家，ユダヤ系，ヒスパニック系，法律家，ポーランド系，治安専門家，企業活動の自由を支持する有権者，スポーツマン，退役軍人と軍属者を抱える家族，女性，若年層

　この種の有権者集団分類は，項目や仕分け方自体に陣営の意図が滲むことが少なくない。表3-1の中から「両陣営が共に設けた分類」を抽出すると「アフリカ系，アジア系と太平洋諸島系，カトリック信徒，教師，ユダヤ系，ラティーノ，信仰心ある者達，スポーツマン，退役軍人と軍属者を抱える家族，女性，若年層」となっている。両陣営共通の分類項目を概観すると，共和党側でマイノリティ票への配慮が目立つ。ロムニー陣営はアフリカ系アウトリーチにも手を広げ（Black Leadership Council），女性（Women for Mitt），若年層（Young Americans for Romney）などの分類も設けた。それに対して民主党はマイノリティ，ユダヤ系，教師，女性，若年層などの通常の基礎票に加えて，「愛国」を意識して通常は共和党支持色の強い層にアウトリーチを拡大した。戦争を前面的に押し出さずに「愛国」を訴えるには退役軍人と軍属者を抱える家族（Veterans & Military Family）を讃えるのが現実的であり，女性票と掛け合わせた「ミリタリー・ママ」をオバマ支持の新たなシンボルにしようと試みた。スポーツマン（Sportsmen）という分類は，釣りや狩りなどアウトドアのハンティングを楽しむ有権者層を意味した分類である。共和党がこの層に個別分類を与えることは銃規制反対の立場からも基礎票対策として妥当

であるが，民主党としては銃規制に厳しい政党と思われることでハンティングを愛好する中西部や西部の中道的な民主党支持層やインデペンデント層を失いたくない意図が滲んだ。

　宗教分類では両陣営が共に，カトリック信徒（Catholics），ユダヤ系（Jewish Americans），信仰心ある者達（People of Faith／Americans of Faith for Romney）という区分けを行った。カトリック教徒は貧困や平和などの精神では平均的な民主党支持層以上にリベラルであるが，人工妊娠中絶，避妊，安楽死，死刑など生命倫理争点では共和党寄りであり，争点別メッセージングの複雑さから独立したアウトリーチが求められる。2012年選挙では重要票のヒスパニック系とニューメキシコ州など南西部のいくつかの激戦州で鍵とされる票だった。バイデン副大統領，副大統領候補のライアン下院議員は共にカトリック教徒であり，両陣営が共に力を入れた。

　「信仰心ある者達」という分類を行いクリスチャンというプロテスタント色のある分類を明示化しなかったことはモルモン教のような様々な宗派のプロテスタントから仏教，イスラム教など無神論者と不可知論者以外のすべてを包含した曖昧さを残した分類が両陣営ともに好都合だったことを示唆している。ロムニー陣営は「コミュニティ」として「ロムニーのためのモルモン教徒」を立ち上げなかったし，両陣営4人の正副大統領候補の中で唯一のプロテスタント信徒だったオバマは，信仰心の深さと宗教的多様性への寛容さのバランスに配慮した苦肉の策だった。

　他方で，オバマ陣営とロムニー陣営のどちらか片方だけで設けられた分類は，両方を照らし合わせることで両陣営の意図がより鮮明になる。「オバマ陣営だけが設けた分類」を概観すると「環境保護主義者，LGBT（同性愛・両性愛・性転換者），ネイティブ・アメリカン，看護師，親，障害者，農村部住民，高齢者，中小企業経営者」といった項目が並ぶ。また，「ロムニー陣営だけが設けた分類」としては「エネルギー重視有権者，農家と酪農家，元オバマ支持者，医療専門家，法律家，ポーラン

ド系,治安専門家,企業活動の自由を支持する有権者」などが挙げられる。

両陣営の対比には,同じ関心領域や争点を共有しつつも立場や利害が対立している分野が浮き彫りになっている。オバマ陣営の環境保護主義者（Environmentalists）とロムニー陣営のエネルギー重視有権者（Energy Voters for Romney）では,オバマ陣営がソーラーパネルを視察するオバマを看板写真に掲げたのに対し,石炭など化石燃料を引き続き重視する姿勢を鮮明にしたロムニー陣営が炭坑労働者を看板写真にした。また,オバマ陣営が看護師（Nurses）と障害者（People with Disabilities）を独立の部類としたのに対して,ロムニー陣営は医療専門家（Healthcare Professionals for Romney）をアウトリーチ対象として臨床医の写真を看板に掲げた。医療保険制度改革という両党が対立する争点をめぐり,患者と医師の利害対立にも見えるが,看護師の分類は組合や労働者層との連携も示している。

同じことを言っているようでいて表現に差が出ているのが,オバマ陣営の中小企業経営者（Small Business Owners）とロムニー陣営の企業活動の自由を支持する有権者（Romney Voters for Free Enterprise）である。中小企業は「小さな政府」を重視する保守派の中核的な支持層であるが,大企業やエネルギー産業の支持を受けるロムニーとしては「中小」に企業を限定せずに自由な企業活動と定義のすり替えを行う必要性があった。オバマ陣営が設けた農村部住人（Rural Americans）とロムニー陣営の農家と酪農家（Farmers & Ranchers for Romney）も,同じ層を指しているようでいて定義に差異がある。ロムニーが農業や酪農を営む経営者を意識した定義なのに対して,オバマ陣営のそれは農村暮らしを好む者や環境主義者全般を指している。もちろん中には農場を所有しない農業関連労働に従事するヒスパニック系などの移民労働者全般を含む。

このほか,ロムニー陣営は「元オバマ支持者」のコミュニティを設け,現職への失望をキーワードにオバマの基礎票を崩す姿勢もアピールした。奇異だったのはロムニー陣営がポーランド系の分類を独自に設置したことだ。ポーランド系は伝統的には大都市を中心に民主党の票田のエ

スニック・ホワイトである。共和党として40万人以上のポーランド系が在住する激戦州のオハイオ州対策を無視できなかったとも考えられるが，モーリー・ボール（Molly Ball）が指摘するように外交的含意が少なくなかった。対ロシア強硬姿勢でオバマと差異化を狙うロムニーは，反ロシア感情の強いポーランドを2012年夏の外遊先に加え，冷戦を終結させたレーガンの威光にあやかってワレサ元大統領（Lech Walesa）と会談した（Ball 2012）。

　ロムニー陣営が形式的に各分野に目配りをした散発的なアウトリーチに終始したのに対して，オバマ陣営はすべてのアウトリーチ対象のグループを上記の「経済愛国主義」の論点で統合した。例えば，アフリカ系に向けては「アフリカ系アメリカ人コミュニティに対するオバマ政権のインパクト」と名づけたメモランダムを作成した。「雇用回復」「中小企業支援」を2大看板に保険加入率の低いアフリカ系の実情に配慮して医療保険の実績を強調するトーンが貫かれ，人種問題に関連する項目は「正義と犯罪対策」として最終頁にごくわずかの言及となった[6]。女性向けの実績報告リリースでも「中間層のセキュリティ」と題して，女性のための減税と雇用対策のほか子供達への教育投資を強調し，人工妊娠中絶の選択擁護派（プロチョイス）などの単一争点的なフェミニズム色は皆無に等しく経済項目で貫かれた[7]。

　最も象徴的だったのは，本来宗教票であるはずのカトリック信徒向けのオバマ陣営の配布物「この選挙におけるカトリック信徒のための選択」であった。ロムニー陣営との対比全5項目中3項目が経済関係（「経済回復と仕事の尊厳」「税の公平性」「自動車産業救済」）であり，一般的にカトリック教徒の関心事とされる項目は2項目だった（「医療保険へのアクセス」「女性と家族への支援と人工妊娠中絶を求める女性の数の削減」）。雇用回復，自動車産業の救済などを人道と働く尊厳に結びつけることで「経済愛国主義」に包含したのである[8]。このようにオバマ陣営のアウトリーチ戦略が強引なまでにスローガンとの関連性にこだわるメッセージ統合型だったのに対して，ロムニー陣営は集団別の関心事に忠実に寄り添う

分散型であり，ロムニーのキャンペーンの独自性はアウトリーチのメッセージの末端には反映されなかった。

第3節　激戦州におけるマイノリティ・アウトリーチの活性化

2012年選挙で特筆すべき事柄に少数集団のアウトリーチをめぐる新動向がある。言うまでもなく，総得票をカウントする制度であれば少数集団の影響は低い。しかし，アメリカでは予備選挙過程においては各州順繰り方式が採用されていることに加え，本選でもほとんどの州が勝者総取りの選挙人方式を採用している。そのため，予備選挙プロセスの緒戦重要州や本選挙での激戦州では，少数集団も人口の実数以上の影響が及ぼせることがある。2008年予備選挙においては，人口の少ない白人過多州アイオワ州の勝利で，オバマは期待値を上回ったことでメディアでの注目を呼び寄せ，白人にも支持される現実的アフリカ系候補として3州目のサウスカロライナ州など後続州の黒人票への間接的アウトリーチとなった（Redlawsk, Tolbert and Donovan 2010; 渡辺 2012）。

とりわけ保守リベラル双方にばらついている集団の場合，陣営や政党のアウトリーチ意欲は増す。アジア太平洋諸島系，ユダヤ系，カトリック信徒などの少数派や非多数派も重要なアウトリーチ対象となるが，激戦州対策に特化した戦略ではその度合いは高まる。また，スーパーPACが認められて最初の大統領選挙となった2012年選挙は，熾烈な資金獲得競争の選挙でもあったが，資金面でユダヤ系のほか同性愛集団などは，人口比的に少数派であるにもかかわらず，票数に比例しない大きな支援になりうる。オバマ陣営のLGBTアウトリーチもその文脈で理解できる。法廷弁護士やハリウッド・メディア界に豊富な職業的ネットワークを有する富裕層が多いことと，政治的な主義主張（アドボカシー）を発することに対するインセンティブが大きい同性愛者層はロムニー陣営のスーパーPAC資金に対抗する資金源として重要だった。実際，2012年5月オバマ大統領の同性婚支持発言直後の同性愛者層からの献金は急

伸した[9]。

(1) 党大会を主戦場としたアウトリーチ戦略

オバマ陣営は民主党全国委員会と連携して党大会をアウトリーチに最大限に活用する戦略を用いた。党大会は代議員による大統領候補者投票と指名受諾と党綱領の採択が正式な存在理由であるが，1952年の党大会にテレビが導入されて以来，「全国の視聴者に候補者と党を売り込むことを目的に計画される」ようになった。代議員の点呼や党綱領の採択は午後の早い段階に組まれ，プライムタイムは各党が選抜した主要議員や候補者の家族，党関係者，一般有権者，敵対政党の造反者などの演説がテレビ放送を意識して組まれる（Polsby and Wildavsky 2008）。オバマ自身，2004年のボストンでの民主党全国委員会での演説で全国的知名度を得たのは周知の通りだ。

しかし，民主党全国委員会では党大会を演説中継という「空中戦」の道具に留めずに，民主党全国委員会の各アウトリーチ部門のほか，党や陣営の外部の同盟団体，有権者集団の主催イベントを党大会期間中，党大会会場で開催することで，エスニック集団，利益団体のアドボカシーと有権者の相互交流を目指した。言い換えれば，候補者の指名や党綱領の採択などを伝統的な正規の第1の党大会機能だとすれば，テレビ放送によるメディア・イベントとして姿は第2の党大会機能であるが，これらに加えてアウトリーチという第3の機能を全国党大会に組み込む試みであった。

筆者は2008年コロラド州デンバー，2012年ノースカロライナ州シャーロットと続けて民主党大会に参加したが，どちらの大会でも党大会委員会とDNCは演説用のスタジアムやホール以外にコンベンションセンターを確保し，開催都市の中心地内の大型ホテルの会議室を有権者集団イベントに割り当てた。2008年大会ではイベント開催地のコンベンションセンターと演説会場のスタジアム（ペプシセンター）が遠隔で不都合だったのに学び，2012年大会ではコンベンションセンター

第3章　選挙アウトリーチと2012年オバマ再選選挙　77

とスタジアム（タイムワーナーホール）を徒歩で移動できるように工夫した。これにより連邦議員，党幹部，代議員が細切れで複数のイベントに梯子で出席できるようになった。イベントに大物が参加することによる集客効果と討議やネットワーキングの密度の向上は無視できない価値となる。

　コンベンションセンター以外にもホテルやレストラン各所で適宜開かれる膨大な数のイベントは，従来は毎朝の州別代議員決起集会で配布される代議員向け冊子に紹介されているだけで，一般市民の参加はもとよりプレス取材にも困難が伴ったが，2012年大会ではスマートフォン端末で確認できるようにGoogle Mapと連動したイベント内容と場所の情報を党大会委員会が絶えず発信し続けたことで，他州から来訪した非代議員のオバマの支援者の出席率とプレス取材の便宜を格段に増した（図3-3）。またGoogle社がブロガー向けの無料の無線インターネット接続

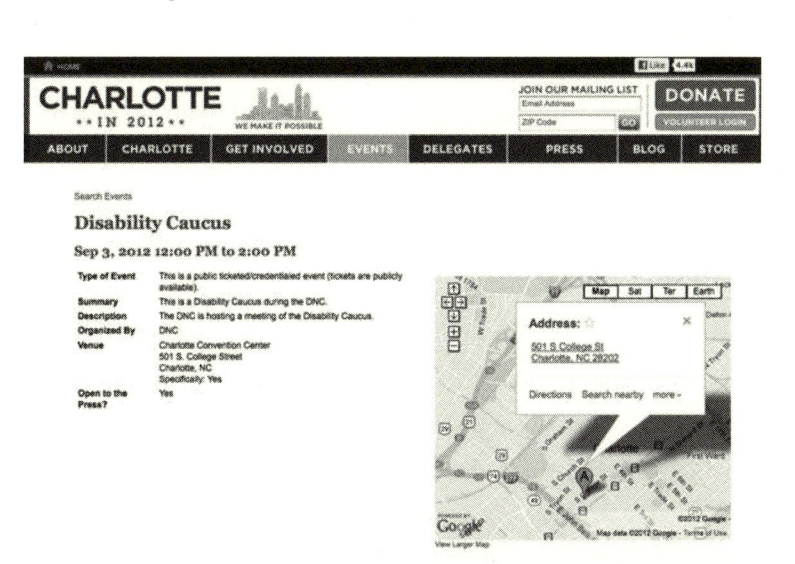

図3-3　2012年民主党全国党大会の初日に開催されたDNCの障害者有権者コーカスのイベント項目をクリックすると上記の案内が表示される

(Wi-Fi）スペースを両党の党大会に提供した。主流メディアは夜のテレビ中継や大物政治家の発言だけに関心があり，有権者集団のイベントを報道しない。それとは異なるブロガーやエスニック・メディアにツールを与えたことで，上記で紹介した陣営のアウトリーチ対象のグループが主催するイベントがソーシャルメディア経由で全米の支持者にも届くインフラストラクチャーが定着した。テレビでの党大会中継は見ていないが，ソーシャルメディアを通じて党大会会場で開催されている個別のイベントをチェックするという有権者も少なくなかったのだ。こうした党大会のアウトリーチ機能の発掘は，テクノロジーの発展に支援されたと言えるし，形骸化しつつあった党大会に新たな役割を与えたとも言えよう。

　しかし，党大会を第3の機能として活用する動きは民主党中心に留まっていることは明記しておかねばならない。筆者は2008年ミネソタ州セントポールと2012年フロリダ州タンパで開催された共和党大会でも現地調査を行ったが，開催都市内でのイベントは質量ともに限定的であり，議員団とプレス以外の参加者は代議員とその家族にほぼ限られた。言い換えれば，共和党側ではテレビ演説と演説者に注力した伝統的なメディア利用による，党大会の「空中戦」転用の段階に踏みとどまっている。2012年にはヒスパニック系へのアウトリーチを意識してニューメキシコ州知事のスザナ・マルチネス（Susana Martinez），フロリダ州選出上院議員のマルコ・ルビオ（Marco Rubio），またインド系でサウスカロライナ州知事のニッキー・ヘイリー（Nikki Haley）など南アジア系のマイノリティ政治家も登壇させた。共和党選挙関係者が異口同音に指摘するように，共和党はマイノリティ候補者を立てる戦略で人口動態への変容に敏感に対応している（Estradaとのインタビュー 2012, Watkinsとのインタビュー 2011）。しかし，党大会を草の根のアウトリーチの現場として捉える考えは少ない。それに対して，民主党は非代議員参加者の数が代議員を上回る「開かれた党大会」を目指し，2012年には初日を家族で楽しめるカーニバルの日としたほか，演説会場に入れない非代議員の一

般市民にもイベント限定のパスを発行した。

(2)有権者向け党大会イベントの実際：2012年民主党大会

　党大会での有権者イベントの主催団体は第1にDNC各種コーカス，第2に一般団体がある。イベント開催件数は2012年民主党大会（9月3日～7日）では，初日（カーニバル開催日）は43件，2日目（各演説初日）は90件，3日目（クリントン元大統領演説の日）78件，4日目（オバマ・バイデン正副大統領指名演説日）38件，大会終了翌日が6件となっていた。開催数は2日目をピークに下降線を辿っている。これは第1に，主催団体がイベントの注目度を上げるために，出席者やメディアの取材が集中する主要演説と重ならないように予定を組んでいるためで，指名受諾演説の最終日のイベント数は2012年に試験的に開催された正式な党大会議事開始前日のカーニバル日よりも少なかった。第2に，大半のイベントが連日数回にわたって開催されるためである。決起集会的な顔合わせの食事イベントを複数回開いて，DNCのコーカスや他のシンポジウムへの参加を促すことで，DNCや主催団体側にも有権者集団にも，重層的な交流とネットワーキングの場を提供した。

　概ね前述のオバマ陣営のグループに沿った分類でイベントが開催されたが，2012年民主党全国党大会での代表的なイベントを抜粋すると，表3-2のように大別すると4つのカテゴリーに分類できる。「コーカス・ミーティング系」はDNCの主要コーカスやそれに類似した有権者別集団の集いで基調演説にゲストを招き決起集会的な色彩を帯びる。「政策シンポジウム系」は特定の政策課題や有権者の利害に深く入り込んだ討論を行う。「キャンペーン訓練系」は有権者やコミュニティ・リーダー向けのフィールドオペレーションのセミナーである。その他は州や地域別の集会や大学の同窓会や地域的な民主党のサークルやメディア主催のイベントも開かれる。

表3-2
2012民主党全国大会委員会公式サイト内スケジュールを基に筆者が分類作成

《コーカス・ミーティング系》
「アフリカ系アメリカ人・コーカス」「ヒスパニック系コーカス」「エスニック・カウンシル・コーカス」「AAPIコーカス」「ネイティブ・アメリカン・カウンシル・コーカス」「信仰カウンシル」「若年層カウンシル」「障害者コーカス」「退役軍人と軍属者を抱える家族のカウンシル」「LGBTウエルカム・レセプション」「イタリア系アメリカ人代議員レセプション」「女性コーカス」「ラティーノ・リーダーズ・ネットワーク昼食会」「全米黒人州議会議員コーカス昼食会」「民主党副知事昼食会」「LGBTコーカス」「高齢者カウンシル」「全米市長会議昼食会」「農村カウンシル」「中小企業経営者カウンシル」「AAPI代議員とアジアン・ヘラルド・ライブラリーとカロライナのアジア系商工会の集い」「グローバル・ジューイッシュ・アドボカシー主催：黒人・ユダヤ系コアリション／インド系・ユダヤ系関係の促進／多様性の国の中のラティーノとユダヤ系」「AAJ全米法曹協会ホスピタリティ・スイート」「アニマルライツ・コーカス」「アイルランド系アメリカ人民主党員党大会パーティ」「プロチョイス・アメリカ党大会レセプション」

《政策別シンポジウム系》
「エネルギーと選挙」「ビジネス推進モーニングカフェ」「健康な子供たちへのホームラン」「米墨関係の将来」「プロチョイスの党の中でプロライフになれるか？」「全国ヒスパニック系リーダーシップ・アジェンダ」「プログレッシブ・アクション・サミット」「神話と現実：アメリカの選挙民におけるユダヤ系票」「2012教育タウンホール」「イスラエルとパレスチナ和平」「競争力とイノベーションについてのラウンドテーブル」「政治における宗教の役割」「カトリック・カンバセーション：2012年を越えて公共善の政治を」「投票権インスティテュート」

《キャンペーン訓練系》
「AAPIアクティビスト・トレイニング」「ユダヤ系コミュニティ・トレイニング」「アジア系アメリカ人と太平洋諸島系の選挙ブリーフィング」「2012年選挙へのミレニアル・インパクト」「トルーマン・バリューズ＆コミュニケーションズ・トレイニング」

《その他（地域別・文化イベント・同窓会・メディア主催）》
「カリフォルニア州民主党朝食会」「ニューサウス＆ニューサザナー」「NASCARホール・オブ・フェーム」「2012民主党大会におけるジョージワシントン大学の集い」「エミリーズ・リスト・キャンペーンレセプション」「DL 21C's シャーロット党大会パーティ」「『ヒル』主催：医療保険タウンホール」

(3) アジア系アウトリーチの事例

カリフォルニア大学（リバーサイド）のカーシック・ラマクリッシュナン (Karthick Ramakrishnan) とカリフォルニア大学 (バークレー) のタエク・リー (Taeku Lee) による全国アジア系アメリカ人調査 (NAAS) によると，2000年から2010年にかけてアジア系は人口増加のスピードが最も速い集団で，2008年大統領選挙には60万人規模の新規アジア系有権者が加わっている。カリフォルニア，ニューヨーク，テキサス，ハワイ，ニュージャージーというわずか5つの州に60％が集住している地域限定性が特徴で，このうち全体の3分の1がカリフォルニアに住む。アジア系の45％が「投票することが予想される有権者 (likely voters)」であり，内訳では日系 (64％) とフィリピン系 (52％) が最高率であり，他方でカンボジア系 (26％) が最低率となっている。「likely voters」のアジア系内での割合は，オバマ支持が43％でそのうちインド系 (68％) がトップ，ロムニー支持はわずか24％でトップはフィリピン系 (38％) であった。

アジア系向けアウトリーチが見直されている理由には3つが挙げられる。第1に，「決めかねている有権者」の多さである。前述のNAAS調査では，アジア系の約3分の1が未定32％と回答しているが，これに対して一般有権者全体の平均の未定は7％である。第2に，無党派 (non-partisan) の多さである。アジア系の51％が無党派と回答している。これはインデペンデント (independent) か政党帰属 (party identification) を考えたことがない層を指しているが，全米平均の無党派40％を10ポイント以上も上回っている。第3に，激戦州での人口増加率の高さである。前述のようにハワイや西海岸など一部の州に偏っていたのがアジア系であったが，近年では他州への拡散が確認される。とりわけネバダ，ノースカロライナ，バージニアの諸州で，それぞれ116％，85％，71％の増加 (2000年〜2010年) となっている。アジア系の6分の1が激戦州に居住 (17％) し，中でもインド系，韓国系が激戦州比率が高いのに対して，中国系，フィリピン系の激戦州比率が低い。オバマ支持率

トップのインド系の激戦州比率が高く，ロムニー支持率がアジア系の中では高いフィリピン系が激戦州に少ないことは民主党には良い状況だった。第4に，アジア系には民主党に親和的な有権者が多いことである。「民主党支持」の有権者はアジア系の33％（一般平均14％）で，「民主党寄り」となるとアジア系の46％（一般平均23％）と増える。NAAS調査では，民主寄り度が高い集団は，インド系と韓国系で，共和寄りが相対的に高いのはフィリピン系とベトナム系であった。

　民主党はアジア系の党内影響力の増大というインセンティブをアジア系議員や団体に与えることで，オバマ再選へのコミットメントを高める相互利益の関係を構想した。「われわれはラティーノのように人口は多くない。しかし，説得可能性の高い有権者の数は多い」と述べるDNCアジア系アウトリーチ局長でフィリピン系のナオミ・タクヤン（Naomi Tacuyan）は激戦州の人口増加をとくに重要視して「とりわけ下院選挙区では我々アジア系は勝敗の決するマージンの存在であることを強調する必要がある」と指摘した（Tacuyanとのインタビュー）。タクヤンとDNCのアウトリーチ方針にアジア系の影響拡大の利益を感じたアジア系議員が2012年党大会のアジア系コーカスには集った。カリフォルニア州選出のジュディ・チュー（Judy Chu）は昼食会での演説で以下のように述べた。

　　最も重要なことは，われわれは激戦州で急速に人口が伸びていることです。バージニアでは70％，ネバダでは倍増しています。これは何を意味するのかといえば今年の選挙でアジア系が大きな変化を起こせるということです。信じてください。全国メディアも注目しています。私はアジア太平洋諸島系の台頭についてCNN，MSNBC，NPRから取材を受けました。

　また，クリントン政権で商務長官を務めたノーマン・ミネタ（Norman Mineta）は以下のように同じイベントの演説で語った。「コミュニティと

して我々は長年周辺的存在に押し込められてきた。しかし，2012年選挙ではオバマ大統領の勝利を決する存在である。だから，この選挙は皆さんにとって重要なのです」

このようにアジア系側のインセンティブは，党や候補者を勝たせることに留まらず，選挙人制度における激戦州で勝敗を握るマージンの存在となることで，これまで一部地域に限定されていたアジア系の影響力を高め，政権の政策への取引効果を狙うものだった。激戦州での人口増加を重くみたオバマ政権は異例にも数多くのVIPを党大会のアジア系コーカスに送り込んだ。母親が日系のピート・ラウズ大統領顧問（Pete Rouse），中国系のクリス・ルー大統領補佐官（Chris Lu）が政権の雇用対策や医療保険の成果を訴えた。他方，父方がインドネシア人の血を引く大統領の妹のマヤ・スートロ・イン博士（Dr. Maya Soetoro Ng）は非政策的な観点から「大統領はAPI（Asian Pacific Islanders）コミュニティに個人的に深い絆を持っているが，それは家族と彼のインドネシアとハワイで過ごした経験に根ざしています。それらは決して小さなことではないのです」としてアジア系とのつながりを語った。選挙はアメリカの様々な有権者集団にとって，自らの集団の利益を拡大し，存在感を増進する格好の機会であり，候補者や政党と有権者集団の利害が一致することで集票効果が倍加する。こうした取引関係の密度を濃くするイベントは，候補者の関係者，政権スタッフと陣営スタッフ，そして有権者集団が一堂に会する政党の全国党大会に乗じなければ，なかなか実現できない。1970年代以降加速してきた候補者中心の大統領選挙運営において役割を減じてきた政党であるが，政党と候補者陣営の深い連携が欠かせないアウトリーチの例として民主党の試みは興味深い。

(4)ユダヤ系アウトリーチの事例

ユダヤ系アウトリーチも両党にとって過去のどの選挙サイクルにも劣らぬ重要性をもって受け止められた。人口は少ないもののフロリダ州など激戦州でスイング・ボートの位置にあるほか，資金獲得競争における

存在感は圧倒的であった。しかし，両党にはその手法に大きな差異があった。ロムニー陣営と共和党が宗教保守の立場とも共鳴するイスラエル重視の姿勢を鮮明にしたのに対し，オバマ陣営と民主党は広い意味でのリベラル・コアリションの中にユダヤ系を最包含するアウトリーチを志したからだ。

ロムニー陣営にとってユダヤ系アウトリーチのハイライトは，夏のイスラエル訪問であった。オバマ大統領がイスラエルのイランとの緊張の狭間にいる機会を捉えて，イスラエル寄りの立場を示すこととロムニーの外交経験の浅い印象の払拭が目的であった。2008年夏にオバマも大統領選挙候補者としてはイスラエルを訪問しているが，大統領就任後はカイロを訪問しているにもかかわらずイスラエルを訪問していないのはイスラエル軽視であるというのがロムニー陣営の着目点だった（Cupto 2012）。

1972年以降，民主党のユダヤ系得票は約70％で推移してきた。1980年だけ45％と極端に少ないのは，イランアメリカ大使館人質事件の対応でカーター大統領への不満が高まり，ネオコン系が共和党のレーガン支持に転向した時期だったこともあるが，前共和党下院議員で独立系のジョン・アンダーソン（John Anderson）が一般投票で6％台を獲得し，ユダヤ系票も分散したことと無関係ではない。それでも1980年選挙でのユダヤ系の共和党支持は39％で，民主党を上回ったわけではなかった。民主党得票の実質的な下限は64％，上限はクリントンが1992年に獲得した80％とされている。2000年には正統派ユダヤ系のリーバーマン上院議員（Joe Lieberman）が副大統領候補だったが民主党が獲得したのは79％であった。

人口の少ないユダヤ系が重要なアウトリーチ対象である背景には，第1に，アジア系同様に激戦州での選挙人獲得への資源投下がますます重視されている傾向がある。フロリダ州では約4％，オハイオ州は約2％と，激戦州におけるユダヤ系人口は一桁台に過ぎないが，勢力が拮抗している選挙区では数千，数百のスイング・ボートが命運を決することが

ある。ユダヤ系市民の大半は都市部に集住しているが，オハイオ州ではシンシナチに2万7,000人，クリーブランドに8万1,500人，コロンバスに2万2,000人のユダヤ系がいるとされる。2008年のフロリダではオバマは非ユダヤ系の得票では50％，マケイン（John McCain）が49％であったが，ユダヤ系得票ではオバマが74％，マケインが26％と引き離し，州内総得票でオバマ51％，マケイン48％となり，わずか4％の人口のユダヤ系が最後の1％の底上げに貢献していた[10]。

第2に，同性愛者と同じく，政治参加へのインセンティブへの大きさと高学歴率の高い専門職ネットワーク，さらに信仰グループでもあることから結束の強さも重視の要因となる。スーパーPACの導入で激化した大口献金者獲得争いでは人口には表れない重要性が潜む。さらに2012年選挙で民主党が重視したのは，「経済愛国主義」のもとにユダヤ系を内政におけるリベラル・コアリションに包含して，軍事強硬的なイスラエル政策と切り離すことであった。そもそもユダヤ系有権者はリベラル志向が強いが，2012年3月にユダヤ系団体J-Streetが行ったユダヤ系有権者を対象とした調査では，「ほとんどすべてのケースで人工妊娠中絶は合法であるべき」と回答した人が93％，「同性婚は合法」と回答した人が81％，「年収100万ドル以上への増税を支持」との回答が

表3-3　2010年中間選挙のユダヤ系と他の集団の両党得票率
(Democracy Corps, J Street 2010年出口調査を基に作成)

	民主党	共和党
ユダヤ系票	66%	31%
未婚女性票	61%	38%
ヒスパニック系票	60%	38%
若年層票(30歳以下)	55%	42%
カトリック信徒票	44%	54%
プロテスタント信徒票	38%	59%
白人福音派票	19%	77%
上記以外の宗教	74%	24%
無宗教	68%	30%

81％，「富裕層優遇が行き過ぎていると思う」との回答が73％，「貧富の格差是正に政府がさらに役割を果たすべき」との回答が64％だった。社会・文化争点で極めてリベラルな上に，経済的には富裕層も多い有権者集団にもかかわらず過度な「富裕層優遇」を戒め，格差是正に関心が高いことも民主党とオバマ支持を裏付けていた。表3-3が示すように民主党が大敗した2010年中間選挙ですらユダヤ系は約66％が民主党を支持した。

　ユダヤ系との絡みで2012年大統領選に向けて懸念されたのは中東情勢，とりわけイスラエルとイランの緊張であり，「オクトーバー・サプライズ」として両国の間に何らかの有事が発生すれば，大統領選挙への影響は無視できなかった。原油価格の上昇は車社会でガソリン価格に敏感なアメリカの有権者を揺さぶることから，オバマ政権の不断の外交努力と共に，選挙戦略的にもアメリカ国内の世論やユダヤ系票が，イスラエルの安全保障だけに収斂しないマネージメントが民主党には望ましかった。

　民主党はシャーロットで開催された全国党大会を最大活用して，ユダヤ系とその他の民主党の支持基盤の一体性を醸成した。民主党全国大会において，AJC（アメリカユダヤ系委員会）は「ユダヤ系コミュニティの発展は，アメリカや外国の他の信仰やエスニック集団の発展と結びついている」として，「ユダヤ系とヒスパニック系」「ユダヤ系とインド系」など様々な集団との対話集会を開催して，集団間の相互連携を育てた（表3-2）。他方，J-Streetなど「親イスラエル政策」と「和平」を両立させようというリベラル系のユダヤ系団体は民主党大会期間中にシャーロットで活発にシンポジウムを開催した。

　民主党大会イベント「神話と現実・アメリカの選挙におけるユダヤ系票」では「アメリカのユダヤ系は，何より政治的に進歩派であり，必ずしもイスラエルだけに関心のあるシングル・イシューの有権者ではない」というメッセージを民主党内外に発し，イスラエルと周辺諸国の関係を平和的に解決したいオバマ政権の意図とシンクロナイズさせた。同イベ

ントは同時に，2000年代のブッシュ政権における「ネオコン」台頭に伴って生じた「ユダヤロビー脅威」論などが，アメリカの一般のユダヤ系有権者について間接的に与えられたミスリーディングな印象を修正することも目的としていた。例えば，J-Streetのスローガンは「Pro-Israel」「Pro-peace」であり，メンバーの市民もきわめてリベラルで開放的な議論を受け入れる。一般的なユダヤ系ロビー団体のイメージを塗り替える性質である。実際にはユダヤ系団体やアイデンティティも多様で必ずしも一枚岩ではなく，多くのユダヤ系がイラク戦争にも批判的であった。表3-4が示すように，一般のユダヤ系有権者の関心事は経済や医療保険であり，イスラエルやイラク，アフガニスタンでの戦争はそれぞれ約7％，約6％に留まっている。マイアミ大学のアイラ・シェスキン教授(Ira Sheskin) の2008年の調査でも，イスラエルはユダヤ系有権者の優先度として，経済，医療保険，ガソリン価格，教育，税などよりも下位で，15項目中8位であった[11]。

表3-4　ユダヤ系が重視するトップ2項目の争点
(2012年J-Street調査を基に作成．単位は%．複数回答のため100%を超える)

経済	62
医療保険	31
財政赤字と政府支出	18
社会保障とメディケア	16
税	14
テロリズムと安全保障	13
教育	12
イスラエル	7
環境	7
イラクとアフガニスタンの戦争	6
不法移民	6
エネルギー	4

　オバマ陣営ユダヤ系アウトリーチはイスラエルを軽視したわけではない。「オバマ政権は厳しい財政状況にかかわらず2013年度予算におい

て31億ドルのイスラエルへの防衛協力の予算を要求した」と記した「オバマ大統領のイスラエルへのスタンス」など公式声明でイスラエル重視を表明しつつ，グラスルーツのレベルではリベラル・コアリションに包み込む2層構造のアウトリーチの工夫をしたのである。ここに現職候補による外交の公式姿勢と党主体の草の根イベントの併用戦略の意義が存在する。

激戦州フロリダ州の約64万人のユダヤ系の55万人がパームビーチ，マイアミデード，ブロワードの3つの郡に居住するが，大半はニューヨーク州などからの退職移住者などリベラル系で占められていることから，イスラエル擁護の強硬路線をアウトリーチの切り口にしたロムニー陣営には当初から一定の困難が伴ったのに対して，外交政策を棚上げしてユダヤ系を同性愛者票や女性票などとのリベラル・コアリションに溶け込ませるJ-Streetとオバマ陣営のアウトリーチは，少なくとも共和党との対比を鮮明にすることに成功した。オバマが約60%のユダヤ系票を獲得した出口調査を伝える選挙当日のプレスリリースでJ-Streetは「イスラエル問題を使って民主党支持層を分割しようと目論んだ保守派をはね除け，ユダヤ系が圧倒的に大統領を支持」という見出しを立て，イスラエル単独争点色を切り捨て，公民権を重視するリベラル集団としてのアイデンティティを再度アピールした[12]。

第4節　まとめ

(1) アウトリーチの可能性とテクノロジーの革新

本稿ではオバマ陣営が「経済愛国主義」という経済と雇用に絞ったメッセージングを各有権者グループのアウトリーチに統一させたことで，かつての共和党のレーガンのような指導力をオバマ政権に抱かせ，停滞する経済状況での再選を目指したことを明らかにし，ロムニー陣営が統合的メッセージなき分散的なアウトリーチに留まっていたことを確認した。また，党大会のアウトリーチ利用では民主党が先進的であり，とり

わけアジア系やユダヤ系など人口は少ないが激戦州や資金獲得で影響力のある集団を民主党が重視して関係構築に配慮した。

アジア系アメリカ人ジャスティス・センター（AAJC）の選挙後の調査によれば，アジア系有権者の71％がオバマに投票し，28％がロムニーに投票したと回答している。推計320万のアジア系票のうち230万がオバマに入った。アジア太平洋諸島系票を含まないオバマとロムニーの一般投票差は330万票であるが，同票を含むと470万票でアジア太平洋諸島系だけで140万票の票差を生み出した。アジア系が投票で重視した項目は，1位が経済と雇用（85％）でありオバマ陣営のメッセージングの統一が妥当だったことをうかがわせる。しかし，同調査によればアウトリーチはアジア系有権者の隅々に行きわたっているわけではないこともわかる[13]。過半数の65％が選挙について有権者向けの接触を受けていないとしているが，接触においては民主党が共和党を上回っている（表3-5）。

表3-5　2012年大統領選挙における政党からの投票勧誘の接触の有無と度合いについてのアジア系有権者の回答（AAJC選挙後調査結果）

	民主党	共和党	その他の組織
多くの接触	24%	24%	10%
ある程度の接触	22%	14%	17%
ごくわずかの接触	13%	15%	12%
まったく接触なし	22%	28%	40%
無回答	18%	18%	21%

ただ，注目すべきは「その他の組織」を含めるとかなりの数に達することだ。2012年選挙ではAPIA VOTEをはじめとした75団体が15州で地上戦を展開し，候補者の陣営や政党の全国委員会や州委員会ではない，外部組織による政党支援ネットワークが草の根で活動家を投入した。有権者はエスニック集団の種々の独立した団体からの接触は，たとえ内容が有権者登録や候補者の宣伝であってもそれを「政党や陣営からの接触」とは認識しない傾向があり，こうした事情も考慮すべきだろう。また，同盟的団体を用いた間接的接触がアウトリーチ戦略として効果的である

ことも付言しておきたい。AAJCは有権者登録したアジア系46％（うち43％が投票）が，自らの党派アイデンティティを明示していないことを受け，「候補者，政党，その他の組織から」の将来的な「アウトリーチへの取り組みと投資」の潜在性を指摘している[14]。

ユダヤ系票は最終的な出口調査において69％がオバマ，30％がロムニーと票の割合こそアジア系に酷似していたが，民主党系のユダヤ系団体が目指した優先争点の相対化の成果は，ユダヤ系社会の隅々に浸透したわけではない。なるほどJ-Streetでジム・ガースタイン（Jim Gerstein）が行った選挙後の世論調査ではユダヤ系有権者の53％が経済を主要争点として捉え，イスラエルを決定的争点と回答した人は10％に留まっている[15]。しかし，共和党ユダヤ系連合（RJC）の調査ではイスラエルは投票を決める争点として極めて重要と30.2％が回答している[16]。経済との比較ではなく，イスラエルの争点としての重要性だけを単独で質問しているが故の結果でもあるが，「経済愛国主義」のメッセージ統一によるオバマ陣営のアウトリーチの効果も，ユダヤ系内保守派に対しては限定的で，イスラエル政策をめぐる分断という壁が消えていないことも示唆している。

要するに，メッセージングによる対立軸作りとターゲティングによる激戦州動員の秀逸さで，オバマ陣営は勝利した。しかし，アウトリーチと動員を支えたのはテクノロジーの革新であったことも忘れてはならない。テクノロジーの革新は2012年選挙において凄じい進歩を見せた。本稿では紙幅の関係から言及に留め，詳細は別稿機会に譲るが，有権者データの膨大な集積に基づくターゲット抽出（動員可能有権者，説得可能有権者）から地上戦と空中戦を行う技術では，2012年オバマ再選陣営が共和党を圧倒的に引き離した。また，メッセージ誘導の次元でも，陣営主要スタッフがスピーチライター代筆なしに随時ツイートしてプレスのディスコースを支配したほか，動画サイトで本編前に挿入する「プリロール広告」による細分化された広告も主流となった。

投票率の増進にとりわけ役立ったのはソーシャルメディアによる投

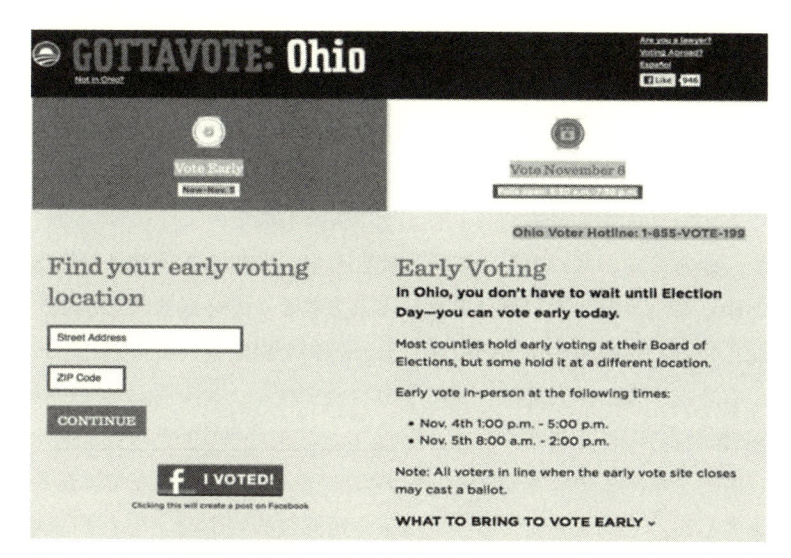

図3-4　期日前投票の詳細を知らせるGOTTAVOTEのオハイオ州ページ。左は郵便番号を入れると投票所の地図が出る。右には州ごと日ごとに異なる投票時間の詳細など。オバマ陣営では同様のサービスが50州分提供された。

票支援サービスであった。オバマ陣営は「動員可能」有権者を確実に獲得するために激戦州を中心に期日前投票を重視し，ソーシャルメディアで特定した対象者への知人を介した間接的な投票の呼びかけをGOTTAVOTEで行った。GOTTAVOTEとは，スマートフォンで手軽に自分の投票所と時間を確認できるアプリケーションである。従来型の戸別訪問やフォーンバンクや選挙当日のボランティアによる輸送サービスが消滅したわけではなく，むしろそれらの選挙直前の票駆り出し（GOTV: get-out-the-vote）活動をより効果的に行うための支援ツールとなった。ソーシャルメディアに代表される新技術の浸透の加速で，アウトリーチは新たな展開に入ったと言える。

(2) 候補者の属性をめぐるアウトリーチの将来

　他方で，振り返ってみれば「オバマは文化的・地理的に平均的アメリ

カ人ではない。ロムニーは宗教的に平均的アメリカ人ではない」とローゼンバーグらが述べるように，2012年選挙は「アウトサイダー同士の争い」でもあった（Rosenbergとのインタビュー2012ほか）。選挙戦でこの点がクローズアップされることはなかった。ハワイやインドネシアの出自などオバマの生い立ちの「物語」は2008年選挙のようには話題にされず，他方でロムニーのモルモン教徒としての背景も本選では殊更に話題とならなかった。オバマはアフリカ系であることを武器にできなかったが，他方で人種属性に一切依存しない勝利を再選では目指した。しかし，本来は「太平洋大統領」オバマの類いまれな「国際性」とノーベル平和賞受賞者の外交実績の吟味，ならびにロムニーのようにモルモン教に一信徒を越えるビショップとしてのコミットメントを注いできた人物の価値観が，大統領としての政策決定や最高裁の判事選別など道徳問題に与える影響の吟味は，テレビ討論ほかの選挙戦の表舞台でも行われて然るべきであったとの見解は，民主党内や信仰コミュニティ内にも存在する。

　無論，アウトサイダー同士の争いが違和感なく受け入れられた観点からは，アメリカの多様性と寛容性を評価することも可能であるが，2人を「アウトサイダー」と位置づけることを両陣営が意図的に避けて，上記のような議論を棚上げした選挙戦だったとも言える。特定の人種，ジェンダー，宗教の属性を持つ政治家が政党の候補者となり，あるいは大統領に就任することと，アメリカ社会全体の寛容性の成熟度はある程度分けて議論することが求められる。脱人種，脱ジェンダーのアウトリーチとは人種やジェンダーを考慮しないアウトリーチではなく，それらを意図的に避けて棚上げするアウトリーチでもある。とりわけキリスト教社会のアメリカにおいて宗教や宗派の問題は今後も慎重な扱いを求められることは不変であろう。オバマが大統領になれたことでマイノリティにとって一切の障壁がなくなったわけではないのと同様に，ロムニーが共和党候補者となったことをもって，どのような宗派でも無条件に大統領候補者になれることを意味しない。オバマ陣営が2012年に展開した「経

済愛国主義」のメッセージに収斂させたアウトリーチは，逆説的にそのことを示唆していよう。

　民主党が女性の票が取れる男性候補者，白人の票もヒスパニック系の票も取れるアフリカ系候補といった具合に候補者属性と集票対象や政策の焦点をあえて切り離す統合的メッセージに収斂させる脱候補者属性アウトリーチを志向しているのに対して，「ヒスパニック系はヒスパニック系候補を好むに違いない」という前提で候補者の属性に期待する共和党という対比も2012年選挙では浮き彫りになった（Antoonとのインタビュー 2011; Gizziとのインタビュー 2012, 2013）。マイノリティ増加という人口動態変容の危機に際して，ジャクソンやフェラーロなど属性基準だけでアフリカ系や女性を候補に担ぐことで，かえって党内を分裂させた1980年代の民主党の轍を共和党が安易に踏襲するとすれば，共和党のアウトリーチは民主党の半歩遅れのまま行き詰まる懸念も否定はできない。

注
1　2012年におけるアフリカ系得票（オバマ93％，ロムニー6％）と18歳から24歳の若年層得票（オバマ60％，ロムニー36％）とリベラル派得票（オバマ86％，ロムニー11％）は，2008年におけるアフリカ系得票（オバマ95％，マケイン4％）と18歳から24歳の若年層得票（オバマ66％，マケイン32％）とリベラル派得票（オバマ89％，マケイン10％）と比較してもほとんど同程度の支持を維持した。「Yes, We Can」のスローガンが浸透した2008年の選挙では，ブッシュ政権とイラク戦争批判によるリベラル派と若年層の熱狂と共に初のアフリカ系大統領を夢見たアフリカ系の投票意欲があった。諸政策でリベラル派に妥協を強いた1期目と経済の悪さ，若年層とアフリカ系の情熱の維持の困難さを考慮するとその2008年と同程度を維持した2012年のオバマの基礎票得票率は高かったと考えられる。http://edition.cnn.com/election/2012/results/race/president（2013年1月10日にアクセス）; http://edition.cnn.com/ELECTION/2008/results/polls/#USP00p1（2013年1月10日にアクセス）
2　2008年の全国党大会に引き続き，2012年も両党の党大会で参与観察と非参与の聞き取り調査を行った。民主党側には2008年（コロラド州デンバー）と同様，2012年もイリノイ州代議員団の特別招待ゲストとして，全国委員

会のコーカスなど，一連の行事にオバマ陣営関係者や連邦議員と共に出席した。他方，共和党側には，アイオワ州代議員団と行動を共にして参与的な観察調査をした2008年（ミネソタ州セントポール）とは異なり，2012年は各州代議員と横断的交流を行い聞き取り調査をした。2012年共和党大会はハリケーン・アイザックの影響で初日を中止した。

3　"A Job Agenda, Anyone?: Without More Jobs, Both the Economy and the Federal Budget will Deteriorate Further," New York Times（August 15, 2011）

4　http://www.people-press.org/2012/10/18/on-eve-of-foreign-debate-growing-pessimism-about-arab-spring-aftermath/（2012年11月30日アクセス）

5　オバマ陣営作成パンフレット"The New Economic Patriotism: A Plan for Jobs & Middle-Class Security"はレターサイズのホチキス止めで表紙と裏表紙を入れて20ページのカラー冊子。表紙にはオバマ大統領とバイデン副大統領の候補者の写真を使用せず，エプロンをした食品店の夫妻，トラクターを背に腕組みをする農夫，ヘルメット姿の白人と黒人の工場エンジニア，女性看護師の4枚の一般の勤労者の写真が掲載された。

6　オバマ陣営アフリカ系アウトリーチ作成リリース"The Obama Administration's Impact on the African-American Community"

7　オバマ陣営女性アウトリーチ作成リリース"President Obama's Accomplishments for Women and Families"

8　オバマ陣営カトリック信徒アウトリーチ作成リリース"The Choice for Catholics in this Election"

9　Eggen, Dan, "Obama's gay marriage announcement followed by flood of campaign donations," Washington Post, (May 10, 2012) http://articles.washingtonpost.com/2012-05-10/politics/ 35457848_1_bundlers-obama-campaign-officials-priorities-usa-action（2012年9月10日アクセス）によればオバマの同性婚支持発言は同性愛者コミュニティからの献金効果をもたらした。

10　2012年J-Street調査ほか, Jewish Population in the United States 2010（Berman Institute, North America Jewish Data Bank）http://www.jewishdatabank.org/Reports/Jewish_Population_in_the_United_States_2010.pdf（2012年10月30日にアクセス）

11　NAAS "Public Opinion on Growing Elector: Asian Americans and Pacific Islanders in 2012," (September 25, 2012; revised Oct 8, 2012) http://www.naasurvey.com/resources/Home/ NAAS12-sep25-election.pdf（2012年10月30日アクセス）

12　J-Street が配布した世論調査とプレスリリース"Jews Overwhelmingly Support President, Rebuffing Conservative Efforts to Turn Israel into Wedge Issue Election-Night Polls of Jewish Voters Show Strong Backing for President, Democrats and Two-State Solution" (November 7, 2012) ; Asian American Justice

Center, "Behind the Numbers: Post-Election Survey of Asian American Voters in 2012", (December 2012) http://www.advancingequality. org/files/2012_ 12_ Preliminary_Report_AAPI_Voting_FINAL.pdf（2013年3月3日にアクセス）
13　Asian American Justice Center（AAJC）, "Behind the Numbers:Post-Election Survey of Asian American Voters in 2012"（December 2012）http://www. advancingequality.org/files/2012_12_Preliminary_Report_AAPI_Voting_ FINAL. pdf（2013年1月5日にアクセス）
14　Ibid.
15　J-street, "2012 Post-Election Jewish Surveys Summary Findings National, Ohio, and Florida Surveys of Jewish Voters"（November 7, 2012）https://s3.amazonaws. com/s3.jstreet.org/images/ 2012_election_ survey_findings.pdf（2013年3月30日にアクセス）
16　RJC 2012年選挙後出口調査 "GOP Gains 10pts Among Jewish Voters Since 2008"（November 7, 2012）https://www. rjchq.org/gop-gains-10pts-among-jewish-voters-since-2008/（2013年4月25日にアクセス）

引用参考文献
Ball, Molly. 2012. "Why is Mitt Romney Going to Poland", *The Atlantic*, (July 27) http://www.theatlantic.com/politics /archive/2012/07/why-is-mitt-romney-going-to-poland/260446/（2012年9月30日にアクセス）
Corn, David. 2012. Showdown: *The Inside Story of How Obama Fought Back against Boehner, Cantor and the Tea Party*, William Morrow.
Creamer, Robert. 2007. *Listen to Your Mother: Stand Up Straight: How Progressives Can Win*, Seven Locks Press.
Cupto, Marc. 2009. "Mitt Romney's Jewish Outreach Won't be Easy", *The Miami Herald*, (July 30, 2012) http://www. miamiherald.com/2012/07/30/2921559_p2/ mitt-romneys-jewish-outreach-wont.html（2012年9月10日にアクセス）
Plouffe, David. 2009. *The Audacity to Win: The Inside Story and Lessons of Barack Obama's Historic Victory*, Viking Adult.
Polsby, Nelson W. and Aaron Wildavsky (with David A. Hopkins). 2008. *Presidential Elections: Strategies and Structures of American Politics 12th ed.*, Rowman & Littlefield, 2008.
Redlawsk, David P., Caroline J. Tolbert, and Todd Donovan. 2010. *Why Iowa? How Caucuses and Sequential Elections Improve the Presidential Nominating Process*, University of Chicago Press, 2010.
渡辺将人, 2008『現代アメリカ選挙の集票過程：アウトリーチ戦略と政治意識の変容』日本評論社。
渡辺将人, 2012「アメリカ大統領選挙における新技術と集票過程：アイオワ党

員集会と2008年オバマ陣営の事例を中心に」『メディア・コミュニケーション研究』63号, 141-166頁。

インタビュー
Antoon, Doug　共和党系戦略家（August 11, 2011）
Carrk, Tony　民主党全国委員会リサーチ局長（February 21, 2013）
Creamer, Robert　民主党全国委員会コンサルタント（June 8, 2012; February 20, 2013）
Estrada, Jamie　共和党系戦略家（August 31, 2012）
Forrester, Scott　民主党ニューメキシコ州委員会エグゼクティブ・ディレクター（August 10, 2011）
Gizzi, John　ヒューマンイベント誌 (August 30, 2012; February 22, 2013)
Giangreco, Peter　元オバマ陣営上級コンサルタント（March 7, 2011; February 19, 2013）
Gonzales, Javier　民主党ニューメキシコ州委員会委員長（August 10, 2011）
Rosenberg, Simon　NDN代表, 元ビル・クリントン大統領選挙陣営（June 11, 2012; February 21, 2013）
Tacuyan, Naomi　民主党全国委員会アジア太平洋諸島系アウトリーチ局長（September 7, 2012）
Walsh,Terry　元オバマ陣営上級コンサルタント（June 2, 2009; February 19, 2013）
Woodhouse, Brad　民主党全国委員会コミュニケーションズ・ディレクター（February 21, 2013）
Watkins, Bryan　共和党ニューメキシコ州委員会エグゼクティブ・ディレクター（August 10, 2011）

第4章 悪い経済状態にもかかわらずなぜオバマが勝ったのか： Waseda American Voter Survey 2012の分析

飯田　健

第1節　はじめに

　2012年のアメリカ大統領選挙は結果として現職候補のバラク・オバマの勝利に終わったが，それは必ずしも「当然」のことではなかった。事前の世論調査では，共和党の大統領候補であるミット・ロムニーはオバマと人気をほぼ2分するのみならず，一部ではオバマをリードさえしており[1]，ロムニー勝利を予測する専門家も少なからず存在した。現職大統領の人気がこれほどまで低迷し，その再選が危ぶまれた主な原因は，アメリカの経済状態にあった。すなわち，失業率は選挙前，改善の傾向にあったものの，結局就任時2009年1月の7.8％を1度も下回ることはなく，経済成長率も低調だったのである。

　なぜこのような状況にもかかわらず，オバマは勝利を収めることができたのか。本章では主に対立候補であるロムニーに着目しつつ，その理由として次の4つを指摘する。

①ロムニーは伝統的な共和党の支持基盤の支持を固め切れなかったのみならず，民主党の支持基盤を切り崩せなかったなど，選挙戦略に問題があった。
②経済争点，社会争点においてイデオロギー的にそもそも有権者の多くはロムニーの立場を支持していなかった。
③必ずしも有権者は悪い経済状態をオバマの責任だとは思っていなかった。
④ロムニーの信仰が有権者の間でひそかに問題視された。

これらのうち，とりわけ注目するのは④のロムニーの信仰問題である。周知のとおりロムニーは末日聖徒イエス・キリスト教会(モルモン教)の高位のメンバーであり，そうした彼の特殊な信仰的背景が，国民の大多数を占める一般的なキリスト教の有権者をして，彼の大統領候補としての資質に疑念を抱かせた可能性がある。しかし，この可能性を経験的に検証することは困難を伴う。というのも，個人の価値観を重視する自由主義を国是とするアメリカでは，ある人の信仰を疑問視したり，職業的適性を信仰によって判断したりするのは適切ではないとの規範が存在しており，仮にロムニーの信仰について懸念する人が世論調査で「ロムニーの信仰を問題とするか」と直接たずねられたところで，正直に答える保証はないからである。これが本当なら，一般的な世論調査によってはロムニーの信仰の投票行動への影響を正しく推定することはできないと言うことになる。

　そこで本章では，本プロジェクトの研究チームが大統領選挙時にアメリカで独自に実施したインターネット調査に組み込まれた「実験」を通じて，ロムニーの信仰が本当に有権者の投票意図を弱めたのかどうか検証した。ここで明らかになったのは，やはり投票の際ロムニーの信仰を問題視した有権者の姿であった。

第２節　2012年アメリカ大統領選挙の結果

　まずは，簡単に2012年アメリカ大統領選挙の結果を振り返ってみよう[2]。この選挙において，オバマは約6,600万票（一般得票率51.1％）を集め，26州およびワシントンDCで332人の選挙人票を獲得することで勝利を収めた。一方ロムニーは，一般得票数6,100万票（一般得票率47.2％）で24州を獲得し健闘したようにみえるものの，選挙人票の数では206人と，オバマに大きく水を開けられる形となった。とはいえ，前回2008年大統領選挙と比較すると，インディアナ州とノースカロライナ州がロムニーに奪われるなど，オバマの勝利はそれほど盤石なもの

ではなかった。一般得票数も，2008年の約7,000万票からすると400万票近く票を失っている計算になる。これは単純に，2008年にオバマに投票した人が2012年には対立候補に投票したか，あるいは棄権した結果と考えられる。

そこで，どの有権者グループがオバマ支持を弱めたのか確認するために，2008年と2012年のCNNの出口調査の結果を比較してみよう[3]。まず性別について見ると，2008年において男性有権者の49％，女性有権者の56％がオバマに投票していたのに対して，2012年には男性の45％，女性の55％がオバマに投票していた。つまり一部で言われていた女性のオバマ離れが起こったわけではないものの，男性の間で若干オバマ不支持の傾向が強まっている。

次に，人種について見ると，2008年においてオバマに投票した白人，黒人，ヒスパニックの有権者の割合はそれぞれ，43％，95％，67％だったのが，2012年には39％，93％，71％となっている。つまり，白人の間でオバマ不支持の傾向が強まっているが，黒人の支持は依然として高いままであり，ヒスパニックの間ではむしろオバマ支持は強化されている。

最後に，若年層について見ると，2008年には18歳から24歳の有権者および25歳から29歳の有権者がオバマに投票したと答えた割合は両方同じ66％だったのに対し，2012年には同じく両方60％と低下している。

このように人口統計学上の要因から見ると，2008年に比べてオバマが苦戦した理由は，男性，白人，若年層といった属性をもつ有権者（当然これらの属性はオーバーラップしている）がオバマの支持を弱めたから，と言うことができるだろう。また2008年に比べて2012年の投票率の低下したことも，こうしたオバマをかつて支持した有権者が今回は1期目の成果に失望して投票に行かなかった結果と考えられる。しかしこうした2012年における特定の有権者集団のオバマ離れは，2008年がある意味，オバマ旋風とでも呼ぶべき特殊な選挙であったことからも当然

予測できたことであった。また，オバマ離れと言っても，何か決定的な変化が起きたわけではなく，全体として出口調査に表れたアメリカの有権者の投票行動の傾向は2008年とほぼ同じである。むしろここでより興味深い問いは，このような有権者の間でのオバマの支持の低下にもかかわらず，なぜオバマが最終的に勝利を収めることができたのか，あるいはなぜ有権者のオバマ支持の低下がこの程度で済んだのか，ということである。次に見るように実際，オバマの敗北は経済状況などを見る限り過去の例からして十分にありうることだったのである。

第3節　経済と大統領選挙

　これまで多くの研究によって，経済が大統領選挙の結果に重大な影響を与えることが明らかにされてきた（例えば，Fiorina 1981; Kinder and Kiewiet 1981; Markus 1988; Holbrook 1991）。すなわち，有権者は現職の大統領の経済状態への責任を認め，それに従って投票するため，経済状態が悪いときには現職の大統領，あるいはその所属政党の候補者は敗北する。これを「経済投票」という。とりわけ第2四半期（4～6月）のGDP成長率は重要な指標とされる（Jones 2002）。図4-1は1952年以降のアメリカ大統領選挙の結果と経済成長率との関連を示したものであり，横軸は大統領選挙の年，縦軸は第2四半期の経済成長率である。"W"は現職の大統領の党の候補者が勝利した年，"L"は現職の大統領の党の候補者が敗北した年を意味する。ただし，勝敗の判断は2大政党間での一般得票率にも基づいており，例えば，2000年の選挙は現職の大統領の党の候補者であるアル・ゴアが敗北したにもかかわらず"W"となっているのは，そのためである。また，その上の数字はその年の第2四半期の経済成長率を表す。このグラフによると，2.6％という低い経済成長率の下で再選された2004年のジョージ・W・ブッシュなど例外はあるものの（これにはイラク戦争の影響があると考えられる），概して経済成長率が高い年ほど現職の大統領の党の候補者が大統領選挙に勝利してい

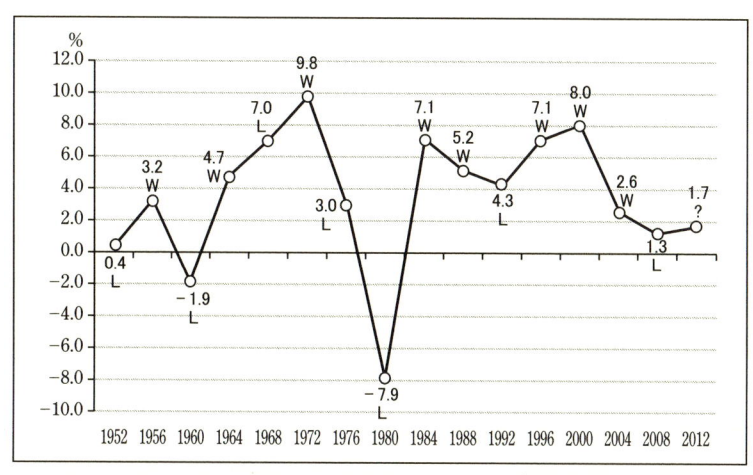

図4-1 第2四半期のGDP成長率とアメリカ大統領選挙の結果

出典：Bureau of Economic Analysis のウェブサイト（http://www.bea.gov/）にある資料より筆者が作成。第2四半期のGDP成長率は2005年連鎖価格に基づく年率換算。
　"W" は現職の大統領の党の候補者が勝利した年，"L" は現職の大統領の党の候補者が敗北した年を意味する。ただし，勝敗の判断は2大政党間での一般得票率に基づいており，例えば，2000年の選挙は現職の大統領の党の候補者であるアル・ゴアが敗北したにもかかわらず "W" となっているのは，そのためである。また，その上の数字はその年の第2半期の経済成長率を表す。

ることがわかる。

　ひるがえって，オバマの再選がかかる2012年の選挙の場合，経済成長率は2004年よりも低い1.7％であった。この状況下でオバマが再選されれば，彼は歴史上最も低い経済成長率の下で再選された大統領ということになる。このように経済状態から考えれば経験上，オバマの再選は非常に難しい情勢であった。実際，GDP成長率などの経済指標を含むアメリカ大統領選挙の結果予測モデル（Fair 1978, 2002）で有名な，イェール大学の経済学者フェア（Ray C. Fair）[4] は，オバマの2012年大統領選挙の一般得票率を49.5±3％と予測した（2012年7月時点）。また，国全体の経済状態を考慮したホルブルックの統計モデル（Holbrook 2012）や，雇用を重視したルイス-ベックとティーンの統計モデル（Lewis-Beck and Tien 2012），州レベルの経済変数を含んだベリーとビッカーズの統計モ

デル (Berry and Bickers 2012) は，オバマの一般得票率が50％を超える確率について，それぞれ27％ (2012年8月時点)，23％ (2012年8月時点)，23％ (2012年7月時点) という悲観的な数字を導いた。このような状況にもかかわらず，なぜオバマは勝利を収めることができたのであろうか。

第4節　オバマ勝利の要因

　一般的に選挙キャンペーンの目的は大きく2つに分けることができる。第1に，自らの既存の支持層の支持を固めること。そして第2に，相手の既存の支持層の支持を奪うことである。とりわけ第2の目的が勝利を収めるためには重要である。例えば，1992年のビル・クリントンはコミュニタリアン的価値観を押し出し社会的保守派の票をも取り込むことによって現職のジョージ・ブッシュの再選を阻んだし，2004年のジョージ・W・ブッシュは伝統的に民主党支持が強かったヒスパニックの票を集めたことによって比較的容易に再選された。これらと同様，ロムニーが勝つためには，共和党の支持基盤である財政保守派および社会（宗教）保守派の支持を確保すると共に，オバマの支持基盤である労働者，マイノリティのオバマ支持を弱める，あるいはその支持を得る必要があった。しかしロムニーはこのどちらにも成功しなかったと思われる。

(1)ロムニーの選挙戦略の失敗

　まずティーパーティなど福祉政策や国民健康保険などの大きな政府に反対する財政保守派からすれば，マサチューセッツ州知事時代，ロムニーは2006年に州民全員に健康保険加入を義務付けるマサチューセッツ医療保険改革法（Massachusetts Health Care Reform Law）に署名した「前科」をもつ，今1つ信用できない人物であった。ロムニーは当然，共和党内の予備選挙ではそうした悪評を払拭しようと努力し，リック・サントラムやロン・ポールなど他の候補者に対抗して保守的な立場を強調した。しかし，本選挙では一般有権者の反発を恐れて，態度を軟化させた

が，そうしたロムニーの態度は風見鶏的な"flip flop"として批判の的となった。

　また，宗教保守派からすればロムニーは全米で数少ない同性婚を認める州の1つであるマサチューセッツ州知事であったということが，ジョージ・W・ブッシュを支持するほどの熱意をもってはロムニーを支持できない原因の1つとなっていた。同性婚をめぐっても過去に意見を二転三転させるなど，あいまいさを見せ，ロムニーが今さらいくら同性婚反対の立場を示そうとも選挙目的とみなされても仕方のない状況であった。

　さらに，ロムニーがモルモン教の信者であるということも，キリスト教保守派の支持を引き出す上での懸念材料であった。例えば，予備選挙前の2011年10月，ダラスの第1バプテスト教会の牧師であるロバート・ジェフレスは，モルモン教は本当のキリスト教ではなく，福音派キリスト教徒はロムニーに投票するべきではないと発言し，物議を醸した。実際，福音派の多いサウスカロライナ州の予備選挙では，ニュート・ギングリッチに次いで2位につけたものの，出口調査によるとロムニーはカトリック教徒のギングリッチの半分以下しか福音派の支持が得られなかった[5]。その後，福音派の間でのロムニーの支持は他の候補者に対する失望から上昇傾向にあったが[6]，いずれにせよ福音派が一枚岩という状態からはほど遠いものであった。ロムニー自身これらの問題を意識してか，副大統領候補として財政保守派として名高いカトリック教徒のポール・ライアンを選ぶなどしたが，共和党全国大会直後の支持率が上がらなかったことからも，その効果は限定的であったとみられる。

　一方でロムニーの民主党支持層への浸透も，2004年のブッシュとは異なり全くと言ってよいほどみられなかった。人工妊娠中絶に対する態度の保守化は女性有権者を不安にさせたし，不法移民取締り強化の公約はヒスパニック系有権者をますます遠ざけた。同性婚の合法化に不寛容な態度は同性愛者から嫌われた。それに対してオバマは，一定の条件下で不法移民に市民権を与える道を模索したり，2012年5月には大統領

として史上初めて同性婚支持の態度を表明したりするなど，自らの本来の支持基盤であるマイノリティの支持を確かなものとしていた。

(2)ロムニーの公約と有権者の政策選好とのかい離

選挙戦略以前の問題として，そもそもロムニーはオバマに比べて経済政策や社会政策においてイデオロギー的に多くの有権者の立場とかい離していた。オバマは財政政策としては，緊縮財政よりも公共投資，金融政策としては金融市場に対する規制強化をそれぞれ主張する一方，ロムニーは緊縮財政および金融市場に対する規制緩和を主張するなど，両者は明確に対立していた。この対立はアメリカにおける伝統的な保守対リベラルのイデオロギー対立を反映したものと言える。そして全体としての有権者の立場を見れば，前者よりも後者の立場が優勢であった。

例えば，2012年8月のワシントンポストとABCの合同世論調査[7]によると，雇用創出の手段としては，減税よりも公共投資が支持されていた（前者は32％，後者は52％）。また，金持ち優遇の不公平な経済システムの方が，自由市場に対する過剰な規制よりも問題だと回答された（前者は56％に対して，後者は34％）。さらに社会的争点に関して，ワシントンポストとカイザー家族財団（Kaiser Family Foundation）が2012年7，8月に合同で行った世論調査[8]によると，52％もの有権者が同性婚の合法化に賛成しており（反対は42％），この割合は2000年代初頭以降一貫して増え続けている。これらは伝統的な保守の立場が，近年一般国民の大多数のそれと抗いがたくかい離しつつあることを示しており，ロムニーが敗北した2012年大統領選挙直後には保守本流の『ナショナル・レヴュー』の編集者たちでさえ，世論に逆らったイデオロギー的に頑なな保守派の主張を自滅的アプローチと批判しつつ，場合によってはオバマとの取り引きによろこんで応じるべきだと総括している[9]。

(3)経済状態に対するオバマの責任についての有権者の認識

前述したとおり，悪い経済状態はオバマ大統領の再選を危うくすると

予測された。ただし，こうした予測がオバマには当てはまらないとの見方もあった。というのも，クリントン元大統領が民主党全国大会での演説で示唆したとおり，共和党政権の8年間の間に悪化した経済を立て直すためにオバマは苦労しているのであって，有権者の多くは経済悪化の責任は依然としてオバマにではなく，共和党にあると考えているかもしれないからである。実際，先に挙げたワシントンポストとABCの合同世論調査では，現在の経済状況により責任があるのは誰かという質問がたずねられており，実に回答者の54％がブッシュ前大統領にあると答えている。一方，現職の大統領のオバマに責任があるとしたのは32％に過ぎなかった。もし経済状態に対するオバマの責任がないのであれば，悪い経済によって有権者がオバマを「罰する」理由はないはずである[10]。

この可能性を探るべく，Waseda American Voter Survey 2012 (WAVS 2012)[10]を分析した。WAVS2012は，早稲田大学日米研究機構アメリカ政治経済研究所がアメリカの有権者を対象に2012月11月7日前後2波にわたって行ったインターネット調査であり，委託調査会社に登録されたパネルから人種，性別，年齢によって有意抽出した18歳以上の1,540人（2波両方に回答したのはそのうち1,307人）からなっている[11]。表4-1は，選挙前に経済に対するオバマの責任帰属認識と経済状態についての認識をたずねた質問における回答の分布を示したものである[12]。

まず表4-1左側は，オバマにどの程度過去2年間の悪い経済状態の責

表4-1 経済に対するオバマの責任帰属と有権者の経済状態認識の回答分布

経済に対するオバマの責任		
回答	ケース数	%
極めて責任がある	365	23.7
非常に責任がある	263	17.1
ある程度責任がある	295	19.2
少しは責任がある	318	20.6
まったく責任がない	239	15.5
わからない	60	3.9
合計	1540	100.0

経済状態認識（1年前との比較）		
回答	ケース数	%
良くなった	493	32.0
ほとんど同じ	627	40.7
悪くなった	420	27.3
合計	1540	100.0

データ出所：WAVS2012

任があるか問うたもので，「極めて」あるいは「非常に」責任があると答えた回答者は全体の約41％と半分にも満たない一方，「まったく」責任がないとする回答も約16％存在する。これまで4年間大統領職にあったオバマの任期後半2年間の経済状態に対する責任をたずねたにもかかわらず，こうした結果が出ることは，やはり有権者の間には相当程度，現在の悪い経済状態はオバマのせいではなくその前のブッシュ共和党政権の責任であるとの認識が存在している証左かもしれない。

　次に表4-1右側は，1年前と比較しての国全体の経済状態をたずねた質問の回答であり，「よくなった」が32％，「ほとんど同じ」が約41％，「悪くなった」が約27％と，意外にも「よくなった」との認識が「悪くなった」との認識を若干上回っている。ただ，これはオバマの任期中失業率が一時10％を超えたものの，選挙に向けて下がり続けていることから，納得のできる数字かもしれない。

　これら2つの質問項目を使って，「経済に対するオバマの責任がないと思っている人ほど，現在の経済状態によってオバマに投票するかどうかを決めない」のかどうか，確認してみよう。まずは回答者を経済に対するオバマの責任について，「極めて責任がある」あるいは「非常に責任がある」と比較的厳しい判断を示すグループと，「少しは責任がある」あるいは「まったく責任がない」と比較的甘い判断を示したグループとに分ける。その上で，それぞれのグループの中で国全体の経済が1年前に比べて「よくなった」，「ほとんど同じ」，「悪くなった」という回答のパターンによってオバマに投票したと答えた回答者の割合がどのように異なるのかをみる。もし，経済状態に対するオバマの責任帰属を認めない有権者ほど経済投票を行わないのであれば，「極めて責任がある」あるいは「非常に責任がある」と比較的厳しい判断を示したグループよりも，「少しは責任がある」あるいは「まったく責任がない」と比較的甘い判断を示したグループの方が，経済状態が悪くなったと考える回答者がオバマに投票する割合が高くなるはずである。図4-2と4-3は，これら2つのグループの中でそれぞれ経済状態認識の違いによってどのよう

第4章 悪い経済状態にもかかわらずなぜオバマが勝ったのか：Waseda American Voter Survey 2012の分析　107

にオバマに投票する割合が異なるのか見たものである。

　これら2つの図を比較すると予想どおり，経済状態に対するオバマの責任を比較的厳しく判断するグループ（図4-2）よりも，経済状態に対するオバマの責任を比較的甘く判断するグループ（図4-3）の方が，経済が「悪くなった」と感じた回答者がオバマに投票する割合が高くなっている。すなわち，オバマが過去2年間の経済状態に対して「極めて責任がある」あるいは「非常に責任がある」と考える回答者が，1年前と

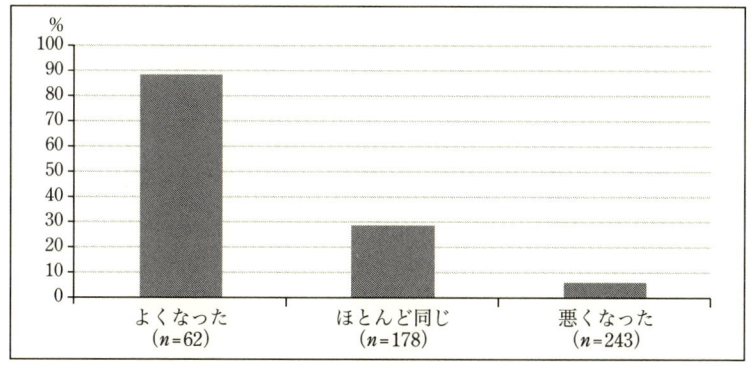

図4-2　1年前と比較しての経済状態の変化認識とオバマへの投票割合
（経済状態に対するオバマの責任を比較的認めるグループ）

データ出所: WAVS2012

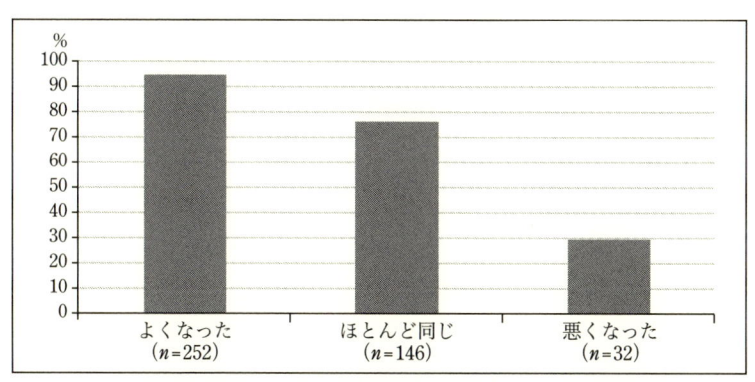

図4-3　1年前と比較しての経済状態の変化認識とオバマへの投票割合
（経済状態に対するオバマの責任を比較的認めないグループ）

データ出所: WAVS2012

比べて経済状態が「悪くなった」と判断した場合，5.8％しかオバマに投票しない一方，オバマが経済に対して「少しは責任がある」あるいは「まったく責任がない」と考える回答者は，1年前と比べて経済状態が「悪くなった」と判断した場合でも，その29％がオバマに投票したのである。また，2つのグループを比較して，1年前と比べて経済状態が「ほとんど同じ」と答えた回答者がオバマに投票する割合も興味深い対照を示している。すなわち，オバマの経済に対する責任を厳しく判断する回答者のうち経済状態が「ほとんど同じ」と答えた者は，そのうち28.7％しかオバマに投票しない一方で，オバマの経済に対する責任を甘く判断する回答者のうち経済状態が「ほとんど同じ」と答えた者は，そのうち76.7％がオバマに投票しているのである。

　なお，もちろんこうした推測を厳密に行うためには党派性をコントロールする必要がある。民主党支持だから，オバマの経済に対する責任を低く見積り，かつ経済状態を良く評価する，あるいは共和党支持だから，オバマの経済に対する責任を高く見積り，かつ経済状態を悪く評価するといった関係がある場合，党派性を考慮せずに上のような分析を行うと「偽の関係」を見出してしまう可能性がある。そこで，この可能性を検証するために党派性，年齢，教育程度，就業状況，人種，性別，信仰でコントロールしつつ，オバマへの投票を従属変数とするロジット分析を行った。その結果，やはり上と同様，オバマの経済に対する責任を低く見積る回答者ほど，仮に経済状態が悪くなったと判断してもオバマに投票しない（ロムニーに投票する）度合いが小さいとの結果が得られた（詳細は補遺を参照）。

(4) ロムニーの信仰の投票への影響

　最後に，悪い経済状態にもかかわらずオバマが勝てたのはロムニーの信仰を嫌った有権者が実は多く存在したのではないか，という可能性が考えられる。実際，選挙の1年以上前の2011年5月に実施されたピュー・リサーチセンターの調査によると，25％もの有権者がモルモン教徒の

大統領候補者を支持することに難色を示している[13]。この種の調査は筆者が管見する限りこれ以降行われていないが、いずれにせよこうした世論調査でもって、実際にロムニーのモルモン教の信仰が有権者の投票行動に負の影響を与えたのかどうか検証することには問題がある。というのも、この問題を検証するための世論調査データには「社会的望ましさバイアス」(social desirability bias) があることが考えられるからである。

社会的望ましさバイアスとは、「調査対象者が、彼らの本当の考えや気持ちを反映した回答を選ぶのではなく、社会的により望ましい、あるいは許容されうると信じる回答を選ぶ傾向」のことを指す（Grimm 2010）。こうした社会的望ましさバイアスは主に心理学の分野において広く知られてきたが、政治学の分野でもこのバイアスとは無縁ではない。例えば、投票行動研究において、実際の投票率よりも世論調査での自己申告に基づき集計された投票率の方が高いという傾向が知られているが、社会的望ましさバイアスはその原因の1つとされてきた（Krosnick 1999）。すなわち、世間一般に投票に行くことは市民の義務であり望ましいものと考えられており、そのため実際には行かなかった人も調査員を前にそのような義務に反する社会的に望ましくない回答を示すことを躊躇し、嘘をついてしまうと言うのである。

また、政治学における社会的望ましさバイアスはこのような政治的義務感だけでなく、「政治的正しさ」を意識することによっても発生しうる。例えば、人種や性別によって他者を政治的に差別したり、それらに基づいて他者について政治的な偏見をもったりすることは政治的に正しいことではないとされる。そのため人々は他者に対して政治的に正しくない態度や行動をとっていると思われることを忌避する傾向にある。とりわけアメリカにおいては、人種差別主義者と思われることは深刻な問題であり、世論調査において調査員（特にマイノリティの調査員）を前に回答者はそうした人種差別的な態度をもっていると思われることを嫌い、マイノリティに配慮した回答を示そうとする[14]。

本章で問題とする、ロムニーの信仰の問題も人種の問題同様、「政治

的正しさ」に関係するものであり,社会的望ましさバイアスを生み出しうる。すなわち,仮にロムニーのモルモン教信仰ゆえ投票を躊躇している有権者がいたところで,ある人の信仰を問題としたり,信仰によって職業的適格性を判断したりすることは社会的望ましくない,あるいは政治的に正しくないという規範が存在しているため,素性が知れる可能性のある調査において回答者は正直に態度を表明することをためらうことが考えられるのである。実際,先に紹介したジェフレス牧師によるキリスト教徒に対するロムニー不支持の呼びかけに対しては,モルモン教徒である共和党のジョン・ハンツマン元ユタ州知事はモルモン教徒に対する差別であると批判し,宗教と選挙戦とを切り離すことを主張したが,この意見は大多数の国民にとって妥当と感じられるものであった。また,ロムニーがモルモン教徒であることは共和党予備選挙でこそしばしば話題となったが,本選挙ではほとんどメディアや評論家によって取り上げられることなく,オバマもそれに積極的に言及することはなかった。

　信仰と政治をめぐるこうした社会的望ましさバイアスの問題を克服するために,WAVS2012ではロムニーの信仰について回答者に直接意見をたずねるのではなく,インターネット上で「リスト実験」(例えば,Blair and Imai 2012) を実施した。実験は次のような手順で行われる。まず回答者を無作為に3つのグループに分ける。この無作為化によりこれら3つのグループ間には人種構成,党派性,年齢などあらゆる点で統計的に有意な違いはないと考えることができる。その上で,それぞれのグループに対して以下の質問をする。

HOW MANY of the following traits would make you less likely to support a presidential candidate? (You do not have to say which)
次に挙げる特性のうち,あなたが大統領候補を支持する意志を弱めるものはいくつありますか(どれかは答える必要はありません)。

ただし，質問は同じであるものの，示される候補者特性のリストはグループによって異なる。表4-2は各グループに示されるリストを示したものである。1つ目のグループ（コントロールグループ）に示されるリストは，「公選職の経験がない候補者」，「神を信じていない候補者」，「軍隊経験のない候補者」の3つの候補者特性を含む。2つ目のグループ（「モルモン」グループ）はこれらに「モルモン教徒の候補者」を加えた合計4つの候補者特性からなるリスト，3つ目の（「黒人」グループ）は同じくコントロールグループに示された3つに「黒人の候補者」を加えた合計4つの候補者特性からなるリストがそれぞれ示される。質問文ではこれらのリストに含まれた候補者特性の中で，「どれ」ではなく「いくつ」大統領候補を支持する気を弱めるものがあるかがたずねられている。したがって，例えば，コントロールグループに振り分けられた回答者で，「公選職の経験がない候補者」と「軍隊経験のない候補者」が大統領候補者だと支持する意志が弱まるのであれば，答えは"2"になるし，「モルモン」グループに振り分けられた回答者で，リストのうち「モルモン教徒の候補者」という候補者特性だけが支持する気を弱めるのであれば，答えは"1"となる。

ここで重要なのは，あくまでリストのうちどの候補者特性を問題とするのかではなく，いくつの候補者特性を問題とするのかがたずねられて

表4-2　実験における特徴リストの種類

コントロールグループ	「モルモン」グループ	「黒人」グループ
・A candidate who has never held an electoral office （公選職の経験がない候補者） ・A candidate who does not believe in God （神を信じていない候補者） ・A candidate who has never served in the military （軍隊経験のない候補者）	・A candidate who has never held an electoral office ・A candidate who does not believe in God ・A candidate who has never served in the military ・A candidate who is Mormon （モルモン教徒の候補者）	・A candidate who has never held an electoral office ・A candidate who does not believe in God ・A candidate who has never served in the military ・A candidate who is Black （黒人の候補者）

いることである。もしどの候補者特性を問題とするのかがたずねられていれば，社会的望ましさバイアスが発生し，正直な回答は得られないかもしれない。しかし問題とする候補者特性の数をたずねることで，回答者は自分が社会的に望ましくない答えをしており，それが調査実施者に知られるのではないかなどと心配することなく，自らの態度を表明できるのである（例えば，「モルモン」グループに振り分けられた回答者が"1"と回答したところで，どの候補者特性を問題としているのかは調査実施者にはわからない）。

では，この実験デザインによってどのようにして，有権者がロムニーの信仰を問題としているかどうか検証することができるのか。それはコントロールグループと「モルモン」グループとの間で，回答の平均値（支持を弱めると回答された候補者特性の数の平均値）を比較することで可能となる。コントロールグループに示されたリストと，「モルモン」グループに示されたリストの違いは，「モルモン教徒の候補者」という候補者特性の有無だけである。つまり前者の方が後者よりも挙げられている候補者特性の数が1つ少ない。したがって，もし大統領候補者がモルモン教徒であるという理由で回答者の支持する意志が弱まっていないのであれば，回答の平均値がコントロールグループと「モルモン」グループとの間で統計的に有意に異ならないはずである。これは次のように仮説として表現できる。

　もし大統領候補者がモルモン教徒であることを有権者が気にしているのであれば…
　仮説1：「モルモン」グループの回答の平均値の方がコントロールグループの回答の平均値よりも統計的に有意に大きいだろう。

またこれに加えてここでは，信仰の影響と比較する目的で人種の影響も検証される。オバマが黒人であることは2008年の大統領選挙では大きな話題となり，その投票への影響が議論された。人種は言うまでもな

く社会的望ましさバイアスが発生しうる微妙な問題であり，信仰の問題同様正直な回答が世論調査では得られにくい。白人は他の人種に比べてオバマに投票しないということは出口調査などから明らかにされているが，これが果たして人種的偏見によるものなのかどうかは，「オバマは黒人だから支持したくない」という回答が明らかに社会的に望ましくないことから，通常の世論調査では正確には検証できない。したがってここでは，信仰の問題同様，コントロールグループと「黒人」グループとの間で，回答の平均値を比較することで人種の大統領候補者への支持の影響を検証する。

　もし大統領候補者が黒人であることを有権者が気にしているのであれば…
　仮説2：「黒人」グループの回答の平均値の方がコントロールグループの回答の平均値よりも統計的に有意に大きいだろう。

　これら2つの仮説を検証するために，2つのグループの平均値の差のt検定を行った。結果は表4-3のとおりである。まず仮説1について，「モルモン」グループの回答の平均値は1.51であった。すなわち，「公選職の経験がない候補者」，「神を信じていない候補者」，「軍隊経験のない候補者」，「モルモン教徒の候補者」という4つの候補者特性が示された回答者のグループはこのうち平均1.51個の候補者特性が支持する意志を弱めると回答した。それに対して，「公選職の経験がない候補者」，「神を信じていない候補者」，「軍隊経験のない候補者」の3つの候補者特性が示されたコントロールグループの回答の平均値は1.27であった。つまり，「モルモン」グループの回答の平均値の方が，コントロールグループの回答の平均値よりも0.24高く，その差は1％水準で統計的に有意であった。回答者はこれら2つのグループに無作為に割り当てられているため党派性，人種，性別，年齢などに有意な差はないと考えられるので，回答の平均値におけるこの0.24という差はリストに「モルモン教

徒の候補者」があるかないかの差によって生み出されたと結論づけることができる。このことは、やはりロムニーがモルモン教徒であるという事実によって、有権者がロムニーに投票することを躊躇しているということを示唆する。

表4-3　リスト実験の結果

仮説1：大統領候補者が「モルモン教徒」であることを気にする。→検証された。				
平均値				
「モルモン」グループ	コントロールグループ	差	t値	p値
1.51 (n = 512)	1.27 (n = 513)	+0.24	3.50	.000
仮説2：大統領候補者が「黒人」であることを気にする。→検証されなかった。				
平均値				
「黒人」グループ	コントロールグループ	差	t値	p値
1.17 (n = 515)	1.27 (n = 513)	-0.10	-1.63	.104

データ出所：WAVS2012

　さらに仮説2について、「黒人」グループの回答の平均値は1.17であった。すなわち、「公選職の経験がない候補者」、「神を信じていない候補者」、「軍隊経験のない候補者」、「黒人の候補者」という4つの候補者特性が示された回答者のグループはこのうち平均1.17個の候補者特性が支持する意志を弱めると回答した。前述したとおり、コントロールグループの回答の平均値は1.27であり、「黒人」グループとの差は-0.10であるが、この差は10％水準でも統計的に有意ではない。つまり、リストに「黒人の候補者」という候補者特性が挙げられているかどうかは平均値に有意な差をもたらさない。「黒人」グループのリストには4つの候補者特性が挙げられているにもかかわらず、3つの候補者特性しか挙げられていないコントロールグループのリストの場合と、支持する意志を弱めると回答された候補者特性の数に違いはないのである。このことは、オバマが黒人であるという事実によって有権者がオバマに投票すること

を躊躇しているわけではないということを示唆する。

　以上の実験の結果よりアメリカの有権者は全体として，黒人が大統領になることには問題を感じていない一方，モルモン教徒が大統領になることについては未だに躊躇を覚えていることが確認された。これを2012年アメリカ大統領選挙のコンテクストに落とし込むと，オバマが黒人であることは2012年アメリカ大統領選挙ではもはや問題にならなかったのに対し，ロムニーがモルモン教徒であることは問題となってしまった可能性が高いと言えるだろう。

第5節　まとめ

　以上見てきたように，2012年の大統領選挙においてオバマが悪い経済状態にもかかわらずロムニーを退けることができた原因は，ロムニーの選挙戦略の失敗，有権者とのイデオロギー的かい離，経済に対する責任の所在の不明確性，ロムニーの信仰にあった。確かに悪い経済状態はロムニーにとって追い風であり，選挙戦において今回の選挙を過去4年間の業績評価であると意義づけることは悪くない戦略ではなかった。しかし，それを帳消しにして余りあるロムニーの候補者個人としての「筋の悪さ」があった。すなわち，彼の過去の言動は保守派の確固たる信頼を勝ち得るのを妨げた一方で，イデオロギー的には国民の大多数から支持されず，その信仰も水面下で国民から問題視されていたようである。

　これは今後の共和党のとるべき戦略にどのようなインプリケーションをもたらすであろうか。まず，主に9.11同時多発テロ以降のブッシュ政権期においてアメリカ社会の保守化がしばしば指摘されていたとはいえ，実際にはとりわけ人工妊娠中絶や同性婚など社会的争点において近年ますます国民の多くがリベラルな態度をもつようになってきていることから，全国レベルの大統領選挙で共和党が勝利を収めるためにはこの流れに抵抗するのではなく，可能な限り現実的な対応をとることが必要となるだろう。さもなければ，2012年大統領選挙のように本来であれ

ば勝てる選挙を今後も様々なレベルで落とすことになりかねない。

　しかし，一方で大統領候補者の信仰という点においては，ある程度楽観視が許されるのではないだろうか。共和党予備選挙における社会的保守派の意中の候補者がカトリック教徒のサントラムであったように，かつてとは違いカトリック教徒は福音派のプロテスタントから受け入れられている。また本章の実験でも明らかになったように，以前は問題とされた黒人であるという候補者属性はもはや負の影響を投票意図に与えることはない。アメリカ社会は，かつてはいわばタブーとされたカトリック教徒や黒人の大統領を生み出してきている。2012年大統領選挙でモルモン教徒が共和党大統領候補に指名されただけでも大きな進歩であろうし，今後もそうした流れは強まりこそすれ弱まることはないであろう。

　最後に，本章では検証できなかった「対抗仮説」に触れて締めくくりとしよう。その仮説とは，悪い経済状態にもかかわらずオバマが勝利を収めることができたのは，そもそも近年のアメリカにおける人口統計学上の変化に起因する，というものである。テシーラとフレイは，2008年から2012年の間の4年間のマイノリティ人口の増加と，大卒未満の学歴しか持たない有権者の減少は，とりわけ激戦州でオバマの有利に働くと主張した（Teixeira and Frey 2012）。すなわち，これはオバマが悪い経済状態にもかかわらず再選できたのは，こうしたオバマを支持する傾向にある属性をもつ有権者の増加というトレンドを反映したものであるということを示唆する。本章では，この点についてとくに検討を加えず主にロムニーの「敵失」が原因であるとしたが，今後このような人口統計学上のトレンドが続くことが予測されることからも，果たして共和党候補がロムニーであったことが本当に選挙結果に違いをもたらしたのか，あるいは長期的なトレンドからして相手が誰であれオバマが勝っていたのか，詳細な検討が必要となるであろう。

注

1 例えば，ワシントンポストとABCが合同で2012年10月21〜24日に行った世論調査によると，ロムニーに投票すると答えた人の割合は50％だったのに対して，オバマに投票すると答えた人の割合は47％であった。http://www.washingtonpost.com/blogs/the- fix/wp/2012/10/25/post-abc-tracking-poll-romney-50-percent-obama-47/（2013年3月4日閲覧）

2 ここで示す2008年および2012年のアメリカ大統領選挙の一般得票数および一般得票率は連邦選挙委員会の公式発表に基づく。
2008年：http://www.fec.gov/pubrec/fe2008/federalelections2008.pdf（2013年5月3日閲覧）
2012年：http://www.fec.gov/pubrec/fe2012/2012presgeresults.pdf（2013年5月3日閲覧）

3 CNNの出口調査の結果はそれぞれ次のウェブサイトで閲覧可能である。
2008年：http://www.cnn.com/ELECTION/2008/results/polls.main/（2013年5月3日閲覧）
2012年：http://www.cnn.com/election/2012/results/race/president（2013年5月3日閲覧）

4 フェアのモデルとデータ，およびそれに基づく最新の予測は自身のウェブサイトで公開されている。http://fairmodel.econ.yale.edu/rayfair/（2013年3月6日閲覧）

5 MSNBC Exit Poll, November 7, 2012. http://elections.nbcnews.com/ns/politics/2012/south- carolina/republican/primary/（2013年3月6日閲覧）

6 *The Christian Post* 記事（2012年2月6日）"Will Romney's Run Elevate Mormonism Into Mainstream Christianity?" http://www.christianpost.com/news/will-romneys-run-elevate- mormonism-into-mainstream-christianity-68779/（2013年3月6日閲覧）

7 Washington Post-ABC News Poll, August 22-25, 2012. http://www.washingtonpost.com/wp- srv/politics/polls/postabcpoll_20120825.html（2013年3月6日閲覧）

8 Washington Post-Kaiser Family Foundation poll, July 25-Aug. 5, 2012. http://www. washingtonpost.com/politics/polling/illegal-lesbian-couples-married/2012/08/23/acd4f866-e984-11e1-9739-eef99c5fb285_page.html（2013年3月6日閲覧）

9 The National Review 記事（2012年11月7日）"Now What?" http://www.nationalreview.com/ articles/332923/now-what-editors

10 こうした責任帰属（認識）によって有権者の経済投票が行われる程度を説明する研究は数多く存在する（例えばAnderson 1995）。

11 本研究は，早稲田大学日米研究機構アメリカ政治経済研究所が実施したWaseda American Voter Survey 2012 (WAVS2012)のデータを利用している。この調査は，文部科学省科学研究費補助金・基盤研究（B）「危機のアメリカ『選挙デモクラシー』：社会経済変化と政治的対応」の研究の一環として実施されたものである。本研究における分析はすべて著者の責任によって行われたものであり，これらのデータを収集した研究者グループに責任はない。この調査について詳しくは早稲田大学日米研究機構のウェブサイトを参照。

12 それぞれの質問文の原文は次のとおり。

・経済に対する責任帰属

In the past two years the economy has been in recession. How responsible are each of the following people or groups for the poor economic conditions of the past two years?

President Obama

1. Extremely responsible 2. Very responsible 3. Moderately responsible 4. A little responsible 5. Not at all responsible 6. Don't know

・経済状態についての認識

Now thinking about the economy in the country as a whole, would you say that as compared to one year ago, the nation's economy is now better, about the same, or worse?

1. Better 2. About the same 3. Worse

13 ピュー・リサーチセンターのウェブサイト記事（2011年6月2日）"Republican Candidates Stir Little Enthusiasm Candidate Traits: D.C. Experience Viewed Less Positively." http://www.people-press.org/2011/06/02/republican-candidates-stir-little-enthusiasm/（2013年3月7日閲覧）

14 人種にかかわる社会的望ましさバイアスの例として有名なものとして，事前の世論調査での回答をもとに集計された黒人候補者の得票率が，実際の選挙での得票率を上回るという，いわゆるブラッドリー効果がある（例えば，Reeves 1997）。

補遺：経済状態の認識と経済状態に対する責任帰属認識が投票に与える影響についてのロジット分析

本文第4節(3)では，統計分析に親しまない読者の理解を容易にするために，あえて党派性や教育程度などをコントロールすることなしに，グループごとの単純な記述統計によって，「経済に対するオバマの責任がないと思っている人ほど，現在の経済状態によってオバマに投票するかどうかを決めない」という仮説を検証した。しかしこの方法では，例えば，「民主党支持者だから悪い経済状態に対するオバマの責任を軽く見積り，現在の経済状態を楽観的に評価する一方，オバマに投票した」との可能性を排除できない。そこで以下では，党派性やその他の変数の影響を考慮してもなお経済状態認識と経済状態に対する責任帰属認識が投票に影響を与えるのか検証するため，より厳密にコントロール変数を加えた多変量解析によって仮説を検証する。

まず，モデルに投入される従属変数および独立変数は次のとおりである。

従属変数：投票選択（1=オバマに投票，0=ロムニーに投票）

独立変数：悪い経済認識（1=よくなった，2=ほとんど同じ，3=悪くなった），オバマの責任あり（1=まったく責任なし，2=少し責任あり，3=ある程度責任あり，4=とても責任あり，5=極めて責任あり），民主党支持（1=民主党支持，0=それ以外），共和党支持（1=共和党支持，0=それ以外），29歳以下（1=29歳以下，0=30歳以上），大卒以上（1=大卒以上，0=大卒未満），失業中（1=失業中，0=それ以外），黒人（1=黒人，0=それ以外），ヒスパニック（1=ヒスパニック，0=それ以外），男性（1=男性，0=それ以外），世帯年収10万ドル以上（1=世帯年収10万ドル以上，0=それ以外），世帯年収3万ドル未満（1=世帯年収3万ドル以下，0=それ以外），福音派（1=福音派，0=それ以外），ユダヤ教（1=ユダヤ教徒，0=それ以外）

さらに，仮説を検証するために，「悪い経済認識」と「オバマの責任」との交差項を投入する。ロジットによる推定の結果は下のとおり。

独立変数	係数	(標準誤差)
悪い経済認識	-1.372**	(0.467)
オバマの責任あり	-0.523†	(0.316)
悪い経済認識×オバマの責任	-0.087	(0.141)
民主党支持	1.817**	(0.288)
共和党支持	-2.019**	(0.276)
29歳以下	0.042	(0.326)
四大卒以上	0.232	(0.247)
失業中	0.033	(0.361)
黒人	2.910**	(0.871)
ヒスパニック	1.718**	(0.528)
男性	-0.475*	(0.239)
世帯年収10万ドル以上	0.446	(0.329)
世帯年収3万ドル未満	0.340	(0.331)
福音派	-0.413	(0.293)
ユダヤ教徒	-0.367	(0.504)
定数項	5.277**	(1.051)
N	1013	
Log-likelihood	-259.987	

有意水準 †p<.10 *p<.05 **p<.01

　これによると，黒人である，ヒスパニックであるという要因によってオバマに投票する確率が高くなる一方，悪い経済認識をもっている，経済状態に対するオバマの責任を認識している，共和党を支持している，男性であるという要因によってオバマに投票する確率が低くなる。党派性の要因を考慮してもなお経済変数が統計的に有意であることから，民主党支持者，共和党支持者，無党派など党派性の各カテゴリの中においても，経済状態の認識や責任帰属は投票に影響を与えていると言える。「悪い経済認識」と「オバマの責任あり」の交差項は予測されたとおり負の計数を示しているものの，10％水準でも統計的に有意な影響を与

えていない。しかし交差項の効果は,「オバマの責任あり」の値が変化することによって変化する「悪い経済認識」の投票に対する影響の推定値の95％信頼区間を計算することで確認する必要がある。

そこで下のグラフは,無党派,30歳以上,大卒未満,非失業,白人,男性,世帯年収3万ドル以上10万ドル未満,非福音派,非ユダヤ教徒の有権者が,経済状態について「悪くなった」と感じた時,オバマに投票する確率が,経済状態に対するオバマの責任の評価の違いによってどのように変化するかを示したものである。

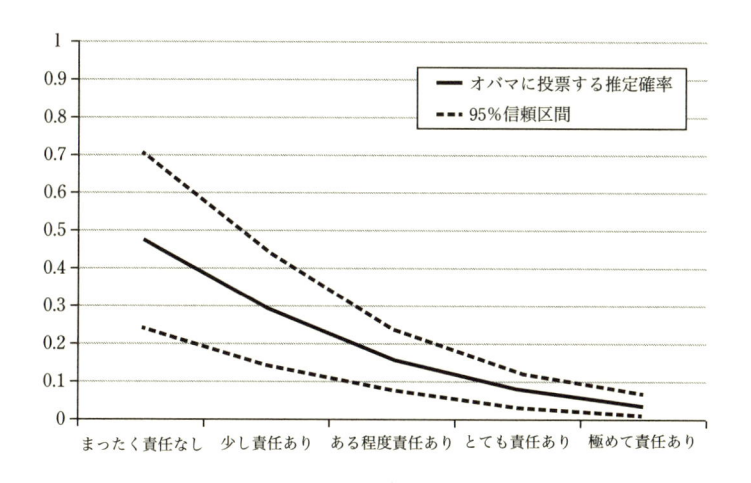

これによると,悪い経済状態認識がオバマに投票する確率を低下させる効果は,経済状態についてのオバマの責任を強く認識するにつれ大きくなることがわかる。例えば,この有権者は経済状態が「悪くなった」と思った時,もし経済状態についてのオバマの責任を「まったく責任なし」と評価しているのであれば,オバマに投票する確率は約48％にもなる一方,「極めて責任あり」と評価しているなら,オバマに投票する確率は約4％しかない。また,95％信頼区間がオーバーラップしていないことから,例えば「極めて責任あり」と「ある程度責任あり」以下のカテゴリの間,および「まったく責任なし」と「ある程度責任あり」以

上のカテゴリの間で統計的に有意な違いがあると言える。これらから，「経済に対するオバマの責任がないと思っている人ほど，現在の経済状態によってオバマに投票するかどうかを決めない」との仮説は検証されたと言える。

引用参考文献

Anderson, Christopher J. 1995. *Blaming the Government: Citizens and the Economy in Five European Democracies*, M.E. Sharpe.

Berry, Michael J. and Kenneth N. Bickers. 2012. "Forecasting the 2012 Presidential Election with State-Level Economic Indicators *PS: Political Science & Politics* 45, 669 - 674.

Blair, Graeme and Kosuke Imai. 2012. "Statistical Analysis of List Experiments." *Political Analysis* 20, 47-77.

Fair, Ray C. 1978. "The Effect of Economic Events on Votes for President." *Review of Economics and Statistics* 60, 159-173.

―――. 2002. *Predicting Presidential Elections and Other Things*, Stanford University Press.

Fiorina, Morris P. 1981. *Retrospective Voting in American National Elections*, Yale University Press.

Grimm, Pamela. 2010. "Social Desirability Bias." In Jagdish N. Sheth and Naresh K. Malhotra eds. *Wiley International Encyclopedia of Marketing*, John Wiley & Sons.

Holbrook, Thomas M. 1991. "Presidential Elections in Time and Space." *American Journal of Political Science* 35: 91-109.

―――. 2012. "Incumbency, National Conditions, and the 2012 Presidential Election Incumbency, National Conditions, and the 2012 Presidential Election." *PS: Political Science & Politics* 45, 640 - 643.

Jones, Randall J., Jr. 2002. *Who Will Be in the White House: Predicting Presidential Elections*, Longman.

Kinder, Donald R. and D. Roderick Kiewiet. 1981. "Sociotropic Politics: The American Case." *British Journal of Political Science* 11: 129-162.

Krosnick, Jon. A. 1999. "Survey Research." *Annual Review of Psychology* 50: 537-567.

Lewis-Beck, Michael S. and Charles Tien. 2012. "Election Forecasting for Turbulent Times." *PS: Political Science & Politics* 45, 625 - 629.

Markus, Gregory. 1988. "The Impact of Personal and National Economic Conditions on the Presidential Votes: A Pooled Cross-Sectional Analysis." *American Journal of Political Science* 32: 137-154.

Reeves, Keith. 1997. Voting Hopes or Fears? White Voters, Black Candidates, and Racial Politics in America, Oxford University Press.

Teixeira, Ruy and William Frey. 2012. "New Data on Obama's Massive Demographic Advantage." *New Republic Online*, July 9, 2012. http://www.newrepublic.com/blog/plank/104746/how- much- will-demographic-changes-help-obama-in-swing-states（2013年5月3日閲覧）

第5章　連邦議会指導部によるコミュニケーション戦略の発達と2012年連邦議会選挙

松本　俊太

第1節　はじめに

　アメリカに限らず，民主主義が憲法によって定められている国では，それを実質的に機能させるためには，選ばれる人たちと選ぶ人たちとの間に十分な情報や意思のやりとり，すなわちコミュニケーションが担保されていなければならない。これは自明のことであろう。ところが，その「選ばれる人たち」が個人の政治家であるのか，政治家の集団である政党であるのか，という点を考慮する場合，この課題を満たすことは著しく難しいものとなる。政治家個人の意思と，その政治家が所属する政党の意思が必ずしも一致するとは限らないからである。

　アメリカは，主に大統領制であることと連邦国家であることの2点から，大統領や議員，およびそれらを目指す候補者は，外国のそれらと比べて党の拘束から自由にコミュニケーション戦略をとることができるとされている。ところがこれは，政党が全くコミュニケーション戦略を有しないということを意味しない。むしろ，連邦議会選挙においては，1970年代以降の2大政党の分極化と呼ばれる現象と軌を一にして（あるいはその一因として），議会内の政党組織の指導部（以下，「議会指導部」と略記）が戦略的にコミュニケーションを行えるだけの制度的・環境的基盤が強化され，実際に議会選挙における議会指導部のプレゼンスが高まっている。

　本章は，この議会指導部によるコミュニケーション戦略の発達が，議会選挙に対してどのような影響を及ぼしているのか，そしてそれは広く

アメリカ政治全般に対してどのような含意をもつのかを，2012年選挙との関連に言及しつつ論じることを目的とする。次節では，議会指導部によるコミュニケーション戦略の発達の軌跡を，過去40年に遡って記述する。第3節では，議会指導部によるコミュニケーション戦略は，候補者，ひいては有権者が議会指導部のメッセージを支持する条件が整うことで初めて機能することや，そしてそのような条件とは何かを具体的に論じ，有権者の態度に関する検証可能な仮説群を提示する。この仮説を検証するために，第4節では，Waseda American Voter Survey 2012 において行った実験サーベイのデータ分析を行う。分析の結果，多数党（議会で多数派の位置を占めている党。本章の分析の場合は共和党）に帰属意識をもつ有権者や，政党帰属意識をもたない有権者は，より議会指導部に批判的であることを明らかにする。さらに，その知見が，2012年議会選挙を理解する上でどのような示唆を与えるのかを論じる。最後に，本章の知見の要約と，議会を中心とした今後のアメリカ政治の展望について論じる。

第2節　連邦議会指導部によるコミュニケーション戦略の発達

(1) 2大政党の分極化による議会指導部の強化・イデオロギー化

　議会指導部によるコミュニケーション戦略は，2大政党の分極化の進行によって，指導部が党派的・イデオロギー的なメッセージを立案・発信するだけの意思と能力を有するようになったことが，そういった政策を中央集権的に浸透させるだけの技術の発達と結びつくことによって，この40年ほどの間に徐々に発達してきた。本項と次項では，この「議会指導部」と「技術」に分けて，この軌跡を概観する。

　近年のアメリカ政治は，「2大政党の分極化」という現象を抜きにして論じることはできない。分極化とは，「アメリカ2大政党間の政党内のイデオロギー的凝集性の拡大と，政党間のイデオロギー距離の拡大」

と定義されるのが通常であるが，後に述べるように，政党内の凝集性や政党間の対立の拡大を論じる際には，イデオロギーの変化による側面と，政党の組織化の進展やそれによる党員への拘束力の強化とを区別する立場も存在し（例えば，松本 2009/2010），本章もこの立場を前提とする。この分極化という現象は，議会・有権者・中間団体・メディアといった様々なレベルのアクターについて指摘されている。中でも最も初期に分極化が始まったと言われるのは，議会レベルである。この議会レベルの分極化を最初に理論的に論じたのは，「条件付政党政府論」(Conditional Party Government Theory) と呼ばれる理論である（例えば，Rohde 1991; Aldrich 1995）。この条件付政党政府論によれば，議会内政党の組織化と，選挙区民の変化によって，1970年代後半ごろから議会指導部が強い権力を有するようになったとされる。後者については別稿に譲ることとし，ここでは，前者に関する歴史的展開を簡単に概観する。

「議会指導部」と呼ばれる組織は，民主・共和各々の政党が上下両院に設けているものであり，その数は4つである。表5-1は，上下両院における両党の組織の中でも，コミュニケーション戦略に直接関係する「政策委員会」，およびHill Committeeと総称される「議会選挙委員会」（以下，「選挙委員会」と表記）に関する基礎的な情報を要約したものである。どの委員会も，「議員総会」（民主党はCaucus，共和党はConferenceと称する）の下に置かれる組織であり，政策委員長の指導部としての序列は，総会委員長の1つだけ下位に，選挙委員長はその1つ下にそれぞれ位置づけられている。

4つの議会指導部の中でも，分極化の時代に最も劇的に組織化を遂げたのは，下院民主党である。ここでは下院民主党を例に組織化の経緯を紹介するが，他の議会内政党組織においても，程度の差はあれ，同じような変化を経験したといって支障ない。下院民主党が組織化を進めた直接の契機は，1959年の下院民主党においてリベラルな議員たちが結成した「民主党研究会」(Democratic Study Group) の発足に遡る。このグループは，1960年代に，2代続いた民主党大統領のリベラルなアジェンダ

が実現された原動力であるともいわれている。さらに，このグループを中心とするリベラル派の議員は，南部選出議員を中心とする保守的かつシニアな議員が委員長職を占めていたことによって，リベラルな政策転換が妨げられていたことを問題視した。そこで下院民主党は1970年代に入って，下院民主党の組織改革や下院規則の改革に着手した。本章の課題との関連で最も重要な改革は，1973年に，下院民主党議員総会(House Democratic Caucus)内に「運営政策委員会」(Steering and Policy Committee)を設置したことである。この委員会は，委員会配属の決定と，指導部に対する政策提言を2つの柱とするものである。さらに，下院議長（少数党の場合は院内総務）がこの委員会の委員長に就任し，さらに2人の共同委員長を指名することとなった。すなわち，議長または院内総務をトッ

表5-1　上下両院の選挙委員会

a. 政策委員会

		下院	上院
民主党	名称	House Democratic Steering and Policy Committee	Senate Democratic Policy Committee
	設立年	1974年	1947年
共和党	名称	House Republican Policy Committee*	Senate Republican Policy Committee
	設立年	1949年	1947年

b. 選挙委員会

		下院	上院
民主党	名称	Democratic Congressional Campaign Committee (DCCC)	Democratic Senatorial Campaign Committee (DSCC)**
	設立年	1866年	1975年
共和党	名称	National Republican Congressional Committee (NRCC)	National Republican Senatorial Committee (NRSC)
	設立年	1866年	1916年

*これとは別に，House Republican Steering Committee。1994年より議長or院内総務が委員長を兼ねる。
**1948年まではRepublican Senatorial Campaign Committee

出典：上下両院の両党の政策委員会・政党委員会のウェブサイトを基に筆者作成

プとする党指導部が，院内政党の基本的な政策方針を決定するだけの制度的な根拠が与えられたのである。

　他方，選挙委員会は，この議会指導部主導で決定された政策方針を，主に選挙において候補者や有権者に伝えるための組織である。選挙委員会の委員長は，院内総務・院内幹事・総会委員長につぐ序列に位置づけられ，議会内で主導的な地位を目指す議員にとっては出世ポストと位置づけられる。選挙委員会自体は古くから存在していたものの，その役割が変質したのは，これも議会の分極化の進行が始まってからである。

　選挙委員会の主な役割は，候補者に対する政治資金の提供である。選挙委員会自体が議員個人に資金提供を行う役割は，現行の規制ではその金額の上限が年間5,000ドルに定められているため，それほど大きくない。より重要な役割を果たすのは，候補者に代って使用することが認められている「調整支出」(coordinated spending) に関する権限である。その支出には当然のことながら，候補者だけでなく，選挙委員会，ひいては議会指導部の意思が介在する。調整支出によって行われる選挙運動は，具体的には，世論調査の実施・広告の制作・テレビなどの放映権の購入などである。選挙委員会はそのほかにも，選挙区情勢の情報提供を行うことを通じて，潜在的な資金提供者と議員のマッチングを促すことや，資金や当選可能性に余裕のある議員から激戦区の議員への資金提供の斡旋を行うなどといった役割を果たす。さらに近年では，個人献金を促すための一般向けの選挙情勢の提供・(主に新人) 候補者やスタッフのトレーニングのためのプログラムの提供・候補者のリクルートメントなども行われるようになっている (Jacobson 2013 : 78-85; Herrnson 2012 : 111-121)。

　以上のような支出面だけでなく，収入の面においても，選挙委員会の役割は強くなっている。選挙委員会の主な収入源は，他の政治資金団体と同様，個人や利益団体からの献金であるが，さらに近年になって，現職議員からの献金が行われるようになってきた。現在では，選挙委員会は，現職議員に対して献金のノルマを定めている。その額は，例えば2010年選挙においては，指導部に属する議員の80万ドルから当選回数

の低い一般議員の 12 万 5,000 ドルまで，議員のシニオリティや役職に応じて定められていた。ただし，落選の危険にさらされている現職議員はそのノルマを免除される (Herrnson 2012: 97-99)。もちろん，議員の意思によって，ノルマ以上に支出を行ったり，直に他の議員に資金提供を行ったりすることも可能である。むしろ，多額の支出を行うことが，議会内での出世や立法への影響力拡大を目指すための重要な手段となっており，実際に，現在の指導部の地位にいる議員達は，多額の献金を行って同僚議員に貸しをつくることが，議員総会において指導部を選出する選挙で勝利することに寄与したといわれる (Herrnson 2012: 99)。

　では，選挙委員会の意思決定を握る選挙委員長は，どのような基準に基づいて一切を差配するのか。委員長の役割は，第一義的には候補者の当選であるので，接戦となっている候補者に重点的に資金を始めとする，以上のような支援のためのリソースを配分する (Jacobson 2013: 81-84) とされるが，それだけではない。委員長のポストが党の執行部の一部であり将来の出世ポストであるだけに，指導部の一員としての委員長にとっては，選挙後に所属議員を統制するために，以上のような資源配分の権限を「飴と鞭」として使用する誘因をもつ。このことを示すべく，ジェイコブソン (Jacobson 2013: 85) によるアネクドートを紹介しておく。2002 年選挙において接戦を戦っていたボブ・ボープレイ (Bob Beauprez; 共和党，コロラド州選出) 候補に対して，下院共和党選挙委員会は 240 万ドルを支出したが，候補者の行動や支出は 1 日単位・1 ドル単位まで把握され，さらには選挙運動の内容にも介入があったという。あるいは，共和党中道派のジム・リーチ (Jim Leach; 共和党，アイオワ州選出) 候補が 2002 年選挙において，議会指導部が作成した CM の内容が対立候補に対してアンフェアだとして放映の中止を公に求めたにも関わらず，指導部は放映を止めることはなかった。2006 年選挙において，下院共和党選挙委員会は，リーチ候補に対してわずか 2 万 1,000 ドルしか支出せず，リーチ候補は選挙戦に敗れた。データ分析を用いたいくつかの研究も，議会選挙委員会を通じた献金の額に応じて，当選後に指導部から優遇さ

れることによって希望の委員会に配属されたり良好な立法実績を記録したりすることを明らかにしている（例えば, Bernhard and Sulkin 2013）。

(2) 中央集権的なコミュニケーション技術の発達

議会指導部によるコミュニケーション戦略が発達した要因としては，議会内政党の組織化の進行のほか，技術の発展が大きい。1960年代ごろから，テレビの普及と郵便網の発達により，政治コミュニケーションの世界は劇的な変化を遂げた。政党によるコミュニケーションの世界においても，民主・共和両党の全国委員会の活性化を中心とする，選挙運動の「全国化」が進行した[1]。ところが党全国委員会の主な役割は，大統領選挙と，その直前の全国党大会の運営であり，必ずしも議会の意思を反映させることや議会選挙に資するものではなかった。中央集権的なコミュニケーションを行う技術は存在していたものの，それを使用するだけの組織が，議会の方に備わっていなかったのである。議会指導部が組織的に政策形成を行う仕組みを整えたのは，前項で述べたように，1970〜80年代に入ってからである。

さらに，1980年前後からケーブルテレビが全米に普及する中，1979年からC-SPAN（正式名称：Cable-Satellite Public Affairs Network）の放送が始まる。当初の目的は，マスメディアによる報道を介することなく議会のありのままを伝えることであり，必ずしも政党指導部の強化を意図したものではなかった。そのC-SPANを党派的に利用したのが，1980年代前半のニュート・ギングリッチ（Newt Gingrich; 共和党，ジョージア州選出）院内幹事が率いる下院共和党である。待鳥（2006）によれば，これまでは多数党指導部が議会内のアジェンダを設定する権力を有していたのと対照的に，C-SPANは，中立的な運営が定められていたが故に，多数党の統制が及ぶ公式の会議とは異なり，少数党である共和党が党派的に利用できることができたのである。

2000年代以降の選挙運動は，インターネットの登場を抜きにしては語れない。インターネットが普及し始めた1990年代後半においては，

議会内政党や議員が，個別にウェブサイトの開設や e メールの使用を始めたものの，その使われ方は，従来の一対多のコミュニケーション技術と同じようなものであった。それが劇的に変わった要因は，ソーシャル・ネットワーク・サービス (SNS) の登場である（アメリカの選挙運動におけるSNSについては，前嶋 (2012) や，本書第2章の前嶋論文を参照）。選挙におけるSNSの役割に注目が集まったのは，2004年大統領予備選挙におけるハワード・ディーン (Howard Dean) 候補の選挙運動である。ディーン陣営は，ウェブサイト上で，現在ではSNSと呼ばれるような機能を公式サイト上に組み込み，資金集めや運動員のリクルートメントを効率的に行うことによって，予備選挙の有力候補者として急速に台頭したと言われる（例えば，Hindman 2005）。それを本格化させたのは，2008年大統領選挙におけるバラク・オバマ (Barack Obama) 候補の選挙運動であった。議会選挙においても，2006年選挙にはフェイスブック (Facebook) を用いる候補者が現れ，続く2008年選挙の間に急速に普及した (Williams and Gulati 2013)。ただし，郵便やテレビと異なり，インターネットは，情報を中央集権的に管理するのが難しい媒体である。そのため，党指導部にとってインターネットの登場は逆に脅威であるとの見方もできる。しかしながら，2012年選挙におけるオバマ陣営のインターネットの使い方は中央集権的であったという指摘が，本書第2章の前嶋論文，3章の渡辺論文においてなされている。いずれにせよ，インターネットについては，選挙運動を中心とした政治コミュニケーションにおいて何らかの大きなインパクトを有しているということ自体は認識し，引き続き事態の推移を慎重に観察する必要があることだけは間違いない。

(3) 議会指導部によるコミュニケーション戦略の展開

では，具体的にどのように議会指導部は議会選挙において影響力を行使してきたのか。とりわけ，下院において多数党が交代した1994年・2006年・2010年の3回の選挙いずれについても，党指導部が主導的な役割を果たしたことを以下で確認しておく。

議会指導部が選挙に際して文書を作成し，候補者と国政について議論の場を設けるようになったのは，1980年代初頭のことである。とはいえ，それが全米的な争点を基調として議会選挙が行われることには，直ちにはつながらなかった (Herrnson 2012: 93)。議会指導部主導のコミュニケーション戦略が，議会選挙全体の帰趨を決するまでに至ったといわれる最初の例は，1994年の連邦下院議員選挙である。ギングリッチ院内幹事率いる下院共和党は，「アメリカとの契約」("Contract with America") と題する政策文書を作成し，連邦下院議員選挙に立候補する候補者すべてに対して，この文書への署名を求めたのである。この「アメリカとの契約」なるものの存在を認識していた有権者の数は非常に少ないとされている（例えば，Lipinski 2004: 28）。しかし，候補者がこの「アメリカとの契約」の内容に矛盾するような主張を選挙戦において行うことは難しく，また，選挙直後に開かれた第104議会 (1995-1997) では，この文書に沿った立法が本格的に進められた。

その後，ギングリッチの失脚と穏健なデニス・ハスタート (Dennis Hastert; 共和党，イリノイ州選出) の議長就任や，2001年に発生した同時多発テロ事件により，議会での政党間の対立はやや落ち着いた。ところが，保守的で強権的な政治手法を好んだトム・ディレイ (Thomas Dale "Tom" DeLay; 共和党，テキサス州選出) が2002年中間選挙後に共和党院内総務に就任し，さらに主に2003年に始まったイラク戦争をめぐって，議会における両党の対立は再度激化した。これを受け，今度は民主党の側が指導部主導で政策文書を作成し，選挙戦に用いるようになった。2006年選挙において，上下両院の民主党指導部は，7月に「アメリカのための新しい方向」("A New Direction for America") と題する政策文書を公表した。この文書では，安全保障・失業と賃金・エネルギーの脱対外依存・医療保険改革・年金・議会の開放性の向上の6点における改革が盛り込まれた。最も重点が置かれた点は，共和党議員の腐敗の糾弾とイラク戦争への批判であった。当時の民主党関係者によれば[2]，「アメリカとの契約」のように候補者に署名を求めるようなことはしないものの，単にブッ

シュ政権への批判で終わるのではなく，対案を出すことが望ましいと考えたとされる。

再度共和党が下院の多数党の地位を獲得したのは，2010年選挙である。この選挙において，下院共和党は，「アメリカへの誓約」("Pledge to America")という政策文書を策定させた[3]。これは，共和党指導部が，当時，院内幹事首席代理（Chief Deputy Whip）の地位にあったケビン・マッカーシー議員（Kevin McCarthy; 共和党，カリフォルニア州選出）に起草を委ね，彼のスタッフが作成したものである。その内容は，経済再生・歳出削減・医療保険改革法の廃止・議会改革・安全保障強化の5項目からなるものであった（吉野 2012 :32）。吉野（2012）によれば，この文書の内容は，経済に重点を置いていることと，モラル・イシューにほとんど触れていないことの2点において，当時勢いをもっていたティーパーティ運動[4]を多分に意識したものであった。この点は，1994年の「アメリカとの契約」のような，純粋に党指導部主導のコミュニケーション戦略との最大の相違点である（このことがもつ意味は第4節第3項で述べる）。

ここで，この3つの例に共通する点を3点指摘しておく。第1に，少数党指導部が，敵対する多数党と，それと同じ党に所属している大統領に対する批判とそれに対する対案として政策パッケージを提示していることである。つまり，3つの例すべてにおいて少数党指導部は，「手続論」に基づく批判と，政策案の提示が渾然一体となった主張を行っているのである。このようなコミュニケーション戦略が可能となるのは，その政党が少数党でありかつ大統領野党（opposition party）[5]である場合である。これに比べて，多数党である場合や，少数党であっても大統領与党（presidential party）である場合は，独自の主張を行うことが難しい。前者の場合は，統治の一翼を担っている関係上，現状批判的な主張をしづらいからであり，後者の場合は，党としての政策アジェンダのイニシアチブを大統領が握っているからである。

第2に，これと同じように，議会指導部が独自にコミュニケーション戦略を行うことをより有効に行えるのは，中間選挙の時期であることで

ある[6]。大統領選挙と同時に行われる議会選挙の場合，党大会で策定される政策綱領が優先されることとなり，また，議会選挙においても，ローカル・レベルの大統領選挙と共同で選挙運動が行われる場合が多くみられるようになるからである。

　第3に，議会指導部が提示する政策案は，主に経済に関するものであり，対して，モラル・イシューには触れられないことである。アメリカ連邦議会における2大政党の主要な対立軸は，建国以来，政府の役割に対する事柄であるという，プールとローゼンサールの主張（Poole and Rosenthal 1997）に鑑みれば，これは当たり前のような指摘に思われるかもしれない。他方，2大政党の分極化の時代において，分極化を進める要因となった争点として指摘されるのは，人権や宗教といったモラル・イシューであり，それらが議会指導部によるコミュニケーション戦略においては回避されていることは，むしろ注目に値する。

　もちろん，選挙の勝敗は，本章が扱っている議会指導部に関する要因だけでなく，個別的・偶然的要因を含む多くの要因によって決せられるものであるし，わずか3つの事例のみを捉えて一般化を試みても，それは経験則以上のものではない。とはいえ，以上の事例にみられる共通点からは，議会指導部が戦略的にコミュニケーションを行うことが常態化したとはいえ，これが常に功を奏するとは限らないことを示唆する。ではどういった条件の下で，議会指導部のメッセージは有権者の支持を集め，選挙での勝利につながるのか。それは，当たり前のことであるが，有権者が議会指導部のメッセージを支持するからである。そこで次節では，視点を議会指導部から，有権者や，有権者の直接の選択対象である個々の候補者に移して，この点をより理論的に検討する。

第3節　理論的検討

　日本における国政選挙の候補者とは異なり，アメリカにおいては，連邦議員を目指す候補者は党組織による公認を受けるのではない。議員となるためには，自らの意思で立候補し，党内の候補者選出過程や本選挙を，もっぱら自らの能力によって勝ち抜くことが基本である。アメリカにおいては，政党とは，議員間に発生する集合行為問題を解決するために結成されたもの (Aldrich 1995) と位置づけられることが通常であり，個々の議員は党の拘束から離れて自由に政策目標を追求するものである。むしろ，議員は当選した次の日から次の選挙での再選を第一義的な目的として，議会内の立法活動においても行動するという見方が通説である (Mayhew 1974)。そのため，議員は，再選に資する限りにおいて党に従うのであり，それは議会内の行動に限らず，選挙区における活動においても同様である。選挙区においては議会に対して批判的な態度をとることはむしろ定石であった (例えば, Fenno 1978 : 168)。党の方も，まずは当選者を増やして多数党を確保することに主眼があり，個々の候補者の主張などは二の次であった。そのため，議員の側も安心して党組織 (全国委員会や州の組織) の恩恵を被ることができたし，また実際，議員の側から党組織に支援を求めるのが通常であった。議員にとっては，議会内外において独自の主張を展開することと，党に依拠して選挙を戦うことの間にジレンマが生じることは，ほぼなかったのである。

　ところが，同じ「党組織」といっても，個々の候補者と議会指導部との関連は，それほど簡単ではない。その理由は，第1に，議会という制度が不人気であることである。有権者の多くにとって議会は，「公衆の敵 (public enemy)」であるという認識が強い (Hibbing and Theiss-Morse 1995)。有権者は，議会においてつくられる政策を問題にしているよりもむしろ，政治的な交渉や妥協といったもの，つまり手続論のレベルにおいて，議会を嫌っている。実際に，各種世論調査はおしなべて，議会に対する有権者の支持が極めて低い水準にあることを示している。例え

ば，ギャラップ（Gallup）社の調査によると，議会の仕事ぶりに対する最近の支持率の推移は，概ね10％台である[7]。議員という職業に対する信頼の程度も極めて低く，2012年12月の同社の調査では，その水準は，ほぼすべての職種と比べて低く，辛うじて株式仲買人・広告業・自動車販売員等と同程度であるという調査結果も出ている[8]。政策面においても，議員が直面している選挙区事情は多様である。議会指導部の政策方針が選挙区の選好と大きくかい離するような場合，議会指導部に従うことは賢明な選択ではない。

　第2に，前節でみたように，議会指導部は個別の候補者を統制する意思と能力をもつようになっていることである。全国党委員会のような従来の党組織とは違い，議会指導部の目的は議会内政党における政党規律の維持であり，議会選挙の段階でも個々の候補者を統制する動機がはたらく[9]。そして議員にとっては，候補者が議会指導部と敵対的な選挙運動を行うことは，選挙中に十分な資金援助を得られなくなることや，当選後の議会内での出世や立法活動に響く。では，議員は「選挙中は反ワシントンの姿勢をとり，選挙後は議会指導部に従う」という姿勢で臨むことはできないのか。それはある程度は可能かもしれないが大きな限界がある。サルキン（Sulkin 2010）によれば，当選後の議員の行動は，選挙区民が直接的に，あるいは議員に批判的なアクター（とりわけその次の選挙において潜在的に対抗馬となる人たち）によって間接的に知るところとなるため，当選後の議員は，選挙時に提示したアジェンダを当選後に推進する誘因をもつ。これを支えているのはメディアの報道である。アーノルド（Arnold 2004）によれば，地元の新聞はその地域から選出されている議員の動向を日常的かつ的確に報道し，その傾向は，（将来的に対立候補から最も批判されやすい）点呼投票の記録においてとくに強い。このように選挙運動と立法活動の間のつながりが強まった原因は，メディアの発達や，1970年代の議会改革によって議会の公開度が高まったことにより，候補者や議員の行動の可視性が高まったことが大きいといえよう。

　以上，議会指導部のコミュニケーション戦略が発達している現在にお

いては，候補者は，議会指導部の方針に従うことと，議会指導部に逆らって独自の選挙運動を行うこととの間のトレード・オフに直面する可能性が生じるのである。ここで生じる問いは，このトレード・オフを（少なくとも相対的には）免れ，議会指導部主導のコミュニケーション戦略に候補者が従う条件は何か，ということである。それは，議員を選ぶ有権者が，議会指導部に従う候補者を（少なくとも相対的には）支持することであり，そのためには，議会指導部が有権者に受け入れられやすいメッセージを発することであろう[10]。以下，どのような有権者が，どのような理由で，議会指導部に従う候補者を支持するのか，仮説を提示する。

議会に対する議員のコミュニケーション戦略やそれが有権者に与える効果について，初めて本格的に研究を行ったのは，リピンスキー（Lipinski 2004）である。同書は，いわゆるギングリッチ革命の時期にあたる1990年代前半から中盤における100人の下院選挙の候補者を無作為抽出し，候補者が選挙区民に配布した郵便の分析を行っている。結果，当時少数党であった共和党の候補者は民主党の候補者と比べて，議会に批判的なメッセージを選挙区民に発する傾向がある。なぜなら，少数党指導部は，議会＝多数党という用法によって議会批判を行うことで，候補者の得票を増やすことと同時に多数党の地位を貶めることができるからである（Lipinski 2004: 39; Chapter 4）。したがって，少数党に所属する候補者は，議会批判を行う指導部に従いやすいし，概して議会に批判的である有権者も，議会を批判する候補者を支持しやすい。対して多数党は，指導部主導で議会を批判することが難しいので，候補者は指導部に従うことと議会を批判することのトレード・オフに直面する。そのため，議会指導部を批判することを選択する候補者が少数党よりも現れやすくなる[11]。多数党に帰属意識をもつ有権者といえども，議会に対しては批判的であり，議会＝多数党指導部という認識が強いからである。

　　仮説1：多数党に帰属意識をもつ有権者は，議会指導部を批判する
　　　　　候補者をより支持する。

加えて，政党帰属意識をもたない有権者は，（すべてがそうではないが）その多くが政治に対する強い不信感をもつ。これを所与とするならば，彼らが議会指導部に批判的な候補者を支持する傾向はより強いであろう。

　仮説2：政党帰属意識をもたない有権者は，議会指導部を批判する候補者をより支持する。

他方，個々の候補者に対する有権者の態度はどうか。現職の議員が選挙区で議会を批判することができるのは，有権者が候補者と議会を別のものと捉える傾向にあるからであると言われてきた (Lipinski 2004: 20)。また，議会選挙，とくに下院選挙においては現職が優位であることは数多くの理論や実証的なデータが示すとおりである。これらは一見，「有権者は概して議会を嫌う」という議論の反証のように思われるかもしれない。しかし，有権者が現職候補を選ぶ主な理由は，選挙区の利益を実現させることに対する評価であり（例えば, Cain, Ferejohn and Fiorina 1987），議員個人の能力や態度に対する肯定的な評価では必ずしもない。ましてや，既に述べたように，近年では，議会内での議員の行動はより正確に選挙区民に伝わる。有権者が概して議会なるものを嫌っているとするならば，地元への貢献など他の条件を一定にして候補者が発するメッセージのみを取り上げてみれば，現職候補が議会を批判したところで，新人候補の議会批判よりも説得力に乏しいであろう。

　仮説3：議会指導部を批判する候補者が支持される程度は，新人候補においてより強い。

第4節　仮説の実証：WAVS2012実験サーベイデータの分析

(1)実験の説明

以上の仮説を実証すべく，本節では，一般有権者に対して行った実験サーベイから得られたデータの分析を行う。本節で用いるデータは，2012年アメリカ大統領選挙における共和党予備選挙の開始に合わせて2012年1月11日から18日の間に，早稲田大学の研究者を中心とする研究チームが実施したWaseda American Voter Survey のパイロット版（以下，WAVS-P）である。WAVS-Pは，人種・年齢・性別などの基本的な属性がアメリカ全体の有権者に近くなるよう考慮して調査委託会社（Qualtrics 社）のパネルより有意抽出した1,615のサンプル・サイズをもつインターネット調査である（飯田 2012: 64-65）[12]。

なぜこのような実験を行うことが必要となるのか。その最大の理由は，議員のコミュニケーションの内容を捉えること，すなわち，どの候補者が指導部に対してどの程度肯定的／否定的な態度をとっているのかを，現実の世界からデータを収集して測定することが，労力の面で著しく困難であるからである。もう1つの理由は，現実の世界では，選挙は，ある候補者Aを評価するものではなく，対立する候補者Bや候補者Cとの相対的な優劣を評価するものであるからである。候補者が議会指導部を真正面から批判するような選挙戦は必ずしも多くない。とくに多数党の候補者は，議会に批判的な有権者と議会に肯定的な指導部との板挟みに遭うし，現職候補は議会を否定することは自己の業績の否定につながるため，それぞれ議会に対する態度を曖昧にさせるかもしれない。

他方，実験によって得られたデータの欠点は，そのデータから得られる知見を，他の事例にも広く適用することができるかどうかを示す基準である「外的妥当性」に欠けることである。つまり，この実験が行われた固有の文脈を適切に把握し，分析を行う段階で適切な処理を施したり，分析結果を一般的な知見に結びつけたりする際には，それを割り引いて考えなければならない。この実験に固有の，外的妥当性に関わる問題を

3点指摘しておく。

第1に，このサーベイが行われた時期の特殊性である。この時期は，その直前の2010年中間選挙において，議会共和党が，議会一般に対する批判を，多数党であった民主党の「大きな政府」批判に結び付け，そして民主党から多数党の地位を奪ったという点において，リピンスキー（Lipinski 2004）が分析した1990年代半ばと状況が似ている[13]。ただし，注意すべき相違点は，こういった大きな政府批判は，1994年中間選挙のような議会指導部主導というよりも，草の根レベルで発生したティーパーティ運動との相互作用の中で起こったものであることである。ティーパーティ系の議員は議会指導部よりも少なくとも経済政策の面においては保守であり，したがって，ティーパーティを支持する有権者（おそらくその大半が共和党に帰属意識をもつ）は，前節で論じたような手続論に基づく理由で議会指導部を判断するだけでなく，政策上の相違から議会指導部に批判的である可能性がある。

第2に，この調査が，インターネット調査であることである。インターネット調査は，回答者がある程度自発的に回答のコストを負担することを前提としているため，政治的知識が高い人たちを多く代表しているものと思われる。したがって，この調査の回答者の集団は，とりわけ無党派の有権者について，政治的に無関心な有権者を過少に代表し，積極的に既存政党に否定的な態度をとり，また投票に行く可能性も高い有権者を過剰に代表していることが考えられる。だからこそこの実験では，議会指導部に対する態度を直接的にたずねるのではなく架空の選挙戦を設定しているのであるが，それだけに，以下の分析結果は，議会指導部に対する有権者の日頃の態度ではなく，議会選挙という特殊な状況における有権者の選択を表すものとして読まれねばならない。

第3に，この実験は，本選挙ではなく予備選挙を架空の選挙として設定している。その理由は，「架空の選挙戦である」と断っているといえども，回答者は現実世界を想起することが十分に想定され，回答者が居住する選挙区の現職候補が共和党であるか民主党であるかによって，回

答が大きく影響されてしまうことを懸念したからである。他方，以下の分析結果の知見を本選挙における投票行動の説明にあてはめる場合には注意しなければならない。とりわけ，今回の実験のように多数党が共和党である場合と，多数党が民主党である場合とでは，有権者の受け取り方が異なることは考えられるであろう（より詳しい議論は脚注13を参照）。

さて，実験の質問文は，以下のとおりである。まず，すべての回答者に対して，架空の下院議員予備選挙に関する説明文が与えられた（括弧内は日本語訳）。

In many primary elections, voters are asked to choose between candidates about whom relatively little information is available. Suppose that the following pairs of candidates are competing for election to the U.S. House of Representatives. Please indicate which candidate you would support in each of the following pairs of candidates (circle one answer per pair):（多くの予備選挙では，有権者は，比較的少ない情報しか得られない中で候補者を選ぶことが求められます。仮に，以下のような1組の候補者が，連邦下院議員選挙において争っているとします。以下の組み合わせの候補者のうち，どちらの候補者をあなたは支持するか，回答してください（1つに回答してください）

続いて，「現職であるか否か」「候補者が議会指導部を支持しているか批判しているか」という2つの基準によって4種類の候補者を設定した。さらに，その4種類の候補者のうち2人の間の選挙戦を設定した。その組み合わせは，$_4C_2 = 6$ とおりである。

【タイプ1】
Candidate 1: an incumbent who follows his/her Congressional Leaders
Candidate 2: an incumbent who criticizes his/her Congressional Leaders

（候補者1：議会指導部に従う現職／候補者2：議会指導部を批判する現職）

【タイプ2】

Candidate 1: a newcomer who follows his/her Congressional Leaders

Candidate 2: a newcomer who criticizes his/her Congressional Leaders

（候補者1：議会指導部に従う新人／候補者2：議会指導部を批判する新人）

【タイプ3】

Candidate 1: an incumbent who follows his/her Congressional Leaders

Candidate 2: a newcomer who follows his/her Congressional Leaders

（候補者1：議会指導部に従う現職／候補者2：議会指導部に従う新人）

【タイプ4】

Candidate 1: an incumbent who criticizes his/her Congressional Leaders

Candidate 2: a newcomer who criticizes his/her Congressional Leaders

（候補者1：議会指導部を批判する現職／候補者2：議会指導部を批判する新人）

【タイプ5】

Candidate 1: an incumbent who follows his/her Congressional Leaders

Candidate 2: a newcomer who criticizes his/her Congressional Leaders

（候補者1：議会指導部に従う現職／候補者2：議会指導部を批判する新人）

【タイプ6】[14]

Candidate 1: a newcomer who follows his/her Congressional Leaders

Candidate 2: an incumbent who criticizes his/her Congressional Leaders

（候補者1：議会指導部に従う新人／候補者2：議会指導部を批判する現職）

最後に，以下の4種類の選択肢が与えられ，回答者は，そのうちの1つを選択することが求められた。

Definitely candidate 1
Probably candidate 1
Probably candidate 2
Definitely candidate 2
（明確に候補1／おそらく候補1／おそらく候補2／明確に候補2）

(2)データ分析

　以上のリサーチ・デザインに基づいて得られたデータを以下分析する[15]。表5-2は，上記の6つのタイプの質問文と，回答者の政党帰属意識に応じた，回答の記述統計を示したものである。「明確に候補者1」という回答に1，「明確に候補者2」に4，その間の回答にそれぞれ2と3の値を付与し，その平均値と標準偏差を示している。大まかな目安として，平均値が2.5より低ければ候補者1の方が，高ければ候補者2の方が，より回答者から選ばれていることを示している。さらに，「民主党支持」「政党帰属意識なし」および「民主党支持」と「共和党支持」それぞれの間の平均の差について，それが統計的に有意な差であるかどうかを確認すべく，t検定を行い，5％水準で有意な違いが出たものについて網掛けを施している。ただし，この4段階の回答は，その回答間の序列のみを表現する「順序尺度」であり，尺度間の差は等間隔とは限らないため，平均値を求めたり平均値を用いて何かを論じたりする作業は厳密にいえば適切でない[16]。表5-2は，回答の分布の具合を直感的に把握するために大まかな目安を示すものでしかなく，より厳密な仮説の検証は，その直後に行う多項ロジット・モデルを用いた重回帰分析において行われることに留意されたい。

　ここで注目すべき事柄は2点である。第1に，前節で提示した仮説は，議会に批判的，あるいは新人といったワシントン・アウトサイダー的な候補，すなわち（タイプ6を除けば）候補者2ほど支持されやすいことを述べるものであったが，ほぼすべての場合について候補者2の方が選

表5-2　質問／政党帰属意識ごとの回答の記述統計

タイプ1	候補者1：議会指導部に従う現職／候補者2：議会指導部を批判する現職		
	民主党	政党帰属意識なし	共和党
平均値	2.43	2.86	2.57
標準偏差	0.83	0.75	0.82
観察数	95	74	63

タイプ2	候補者1：議会指導部に従う新人／候補者2：議会指導部を批判する新人		
	民主党	政党帰属意識なし	共和党
平均値	2.69	2.69	2.87
標準偏差	0.85	0.86	0.67
観察数	84	62	67

タイプ3	候補者1：議会指導部に従う現職／候補者2：議会指導部に従う新人		
	民主党	政党帰属意識なし	共和党
平均値	2.22	2.51	2.71
標準偏差	0.81	0.69	0.73
観察数	97	75	58

タイプ4	候補者1：議会指導部を批判する現職／候補者2：議会指導部を批判する新人		
	民主党	政党帰属意識なし	共和党
平均値	2.17	2.48	2.55
標準偏差	0.89	0.80	0.80
観察数	82	67	78

タイプ5	候補者1：議会指導部に従う現職／候補者2：議会指導部を批判する新人		
	民主党	政党帰属意識なし	共和党
平均値	2.52	2.84	2.69
標準偏差	0.75	0.68	0.87
観察数	90	57	67

タイプ6	候補者1：議会指導部に従う新人／候補者2：議会指導部を批判する現職		
	民主党	政党帰属意識なし	共和党
平均値	2.91	2.91	2.91
標準偏差	0.74	0.66	0.73
観察数	99	81	64

出典：WAVS2012データを基に筆者作成

ばれる傾向が強い（すなわち，平均値が2.5を超えている）。例外は，タイプ1・タイプ3・タイプ4（いずれも現職と新人の組み合わせ）の「民主党支持」と，タイプ4の「政党帰属意識なし」のみである。さらに，タイプ6については，どのタイプの回答者も候補者2（議会指導部に批判的な現職）の方を選んでいる。これらは，仮説3は支持されない可能性を示唆している。第2に，候補者2が好まれる程度は，民主党支持＜政党帰属意識なし＜共和党支持か，民主党支持＜共和党支持＜政党帰属意識なしのいずれかである。前者は仮説1を，後者は仮説2とそれぞれ整合的である。

　これらの示唆に留意しつつ，質問への回答と回答者の政党帰属意識の因果関係をより厳密に検証すべく，質問への回答を従属変数とする重回帰分析を行った。ただし，ここでの主な関心は議会指導部に対する候補者の態度であるので，両者の違いがない組み合わせであるタイプ3とタイプ4を与えられた回答者は分析から除外した。独立変数は，仮説1と仮説2を検証するための政党帰属意識（強い民主党支持―弱い民主党支持―民主党寄り無党派―無党派―共和党寄り無党派―弱い共和党支持―強い共和党支持の7段階）およびその2乗項，および，仮説3を検証するために，回答者に与えられた質問のタイプを示すダミー変数を投入した（現職と新人の違いの追加的効果を知ることが目的であるので，タイプ5とタイプ6をダミー変数とした）。その他，統制変数として，議会への信頼・大統領の業績評価・ティーパーティ運動に対する態度・ウォール街占拠運動 (Occupy Wall Street Movement) に対する態度の4つを採用した。前2者は，回答者の議会あるいはワシントン政治に対する態度は，議会指導部に起因するのか，議会という制度全般や議会と対峙する大統領といった他のものに起因するのかを区別するためのものである。後2者は，とくに2012年1月の時点において回答者が議会指導部に批判的である理由は，手続論ではなく，議会指導部が提示する政策を支持しないからである可能性を考慮し，両党の指導部よりも極端な主張を行う運動に対する態度をたずねたものである。表5-3は，以上の独立変数の記述統計である。

表5-3 独立変数の記述統計

	観察数	平均値	標準偏差	最大値	最小値
タイプ5ダミー (1:タイプ5;0:それ以外)	911	0.235	0.424	0	1
タイプ6ダミー (1:タイプ6;0:それ以外)	911	0.268	0.443	0	1
政党帰属意識7段階 (-3:強い民主党;3:強い共和党)	911	-0.267	2.147	-3	3
政党帰属意識7段階の2乗	911	4.675	3.417	0	9
議会への信頼 (4段階。-3:強い否定;3:強い肯定)	877	-1.235	1.403	-3	3
大統領の業績評価 (4段階。-3:強い否定;3:強い肯定)	908	-0.526	2.107	-3	3
ティーパーティへの態度 (4段階。-3:強い否定;3:強い肯定)	907	-0.513	1.839	-3	3
ウォール街占拠運動への態度 (4段階。-3:強い否定;3:強い肯定)	906	-0.383	1.844	-3	3

出典:WAVS2012データを基に筆者作成

　推定のためのモデルは,従属変数が4段階の順序尺度であることから,順序ロジット・モデルを採用した。さらに,政党帰属意識の2乗項を含む場合と含まない場合,統制変数を加える場合と加えない場合の計2×2＝4とおりのモデルを推定した。2乗項を含まないモデルは,政党帰属意識と回答との間に線形の関係を想定するものであり,係数が正の場合は,共和党への帰属意識が強いほど,議会指導部に批判的な候補を支持することを示す(係数が負の場合はその逆)。他方,2乗項を含む場合は,政党帰属意識と回答の間に放物線状の関係,つまり政党帰属意識が弱いほど議会指導部に批判的な候補者を支持する(あるいは支持しない)可能性を考慮したものである。2乗項の傾きが負で統計的に有意であれば,放物線は上に凸,すなわち,政党帰属意識が弱い回答者ほど議会指導部に批判的な候補者を最も支持することを示す(中学校で履修する2次関数の議論を想起されたし)。タイプ5ダミーは傾きが正であれば,タイプ6ダミーは傾きが負であれば,それぞれ仮説3を支持するものとなる。
　分析の結果は**表5-4**のとおりである。モデル1では,政党帰属意識の

係数が，モデル2では政党帰属意識の2乗項の係数が，統計的に有意かつ仮説どおりの傾きを示している（ただし，モデル2では10パーセント水準で有意）。すなわち，仮説1と仮説2はそれぞれ支持される。ところが，統制変数を加えたモデル3やモデル4では，これらの係数の傾きが統計的に有意ではない。これは，モデル1やモデル2は，議会指導部への候補者の態度を示す変数しか入っていないために，議会の何を好む／好まないかをとくに区別しないものになっているのが，モデル3やモデル4のように，「議会指導部」と「制度としての議会」（あるいは大統領も含むとすれば，ワシントン政治の在り方）を区別した場合，もっぱら後者に基づいて有権者が判断を下していることを示している。別の言い方をすれば，有権者が判断の基準にしているのは，議会指導部自体ではなく，議会指導部が議員を通じて発する，議会という制度に対するメッセージ，

表5-4　回答の決定要因

	モデル1		
コントロール変数	なし		
政党帰属意識7段階の2乗	なし		
	係数	標準誤差	P値
タイプ5ダミー	-0.032	0.157	0.838
タイプ6ダミー	0.572	0.152	0.000
政党帰属意識	0.070	0.030	0.019
政党帰属意識の2乗			
議会への信頼			
大統領の業績評価			
ティーパーティへの態度			
ウォール街占拠運動への態度			
カット・ポイント1	-2.603	0.150	
カット・ポイント2	-0.498	0.095	
カット・ポイント3	1.920	0.118	
対数尤度	-1036.739		
χ^2乗値	0.0001		
疑似R^2乗	0.0106		
観察数	903		

すなわち，まさに議会指導部のコミュニケーション「戦略」なのである。いくら議会選挙において議会指導部のプレゼンスが高まっているとはいえ，議院内閣制を採用する国のように，有権者が議会内政党やその幹部自体を重要視するまでには，2012年現在のところ至っていない，ということであろう。

もう1つのタイプの統制変数である，ティーパーティ運動やウォール街占拠運動への態度については，モデル3・モデル4いずれにおいても統計的に有意な結果が得られなかった。この結果は，これらの運動に対する支持は仮にあるにせよ，それは運動が唱える政策が支持されたわけではないことを示唆する（このことの含意は次項で述べる）。

仮説1や仮説2とは対照的に，仮説3はどのモデルにおいても支持されない。それどころか，「タイプ6ダミー」の傾きは，仮説と全く逆の

モデル2			モデル3			モデル4		
なし			あり			あり		
あり			なし			あり		
係数	標準誤差	P値	係数	標準誤差	P値	係数	標準誤差	P値
-0.031	0.157	0.841	-0.006	0.160	0.970	-0.009	0.160	0.953
0.560	0.152	0.000	0.437	0.156	0.005	0.427	0.156	0.006
0.065	0.030	0.028	-0.040	0.042	0.342	-0.041	0.042	0.327
-0.035	0.019	0.062				-0.027	0.019	0.162
			-0.339	0.050	0.000	-0.336	0.050	0.000
			-0.109	0.046	0.018	-0.106	0.046	0.021
			0.052	0.043	0.222	0.053	0.043	0.211
			-0.034	0.039	0.381	-0.035	0.039	0.378
-2.772	0.176		-2.341	0.163		-2.480	0.191	
-0.661	0.129		-0.111	0.114		-0.245	0.149	
1.762	0.144		2.460	0.146		2.329	0.172	
-1034.995			-965.586			-964.605		
0.0000			0.000			0.000		
0.012			0.043			0.044		
903			875			875		

出典：WAVS2012データを基に筆者作成

結果を示している。これはつまり，表5-3で示した回答の平均値が示すのと同様，議会に批判的な現職候補はむしろ支持されることを示している。これが何を意味するのかはより詳細な検証が必要である。取りあえず1つの説明を示しておくと，この分析によって多数党か少数党かではなく発するメッセージの内容が重要であることがわかった。議会指導部と同様，個々の候補についても，現職か新人かという立場の違いよりも，コミュニケーション「戦略」が大事であるということであろうか。

順序ロジット・モデルの場合，独立変数の係数がもつ意味を解釈することは著しく難しい。そこで一例として，モデル2について，政党帰属意識とその2乗項の値がもつ効果の大きさを求めた。具体的には，まず政党帰属意識以外については平均的な回答者を想定し，その回答者がどのような政党帰属意識をもつかに応じて，それぞれの回答を選ぶ確率を求めた[17]。これをグラフに表したのが図5-1である。候補者2（議会指導部に批判的な候補者）を支持する確率（太実線）は，民主党に強い政党帰属意識をもつ回答者が最も低く，政党帰属意識が共和党寄りになるにつれて徐々に上昇し，共和党に強い政党帰属意識をもつ回答者になると，

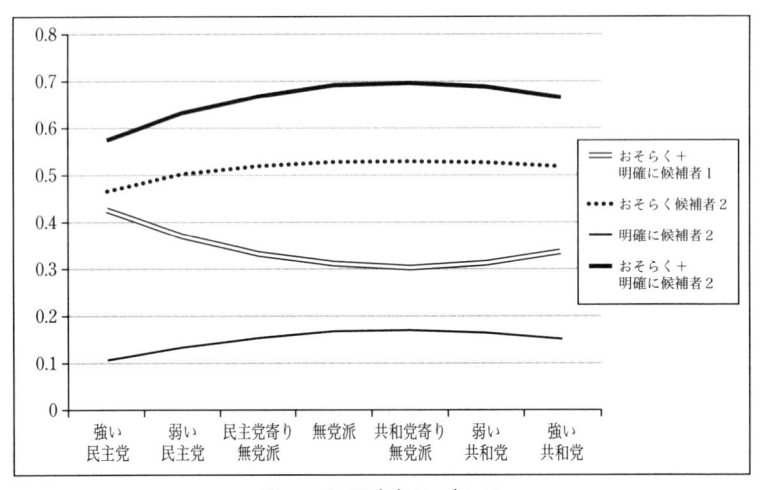

図5-1　予測確率（モデル2）

出典：表5-4・モデル2の分析結果に基づき，筆者作成

若干値が下がる。最も予測確率が低い回答者群と高い回答者群との差は12ポイント程度であり，両端の回答者群の差は10ポイント程度である。議会指導部への態度のほかにも多くの要因が投票行動を規定している中で，10ポイントというこの違いは，決して小さくないであろう。

(3) 分析結果から得られる示唆：2012年議会選挙を中心に

では，以上の分析結果は，現実の議会選挙，とりわけ2012年に行われた議会選挙に対してどのような含意を有するのか。2012年議会選挙は，客観的な数字としては，共和党が上院で2議席・下院で8議席を減らす結果であったが，その数字をめぐる解釈は一致をみない。たとえば，副大統領候補としては敗北したものの下院議員として再選を果たしたポール・ライアン（Paul Ryan; 共和党，ウィスコンシン州選出）下院予算委員長は，「2012年選挙は現状維持の選挙」と述べているが，それに対して民主党議会指導部は，その認識はミスリーディングであると反論を行っている。その根拠は，大統領選挙の一般投票でオバマが十分なマージンを得たこと，下院は議席数では敗れたものの一般得票数では上回っていること，民主党の改選議席が多いために議席減が予想された上院で逆に2議席の増を果たしたことなどである[18]。

本章の議論やデータ分析に基づいた筆者の見解は，結論から述べれば，第1に，2012年議会選挙は，1996年選挙（多数党の座を得たばかりの共和党が，上院2増・下院2減と振るわなかった選挙）と，結果だけでなくそのメカニズムも含めて類似点が多い，という意味において「ノーマルな選挙」であったというものである。ただし，ここでいうノーマルとは，ライアンが言うような共和党への支持が低下していない，という意味ではなく，2年前の2010年議会選挙では，議会共和党の指導部が，民主党が多数を占める議会への批判を軸としたコミュニケーション戦略を有効に行うことができたのが，多数党に転じた2012年選挙ではそれができなくなったことを指す。第2に，議会指導部主導ではなく草の根的に発生したティーパーティ運動の退潮という，2010年・2012年選挙に固

有の要因が，この2回の選挙のギャップをさらに増幅させた。

　ティーパーティ運動とは何かを定義することは難しい。中山（2012）は，リバタリアン的な保守主義とワシントンに対する極度の不信感という政治的・思想的な面ではなく，その組織形態，つまり，政党や政治的インフラストラクチャー（政治インフラ）を通じて政治に関わることを拒否することにこそ，ティーパーティ運動の本質的重要性があると指摘している。他方，既存の政治インフラを体現する議会内に，ティーパーティ・コーカス（Tea Party Caucus）という議員連盟の結成がみられた[19]。社会運動とエリート集団という矛盾する2つの流れが，ここまでのティーパーティ運動の柱であったといえよう。

　しかし，2012年を迎えるころ，反ワシントンの草の根運動としてのティーパーティ運動は（およそ社会運動全般が長続きしないのと同じように）明らかに退潮した。2012年議会選挙の結果も振るわなかった。上院では，ティーパーティ運動の推薦を受けた16人中4人しか当選せず，下院でも，2010年選挙におけるティーパーティ躍進の象徴的存在であったジョー・ウォルシュ（Joe Walsh; 共和党，イリノイ州選出）議員，アレン・ウェスト（Allen West; 共和党，フロリダ州選出）議員が落選し，ティーパーティ・コーカスの会長であるミシェル・バックマン（Michele Bachmann; 共和党，ミネソタ州選出）議員も落選の寸前まで追い込まれた。ティーパーティ・コーカスに所属する現職議員の戦績は，55人中6人が落選という結果であった。

　本章の議論は，議会共和党やティーパーティがなぜ急速に台頭しかつ勢いを失ったのかを上手く説明する。確かに議会指導部のコミュニケーション戦略は重要であり，とくに少数党指導部による議会批判は有権者の投票行動に大きな影響を与える。しかし，権力を否定することによって権力を得ることは，最初から自己矛盾を含むものであり，長続きしないのである。加えて，多数派獲得の原動力がアウトサイダーによるティーパーティ運動であったことが，その持続力のなさを増幅させた。およそ社会運動を伴うような既存の権力への批判が，政党政治のレベルでの大

規模な転換（これをアメリカ政治の文脈では「政党再編成」という）につながるのは，それだけ既存の政策アイデアに対する正統性が失われるような危機の時期に限られるものである。しかるに本章のデータ分析の結果は，単に有権者は議会が嫌いなだけであり，議会指導部そのものや，ティーパーティ運動を反映させた政策を（共和党に帰属意識をもつ有権者も含めて）有権者が積極的に支持しているわけではないことを示している。

　それでもなお，ティーパーティ・コーカスは存続し，有力な議員の多くは再選を果たした。したがって，彼らの政策については，彼らが議会内で影響力を拡大させていくことによって浸透する可能性は残っている。しかし，そのようにワシントン・インサイダーとして小さな政府を志向する改革を唱えることは，もともと組織的なもの自体を嫌う運動の趣旨から逸脱するものであるし，彼らがいずれ議会指導部を占め，そのことによって政策面での成功を得ることになれば，それは1994年のギングリッチ革命の繰り返しであり，目新しさはない。小さな政府を志向する政策論と，反ワシントンという組織論・手続論が結びついた，当初の純粋な形のティーパーティ運動は，終わったといってよい。

第5節　おわりに

　以上本章は，2大政党の分極化が進んだこの40年ほどの間に，議会指導部によるコミュニケーション戦略が発達し，議会選挙における議会指導部のプレゼンスが高まっていること，しかしそれが有効に機能するには条件が必要であることや，その条件の1つは，議会指導部が議会を批判するメッセージを発し，それを候補者が採用することであることを理論的に論じた。そして，2012年1月の時点における有権者に対する実験サーベイを用いて，このことを実証した。さらに，2010年や2012年の議会選挙における共和党とティーパーティ運動は，説得的な政策アイデアを伴わない議会批判によって議会の多数派を獲得しても，その途

端に行き詰まることの例証であることを指摘した。議会選挙において議会指導部は重要になったとはいえ，議会指導部自体への評価や政策をめぐる対立を基調とした選挙が，恒常的に全米レベルで行われるには未だ至っていないのである。

とはいえ，この結論は，以下の2点において留保が必要である。第1に，本章の分析は，議会指導部のコミュニケーション戦略のうち，議会への批判という1点のみを取り上げたものである。それ以外の各種のメッセージとその効果・候補者への「飴と鞭のメカニズム」・議会指導部内での政策形成過程・大統領との関係などといった事柄は，今後の研究課題として残されている。第2に，それでも長期的にみれば，40年ほど前やそれ以前には議会選挙において，議会指導部はほとんど何の影響力も有していなかった。議会指導部が選挙に関わり候補者を統制することは，かつてその確立が主張された，政党を単位とした公約によって選挙が行われ，その後多数派の地位を得た党は公約に従って政治を行うという「責任政党政府」(American Political Science Association 1950) に，アメリカの議会政治が曲がりなりにも近づきつつあることを意味する（そのことの規範的な是非は別の問題ではあるが）。この長期的なトレンドは，近年の議会指導部の権力が，社会の変化や政治制度に裏打ちされていることから，既存の政治体制を揺るがすような社会的な変動や，議会指導部の権力基盤が削がれるような制度改革が行われない限り，持続するであろう。議会指導部の意思とかけ離れたところから現われたティーパーティ運動の勢いが，議会内でも頭打ちになっているのは，このことの例証としても理解できるであろう。

注
1 政党の全国委員会が選挙活動を本格的に拡大させたのは，1977-78年の共和党が初めてであり，民主党がそれに追随した。そのプロセスに関する詳細は吉野 (1987/1987) を参照。
2 http://edition.cnn.com/2006/POLITICS/07/27/campaign.2006/index.html（2013年2月19日最終閲覧）

3　2010年中間選挙と共和党指導部との関係に関する詳細，とくに共和党指導部が提示した政策アジェンダの内容は，吉野 (2012: 31-35) を参照。
4　ティーパーティ運動全般については，久保編 (2012) が，日本語文献では最も詳しい。
5　議会の多数派の支持に基づいて執政府が形成される議院内閣制とは異なり，議会多数派と執政府が別々に有権者によって形成される大統領制においては，議会の多数を占める政党と大統領の所属政党が異なる場合が生じる。本章では，大統領と同じ政党であるか否かに応じて「大統領与党 (presidential party)」・「大統領野党 (opposition party)」という言葉を用いることとする。その理由は第1に，アメリカの場合，議会と大統領が別々に選出されているため，議院内閣制のように「与党」「野党」という表現は本来好ましくない。「与党」「野党」という表現は，一般に集団としての凝集性の高さを暗示しているものだが，アメリカの議会政党にそもそもそのような前提は当てはまらない。第2に，議会の勢力を表す際には「多数党」(majority party)「少数党」(minority party) という概念があり，こちらの方との混同を避けるためである。
6　中間選挙の時期であっても，対立する党の大統領への批判を有効に行えるだけの党指導部の意思と能力が伴っていることが必要である。ギングリッチへの批判が高まっていた1998年中間選挙や，ジョージ・W・ブッシュ (George W. Bush) 政権の支持が依然高い状態にあった2002年中間選挙においては，党指導部によるコミュニケーションは目立った役割を果たさなかった。
7　http://www.gallup.com/poll/160625/congress-approval-holding-steady.aspx（2013年2月28日最終閲覧）
8　http://www.gallup.com/poll/159035/congress-retains-low-honesty-rating.aspx（2013年2月28日最終閲覧）。
9　西川 (2010, 29-31) によると，2006年中間選挙の際には，民主党全国委員長のディーンと，上下両院の民主党選挙委員会との間の確執があったとされる。これは，ディーンが唱えた，すべての州で支持拡大を目指す「50州戦略」に対して，議会選挙委員会の側が，接戦州に資源を投下すべきとしてこれに強く反発したことによる。本節の理論枠組みに従えば，この対立の原因は選挙戦略をめぐる争いだけではなく，議会指導部が，飴と鞭を行使するための手段を手放したくなかったからであると推察される。
10　本章は，この「有権者に受け入れられやすいメッセージ」について，議会に対して批判的か否かに絞って論じているが，もちろんそれだけではない。例えば Sellers (2010) は，本章と同様に，議会指導部は戦略的にコミュニケーションを行っていて，それがメディアや有権者に正確に伝えようとすることのほかに，議会指導部は，自らの党が結束しやすく相手の党の内

部で対立が起こりやすい争点を顕在化させようとすることを明らかにしている。

11　Lipinski (2004: Chapter 6) は，1994年下院議員選挙において，多数党であった民主党議員の中でも議会に肯定的であった候補者ほど落選する傾向にあったことを実証している。つまり，このトレード・オフに直面した場合，前節で述べた議会指導部からの「飴と鞭のメカニズム」を除外して当選のことのみを考えれば，候補者にとっては議会を批判する方が合理的な行動である。

12　既に同じデータを用いた分析を行っている研究として，飯田 (2012) を参照。

13　この時期に得られたデータのみを分析することのさらに大きな問題は，共和党に帰属意識をもつ有権者ほど議会指導部に批判的である理由は，仮説1が示すように共和党が多数党であるからではなく，共和党が「小さな政府」を志向する政党であるから，という説明を排除できないことである。後者の説明を排除するには，民主党が多数党の時期を捉えて同じような調査を行わねばならない。これはまさに今後の研究課題とせざるをえない。

14　タイプ6は，実際の調査では候補者1が「議会指導部を批判する現職」，候補者2が「議会指導部に従う新人」であったが，後の分析の便宜のため，以下ではその順序を逆にして議論を進める。もちろん，この処理は，実質的な結論に何ら影響を与えない。

15　以下，Stata 12.0 を用いてすべてのデータの処理や分析を行った。

16　例えば，1という値と3という値の平均は2であるが,他方，1を示す「明確に候補者1」と3を示す「おそらく候補者2」の中間に位置する態度は，回答者によっては，2を示す「おそらく候補者1」ではなく，「どちらでもない」や，「やや明確に候補者1」，あるいは「あえていえば候補者2」であるかもしれない。

17　予測確率の計算には，SPostというStataのadoファイルを用いた。SPostは，インディアナ大学社会学部のJ.Scott Long教授のウェブサイト <http://www.indiana.edu/~jslsoc/spost.htm> よりダウンロードできる（2013年2月28日最終閲覧）。

18　http://dccc.org/newsroom/entry/republican_budget_chairman_ryan_pretends_2012_was_status_quo_election（2013年2月28日最終閲覧）。

19　2012年選挙以前のティーパーティ議員連盟の特徴やメンバー構成については，廣瀬 (2012) を参照。

第5章　連邦議会指導部によるコミュニケーション戦略の発達と2012年連邦議会選挙　157

引用参考文献
Aldrich, John H. 1995. *Why Parties?: The Origin and Transformation of Party Politics in America*, University of Chicago Press.
American Political Science Association. 1950. "Toward a More Responsible Two-Party System: A Report of the Committee on Political Parties." *American Political Science Review* 44-3: Supplement.
Arnold, R. Douglas. 2004. *Congress, the Press, and Political Accountability*, Russell Sage Foundation.
Bernhard, William and Tracy Sulkin. 2013. "Parties, Members, and Campaign Contributions in the House of Representatives." In Dodd, Lawrence C. and Bruce I. Oppenheimer eds. 145-166.
Cain, Bruce, John Ferejohn, and Morris P. Fiorina. 1987. *The Personal Vote: Constituency Service and Electoral Independence*, Harvard University Press.
Dodd, Lawrence C. and Bruce I. Oppenheimer eds. 2013. *Congress Reconsidered (Tenth Edition)*, CQ Press.
Fenno, Richard F. Jr. 1978. *Home Style: House Members in Their Districts*, Little Brown.
Herrnson, Paul S. 2012. *Congressional Elections: Campaigning at Home and in Washington (Sixth. Edition)*, CQ Press.
Hibbing, John R. and Elizabeth Theiss-Morse. 1995. *Congress as Public Enemy: Public Attitudes Toward American Political Institutions*, Cambridge University Press.
Hindman, Matthew. 2005. "The Real Lessons of Howard Dean: Reflections on the First Digital Campaign." *Perspectives on Politics* 3-1: 121-128.
Jacobson, Gary C. 2013. *The Politics of Congressional Elections (Eighth Edition)*, Pierson Education.
Lipinski, Daniel. 2004. *Congressional Communication: Content and Consequences.*, University of Michigan Press.
Mayhew, David R. 1974. *Congress: The Electoral Connection*, Yale University Press.
Poole, Keith and Howard Rosenthal. 1997. *Congress: A Political-Economic History of Roll Call Voting*, Oxford University Press.
Rohde, David W. 1991. *Parties and Leaders in the Postreform House*, University of Chicago Press.
Sellers, Partick. 2010. *Cycles of Spin: Strategic Communication in the U.S. Congress*, Cambridge University Press.
Sulkin, Tracy . 2011. *The Legislative Legacy of Congressional Campaigns*, Cambridge University Press.

Williams, Christine B. and Girish J. 'Jeff' Gulati. 2013. "Social Networks in Political Campaigns: Facebook and the Congressional Elections of 2006 and 2008." *New Media & Society* 15-1: 52-71.

飯田健，2012「なぜ経済的保守派は社会的に不寛容なのか―草の根レベルの保守主義の形成における政治的・社会的要因―」『選挙研究』28-1, 55-71頁。

久保文明編，2012『ティーパーティ運動の研究――アメリカ保守主義の変容』NTT出版。

中山俊宏，2012「ティーパーティ運動とインスティテューションの崩壊　フリーダムワークスのワシントンを訪れて」久保編，28-36頁。

西川賢，2010「中間選挙における２大政党の選挙戦術」『海外事情』58-12, 28-39頁。

廣瀬淳子，2012「ティーパーティ議員連盟とティーパーティ系議員の影響力」久保編，28-36頁。

前嶋和弘，2012「複合メディア時代の政治コミュニケーション：メディアの分極化とソーシャルメディアの台頭」吉野・前嶋編，83-115頁。

待鳥聡史，2006「少数党による議会中継専門放送局の活用――共和党優位の形成過程における一側面」『法学論叢』160-5/6, 265-299頁。

松本俊太，2009/2010「アメリカ連邦議会における２大政党の分極化と大統領の立法活動（一）／（二）」『名城法学』58-4, 169-196頁/60-1・2, 172-204頁。

吉野孝，1987/1987「アメリカ政党衰退論の再検討（一）（二）―政党「中立的」投票者の増加と全国政党委員会の活性化を中心に―」『早稲田政治経済学雑誌』290, 133-164頁/291, 125-157頁。

吉野孝，2012「連邦下院共和党指導部」吉野・前嶋編，31-57頁。

吉野孝・前嶋和弘編，2012『オバマ政権と過渡期のアメリカ社会：政党，選挙，制度，メディア，対外援助』東信堂。

第6章　オバマ政権2期目の外交課題

高畑　昭男

第1節　はじめに

　一般に2期目のアメリカ大統領は、外交分野で歴史に名を残す業績を挙げることに力を集中するのが通例だ。最近では、ビル・クリントン（Bill Clinton）大統領の中東和平交渉や米朝正常化協議[1]などが挙げられる。その理由は、①もはや再選を気にする必要がなく、内政に大きく配慮せずに世界の大局を見て行動する余地が広がる、②2期目の2年目以降は中間選挙などを経てレームダック化が進みやすいが、外交ではその影響を比較的受けにくい――などとされる。

　だが、バラク・オバマ（Barack Obama）大統領の場合、2期目の外交は少なくとも2つの理由から通例とはかなり異なる展開となりそうだ。しかもその見通しは多大な困難を予想させる。第1に、大統領自身が2期目の就任演説や一般教書演説[2]などで示したように、内政重視の姿勢を強く打ち出している。第2に、巨額の連邦財政赤字の存在が1期目から内政・外交全般の足かせとなっていることである。前者を大統領本人の「内的要因」とすれば、後者は政権運営環境に厳しい枠をはめる「外的要因」と言うこともできる。

　一方で、2期目を取り巻く国際環境は1期目以上に難問が山積している。イラン、北朝鮮の核・ミサイル開発は世界の核不拡散体制を揺るがせ、イスラエル・パレスチナの中東和平は一向に進まない。シリア問題など「アラブの春」以降の地域情勢の流動化も事態を複雑化させている。1期目に打ち出したアジア太平洋重視戦略[3]の見通しについても、2013

年3月1日，連邦政府の歳出強制削減措置（sequestration）[4]が発動されたために米軍作戦能力などの分野で重大な制約を受けかねず，アジア太平洋で最大の焦点となる中国との関係にも影響が懸念されている。

また，2期目の外交・安保チームの主柱となるジョン・ケリー（John Kerry）国務長官，チャック・ヘーゲル（Chuck Hagel）国防長官らは「力の外交」に極めて慎重で，「対話と譲歩」による問題解決を志向する傾向が指摘される。本章では，こうした内的，外的要因や新外交・安保チームの特徴なども踏まえて2期目の外交課題を分析し，今後を展望する。

第2節　「オバマ2」外交の展望

(1) 4つの特徴

大統領再選選挙後約1カ月の2012年12月，保守系のオピニオン誌『アメリカン・インタレスト』に，2期目の外交の展開を予想する興味深い記事が掲載された[5]。筆者のアダム・ガーフィンクル（Adam Garfinkle）は，ジョージ・W．ブッシュ（George W. Bush Jr.）政権のコリン・パウエル（Colin Powell），コンドリーザ・ライス（Condoleezza Rice）両国務長官のスピーチライターなどを務めた言論人である。保守派といっても，同誌を創刊したフランシス・フクヤマ（Francis Fukuyama）の下で同誌編集長を務め，保守強硬派や新保守主義（ネオコン）などとは一線を画した思想の持ち主とされ，比較的視野の広い論客の1人と言ってよい。

そのガーフィンクルによると，2期目の外交で予想される特徴は以下の4点にあるという。

1) **外交よりも内政**：外交安保は内政よりも重要度が低い。主要な力点はブッシュ前政権下で始まった「過去の戦争」（イラク，アフガニスタン）の終結に置かれ，新たな戦争や対外軍事介入はしない。深刻かつ持続的な危機を極力回避しつつ，内政課題に力を集中する。

2) **リベラル国際主義**：原則として，いわゆるリベラル国際主義に立つ。国際法，国際機関などの正統性を重視し，多国間協力を通じた問題

解決をめざし，単独行動主義は極力控える。
3) **対話と妥協は可能**：大統領自身が「対話と妥協」を信奉している。対話を通じてアメリカが適切な譲歩をすれば，相手が非民主主義国家でも必ず合意や取引ができると考えているという。
4) **前方展開からオフショア志向へ**：巨額の財政赤字を抱えながら，欧州・中東からアジア太平洋へ戦略的転回を進める中で，伝統的な前方展開配備戦略を徐々に縮小し，「エアシーバトル構想」[6]に象徴されるようなオフショア型の均衡達成戦略への移行を志向する。

　ガーフィンクル論文の目的は，オバマ再選を阻めなかった共和党に外交政策面で独自の対抗軸を示すよう勧告することにある。自由・民主主義などの価値や国家主権を尊重し，「力の立場」を重視した外交政策を訴えている。そうした観点から，1期目の軌跡などに基づいて2期目の展開を予測したもので，客観的にも「当たらずとも遠からず」の内容と言えるのではないか。
　中でも，1)「**外交よりも内政**」という見通しについては，大統領自身が2013年1月に行った2期目の就任演説や，その2週間後に連邦議会で行った一般教書演説に明白に現れた。一連の演説で，オバマ大統領は「戦争の10年は終わり，幅広い中間層の肩の上に成長と繁栄を築かねばならない」と述べ，国内経済の回復，財政赤字削減などに加え，移民制度改革，銃犯罪対策，環境・エネルギー，同性愛者の権利保障など，内政上の重要テーマを列挙していった。
　とりわけ共和党との間で積年の対立要因となってきた移民制度，銃犯罪・銃規制，同性愛者の権利保障などを正面に据えたことについて，米メディアは「議会共和党との全面対決も辞さない姿勢」と受け止めた。共和党内では穏健・現実派と呼ばれるデービッド・ガーゲン（David Gargen）元大統領補佐官でさえ，就任演説に対するCNNニュース評論で「左派が求めた通りのリベラル色を臆面もなく全開にした」[7]と評したほどだ。こうした対決的姿勢で2期目に乗り出したことは，外交政策との

関連で心配な材料と言わざるをえない。

　アメリカ政治には「外交・安保をめぐる党利党略は水際でとどめよ」とする伝統がある。外交や国家の安全に関わる政策では党利党略を水際（国境）で抑え，対外的に超党派で結束するという古き良き伝統である。もちろん，そうした伝統は過去にもしばしば破られており，決してオバマ政権が初めてではない。だが，大統領の「リベラル色全開」に対し，保守派や強硬派が改めて敵愾心を燃え上がらせたことも想像に難くない。いくら外交が内政の影響を受けにくいとはいえ，議会，とりわけ下院を中心とする保守勢力を敵対視するかのような「けんか腰」でスタートを切ったのでは，外交案件で超党派の支持を得るのが困難になることが予想され，外交運営に大きな障害となりかねないからである。

　このほか，大統領が就任演説で触れた外交・安保分野に関する言及は，
　－他国との違いを平和的に解決する。
　－米国は世界のあらゆる場所で強固な同盟関係の要であり続ける。
　－アジアからアフリカ，米州から中東まで民主主義を支持する。

などの原則的な抽象論にとどまった。これらをイラン，北朝鮮やシリア問題などにあてはめるとすれば，「力の立場」による外交を発揮するというよりは多国間協議などを通じたソフトな妥協と対話で「平和的解決」を求める姿勢が濃厚といえる。ガーフィンクルが指摘する２）「リベラル国際主義」，３）「対話と妥協」の特徴にも合致する傾向と言えよう。

（2）日本も注視すべき「オフショア志向」

　上記１）～３）の予想は，オバマ氏の思想やイデオロギーにも関連する「内的要因」と言える。しかし，４）「オフショア志向」については，巨額財政赤字や歳出強制削減などの財政上の「外的要因」もからんで，長期的にアメリカ外交の手足を縛る重苦しい要因となりうる。また，日本の防衛と安全にもつながる重要な問題をはらんでいることを指摘しておきたい。

　「オフショア」とは，冷戦終結以降，アメリカの軍事安全保障戦略の

一構想として浮かんでは消えている概念だ。端的に言えば，前方展開・配備されている米軍を当該地域の外に撤退させ，遠距離または域外から抑止のにらみを利かせることで外交・軍事的な均衡を維持する戦略を指す。ガーフィンクルによれば，欧州や中東，アジアなどに前方展開されている戦力を徐々に域外やアメリカ本土に撤退させ，オフショア型関与に切り替えていく志向がみられるという。こうした戦略は米軍駐留費などのコスト低減につながる上，地域で直接戦闘に巻き込まれたり，テロの攻撃対象にされたりするリスクを減らし，財政赤字削減にも寄与するなどのメリットがあるのは確かである。

　その半面，米軍プレゼンスの縮小・低減が同盟国などにもたらすマイナス面も見落とせない。例えば，アジア太平洋で急速に海洋権益を拡大している中国は，米軍の接近や介入を阻止するための「接近阻止・領域拒否（A2／AD）」戦略[8]を進め，これに対抗して国防総省は「エアシーバトル構想」を検討中だ。しかし，これらが将来的にオフショア型戦略へと進んでいった場合，日米同盟にとっては，いわば米国版「駐留なき安保」というべき結果につながる恐れもあることを常に考えておかなければならない。

　尖閣諸島をめぐる日中対立に関し，アメリカ政府は「尖閣諸島は日本の施政下にあり，日米安全保障条約第５条（対日防衛義務）の適用対象」との立場を鮮明にしている。その場合，中国海軍に対して有形無形の抑止力が働く大きな要素が，沖縄の海兵隊や嘉手納空軍基地など直近に位置する米軍の存在にあることは言うまでもない。米海兵隊のグアム移転計画の目的は基地負担軽減にあるが，在日米軍の縮小・撤収は心理的にも物理的にも抑止力の実効性をめぐる議論につながりやすく，オフショア型への移行はそうした問題をはらむ。現時点ではオバマ大統領を含めて，そうした可能性は常に否定されているものの，根底にオフショア志向があるとすれば，日本にとって最も注視しなければならない問題となるだろう。

　オバマ大統領は2013年３月１日，議会との妥協が不成立に終わった

ために歳出強制削減措置発動に署名した。強制削減規模は10年間で1兆2,000億ドルにのぼり，このうち国防費は約5,000億ドルと約半分を占める。国防総省は別途, 2021会計年度末（2021年9月）までに計4,878億ドルの国防費削減計画を進めており，合わせて軍事・安保面で2期目の外交に重い制約となるのは疑いがない。とくに心配されるのは，中国の軍事的台頭に対応する米軍作戦能力である。レオン・パネッタ（Leon Panetta）前国防長官は，退任直前の講演で「西太平洋で海軍の作戦活動は最大1/3削減される。アジア太平洋重視戦略の構想全体に影響がある」[9]と警告しており，そうなれば日本の安全に直結する憂慮すべき事態と言わざるをえない。

　歳出強制削減に続き，オバマ政権は2013年5月と10月にも新たな「壁」に直面した。政府債務が上限に達し，大統領と議会が新たな上限引き上げに合意できなければ新規国債の発行が不可能になるという危機的状況がくり返され，本質的解決は2014年以降に先送りされた。このように，財政危機が波状的に襲ってくる中では，「オフショア志向」が強まることはあっても，弱まる可能性は期待できない。

第3節　山積する課題

(1)「推奨政策」と「想定外」への備え

　オバマ大統領が新たな外交・安保チーム編成を進めていた2013年1月中旬，ワシントンの大手政策シンクタンクの中でも，民主党政権にこれまで多くの人材や政策を供給してきたことで知られるブルッキングス研究所（Brookings Institution）の専門家チームが2期目の外交・安保に関する政策提言書を公表した[10]。執筆にあたったチームには，過去の民主党政権に直接かかわっていた人も含まれている。政権自体の外交政策アジェンダはめったに公表されないが，政策思想や方向性などを考えると，この提言書はオバマ政権が2期目の外交で狙い目とするところを推測する有力な手がかりの1つとみなしてよい。

提言書は以下のように,「大きく賭けよ」(Big Bets) と題して,総論に加えて,成功すれば大きな見返りが期待できる具体的な推奨政策（11項目）を列挙している。また,「想定外の事態」(Black Swans) に備えるべき課題（8項目）も付け加えている。

【Big Bets（推奨政策）】
総論：中東,アジアなどで混迷が広がり,国連,20カ国・地域（G20),欧州連合（EU）などが機能不全に陥る中で,世界は"Plastic Juncture"（可塑性の高い時期）にある。自由と民主主義の価値に基づく世界秩序を再構築する好機で,アメリカは内向きにならずに指導力を発揮すべきだ。イランの核保有や,核拡散防止条約（NPT）体制の崩壊を阻止し,アジアでは日韓インドなどと連携し,中国に対して軍事力に依存しない平和的台頭を促すことが必要である。

1. **中国を引き戻す**（Bringing Beijing Back In）：1期目に始まった「リバランス（rebalance＝均衡回復）」と呼ばれるアジア太平洋重視戦略[11]は成果を挙げた半面,領土・領海紛争の先鋭化などのマイナス効果も生んだ。中国の習近平新体制発足を機に,リバランス戦略を慎重にリバランス（均衡を見直す＝筆者注・リバランス戦略の再考を求めている）すべきだ。地域の国々はアメリカによる安保強化を歓迎しつつ,自分たちは中国との経済交流で潤い,「経済利益は中国に,安保コストはアメリカに」とアメリカだけが損をする構図に陥っている。中国との協調をもっと活かすべきで,今や誰も「米中2極体制」(G2) を恐れてはいない。米中戦略・経済対話を再編・効率化し,海洋の緊張緩和,軍同士の対話促進,北朝鮮問題での協力などを条件に,中国にも環太平洋経済連携協定(TPP)への参加などを持ちかけてはどうか。
2. **インドへの投資**：地政学的位置,潜在的国力,民主主義などインドの重要性は明白だ。米印の対立を生むイラン,パキスタン関係などを克服し,自然な協調的関係を強化すべきだ。
3. **対イラン政策**：核問題の解決は歴史的業績になる。制裁緩和と引き

換えに，一定のウラン濃縮活動も許容した上で，合意のための取引を急ぐべきだ。交渉解決は最良のオプションであり，失敗に終わっても「外交をつくした」ことの証明になる。

4. **シリア問題**：シリアは2006年のイラクと同じで，放置すればテロや混迷の温床となる。反政府組織「シリア国民連合」への本格支援に踏み切り，多国間協調で指導力を発揮すべきだ。
5. **対キューバ政策**：略
6. **エネルギーと気候変動**：略
7. **両大洋で自由貿易を**：アジアでTPP，欧州とは環大西洋自由貿易協定 (Trans-Atlantic Free Trade Agreement, TAFTA) を結び，太平洋と大西洋で自由貿易体制を構築する。TPPは10月決着を，TAFTAは2014年中間選挙前に合意をめざす。自由貿易はアメリカの成長，不況脱出，力の均衡の回復に不可欠だ。日韓など13カ国の「TPP13」が成立すればアメリカは年間780億ドルの収益が見込まれ，TAFTAは米欧貿易を20％（年間2,000億ドル）拡大する。
8. **東アジア海洋安保** (Calming the Eastern Sea)：領土・資源争奪にナショナリズムも絡み，アメリカが紛争に巻き込まれる危険がある。紛争回避メカニズムが必要で，「小さな岩や島をめぐって戦争に引き込まれては何の利益もない」。領有権や資源共同利用なども仲介すべきでない。アメリカの利益は衝突リスクの削減にあり，中国に自制を求める必要もある。
9. **新たな戦争ルール**：無人攻撃機やサイバー攻撃に関する新たなルールが必要だ。
10. **国防支出削減**：国家安全保障戦略上必要な枠内で，控えめな削減にとどめるべきだ。
11. **新STARTの後継条約**：米露核弾頭を2,000～2,500発，配備済み弾頭1,000発以下の後継条約を進める。欧州ミサイル防衛（MD），核実験全面禁止条約(CTBT)批准などにつなげる。

【Black Swans（想定外事態に備えを）】
1. **中国革命と戦争**：国内の動乱や対外戦争に備えを。米中の対話と情報交換が肝要。
2. **ユーロ圏**：ユーロ圏崩壊は世界GDPの10％喪失につながる。英国のEU離脱をいさめよ。
3. **朝鮮半島の米中対立回避**：北朝鮮有事に備え、外国人の安全退避策などの事前調整が必要。
4. **アフガニスタン情勢混迷**：略
5. **サウジアラビア革命**：略
6. **中東合意崩壊**：エジプト・イスラエル和平条約は中東政策の要である。モルシ・エジプト政権、軍、野党勢力との緊密な情報交換を欠かさない。
7. **パレスチナ自治政府破綻**：略
8. **巨大な雪解け（地球温暖化）**：環境有事に備えを。

　当然のことながら、これらはあくまで1シンクタンクの提言にすぎない。だが、逆に言えば、政権の外からみても2期目はこれだけ多くの課題を抱えているということでもある。しかも、現実の動きをみていくと、オバマ大統領は2月12日の一般教書演説で「欧州連合(EU)との包括的貿易・投資協定の交渉にも着手する」と述べ、「推奨政策」7. **自由貿易**（太平洋と大西洋で自由貿易体制を構築する）とほぼ寸分違わない政策を発表した。また、次節で触れるように、ケリー国務長官の対中姿勢にも提言書と同じ方向性が見受けられる。さらには、8. **東アジア海洋安保**で日中間の不測の衝突や対立を回避するための方策を重視していることなどを考え合わせると、ブルッキングス提言書は、実際にオバマ政権2期目の外交政策にとって、かなり重要な指針となっているとみることもできそうだ。

　(2)「中国を引き戻す」
　提言書の中で何よりも注目されるのは、1期目後半の2011年秋にク

リントン国務長官を中心に打ち出されたアジア太平洋重視戦略について「成果を挙げた半面，（中国を疎外するという）マイナスもあり，もう一度見直すべきだ」と訴えていることだろう。

その理由として，アメリカが地域の同盟国などに対する安全保障誓約（コミットメント）を強化したことを諸国は歓迎しているものの，同じ諸国は「着々と中国と経済交流を深め，その実利を享受している」と主張する。その背景には，こうした戦略の下で安全保障コストの大半を担うオバマ政権にとって，いわば「アメリカだけが諸国の安全を保障する損な役回りで，貧乏くじを引かされている」という損益計算がうかがえる。さらには，「アメリカが日本やベトナム，フィリピンなどの国々を対中牽制行動にけしかけているかのような誤った見方を中国に与えている」とも分析している。

その上で，中国と協調できる分野をもっと活用し，中国を積極的に取り込んで「米中協調」を深めるよう提言している。地域諸国は「誰も米中いずれかの陣営を選ぶことなど求めていない」とし，「米中２極体制」（G2）を恐れる国はどこにもない，とも指摘している。

確かに，１期目の戦略の下では，新たに米豪協定を結んで米海兵隊を豪州北部に巡回配備させたほか，南シナ海の領土・領海紛争ではベトナムやフィリピンに近い立場で中国がいやがる多国間協議を求めた。１期目のオバマ・クリントン外交では，「対中包囲網」を築いてその強引な海洋権益拡大行動を牽制する方向性が強調され，「対中抑止・牽制」の側面が強かったのは事実である。2012年に国防総省が発表した「新国防戦略指針」が「均衡回復（rebalance）」をキーワードに据えたことも，同じ趣旨を内外にアピールする効果を狙ったものに違いない。

これとは対照的に，「中国を引き戻す」とする提言は，対中戦略を「対中協調」重視の方向へ再修正する狙いが明らかだ。この提言部分を執筆したのは，クリントン大統領の対中戦略顧問を務めたケネス・リバソール（Kenneth Lieberthal）元ミシガン大学教授[12]であり，クリントン政権時代の対中姿勢を踏襲する流れとも言える。だが，リバソールらが対中戦略

を担当した時代の中国は，軍事力もずっと小さかった。対外姿勢もはるかに抑制的かつ低姿勢で，経済・通商を中心に米中協調の豊かな可能性をはらんでいた。現在のように，強圧的な対外姿勢を隠そうともしない中国とは全く異なるイメージの国だったことを忘れてはならない。

江沢民，胡錦濤両政権を経て，習近平政権へ移行を果たした中国は，2007年に日本の防衛予算を上回り，ステロイド注射のように20年以上も2桁の国防費増強を続け，今やアメリカに次ぐ世界第2の軍事大国に変身した。南シナ海などを「核心的利益」として周辺国を圧倒し，危険な挑発行動が目立つからこそ，1期目のアジア太平洋重視戦略が地域で歓迎された経緯もある。「抑止・牽制」と「協調」のバランスをいかに保つのか，いずれに軸足を置くかの判断は，中国の行動によるところも大きいが，2期目の対中戦略で最も重要な核心部分となるはずだ。

第4節 外交・安保チーム

(1)「対中協調」重視──ケリー国務長官

興味深いことは，ブルッキングス提言書の公表から1週間後の1月24日，上院外交委員会で行われたケリー国務長官の指名承認公聴会の質疑応答で，ケリー長官がほぼ提言の趣旨に沿った発言を展開したことである。

ケリー長官は「中国を敵対者とみなすべきではない。中国は世界の経済大国であり，関係の強化が重要だ」と証言した。また，1期目から進行中のアジア太平洋の米軍態勢強化についても「増強が不可欠であるとは，私はまだ得心していない」と語り，「中国からみたら，『米国はわれわれを包囲するつもりか』と言うだろう。慎重に進めなければならない」と，対中配慮をことさら強調する発言を繰り返して周囲を驚かせた[13]。

長官はこの後，「私は中国の意図や行動を決して見誤っているわけではない。（米軍態勢を）現行水準から後退させると主張しているのでもない」と語り，発言のニュアンスの修正を試みたが，どこかとって付けた

ような印象は否めなかった。1期目と2期目は別であるにせよ，アジア太平洋重視戦略の公表は2011年秋で，国防総省が新国防戦略指針を発表して本格的な米軍態勢強化に入ったのは2012年のことだ。それからまだ1年余しか経っていないにもかかわらず，国務長官が「態勢強化の必要性を確信していない」と発言したのでは，政権の外交・安保戦略の一貫性を問われかねない。同盟諸国や中国に対し，誤ったメッセージの発信ともみられかねなかった。

　日米同盟に関する認識も問われている。前任のクリントン長官は，4年前（2009年1月）の同じ指名承認公聴会の場で，日米同盟を「東アジアの平和と安定の礎石」と明確に位置づけた。これに比べ，上記の公聴会質疑でケリー長官は，アジア太平洋の平和と安全を守る「公共財」とされてきた日米同盟には一切言及しようとせず，日本の役割にすら触れなかったのは残念としか言いようがなかった。

　ケリー長官は1966〜70年にベトナム戦争に従軍し，除隊後は反戦運動に身を投じた華やかな政治的経歴を誇る。1984年から上院議員を5期務め，「議会の外交通」としても知られる。2004年大統領選では，ブッシュ前大統領の再選を阻止するために民主党大統領候補となった。その際，民主党全国大会での応援演説に新人のオバマ上院議員を登壇させたことがオバマの実質的な「全米デビュー」となり，一気に知名度を高める契機となった。そのこともあって，オバマ大統領の個人的信頼も厚い。2012年の大統領選では，大統領テレビ討論に備えたオバマ陣営のリハーサルで，ケリーがミット・ロムニー共和党候補の代役を務めたことでも知られている。

　対中戦略をめぐっては，既に政権1期目の当時から，「牽制・抑止」の側面を重視するクリントン長官やその側近のカート・キャンベル（Kurt M. Campbell）前国務次官補らの通称「国務省グループ」と，「協調と妥協」を重視するジョー・バイデン（Joseph Biden）副大統領らの「ホワイトハウス・グループ」との間でかなり激しい路線対立があったと伝えられる。大統領は当初，新たな国務長官の「本命候補」として，地元シカ

ゴ時代から自身の外交顧問を務めてきた当時のスーザン・ライス（Susan Rice）国連大使を念頭に置いていたとされている。しかし，ライス大使が失速して指名を辞退した[14]後に，ケリーが第2候補として浮上した。

　この際に，バイデン副大統領はケリーを「議会の外交通」として国務長官候補に強く推薦したとされている。上記の対中戦略をめぐる1期目の路線対立の経過なども考えると，ケリー長官がバイデン・グループと歩調を合わせて「対中協調」重視に流れやすいと指摘される傾向があるのは，十分にうなずけよう。

　確かに，「2極世界」の構図の下で米ソが対峙した冷戦時代とは異なって，21世紀の米中関係がはるかに複雑なものであることは言うまでもない。中国はソ連のような「敵対国」とは言えず，イランや北朝鮮問題をはじめ，環境，食糧・エネルギー，貧困，人口，疾病など多種多様な地球規模課題でも，国際社会は米中の相互協力をこれまでになく必要とし，今後もますますそうせざるを得ない。「世界の成長エンジン」としての中国の経済的重要性も言うにまたず，経済・通商面の米中相互依存関係も深まって行く一方だ。

　だが，そうした21世紀の大国であるからこそ，その国際的責任もまた大きいと言わなければならない。外交・安保分野にせよ，経済分野にせよ，中国が国際社会の規範やルールに沿った方向で自らを厳しく律することができないのであれば，危険な行動や挑発的な対外姿勢を抑止し，牽制する態勢や枠組みが不可欠になる。クリントン長官が1期目のアジア太平洋重視戦略の中で着手した包囲網づくりもそうした意図に基づく長期的対応だったと言えるだろう。

　一方で，ケリー長官は上記の指名公聴会で「（アジア太平洋重視戦略は）欧州や中東を犠牲にするものではない」とも語っている。実際，就任後初の外遊先にあえて欧州と中東を選んだことも対照的な外交行動だった（クリントン長官の最初の訪問は日本，中国の順だった）。あえて，前任者のクリントンとは異なるカラーを示そうとしただけかもしれないが，ベトナム従軍歴を別として，ケリー長官はアジア太平洋関係でこれまで目

立った政策や問題提起を行ってはいない。1期目にオバマ政権が国際テロ組織アルカイダの指導者オサマ・ビンラディンを殺害した作戦後，大統領特使としてパキスタンを訪問し，対米関係修復に尽力したことがあり，これが最近では最もアジアに近づいた外交といえる。政権内では，中東和平，イラン，シリア問題などで交渉能力に期待する声もあるが，アジア太平洋に関しては未知数とみるべきだろう。

(2)「分裂の象徴」か？——ヘーゲル国防長官

4年前の1期目発足にあたり，オバマ大統領はリンカーン大統領の「チーム・オブ・ライバルズ」の故事にならって，大統領選で最大のライバルだったクリントンを国務長官に起用した。国防長官には「手堅い現実主義者」という評価の高いロバート・ゲーツ (Robert Gates) をブッシュ前政権から引き続いて留任させた。いずれも，アメリカ内外で「現実的で巧みな人事」と評価され，称賛されたのは周知の通りである。

ところが，これに比べて2期目の外交・安保人事では，前に触れたように国務長官の「本命」とされたライス大使の指名問題で失敗したのに続き，ヘーゲル国防長官の指名承認に際しても，議会との間で少なからぬ軋轢を招いた。このことも，2期目の外交・安保にかけるオバマ大統領の意欲や情熱の度合いが問われる一因となっている。

ヘーゲル長官はケリー国務長官と同じくベトナム従軍歴を持ち，しかも名誉の負傷者などに贈られる「パープルハート勲章」を2回受章している。1997年〜2009年にかけて共和党上院議員を務めたが，政治的には「一匹狼」的な行動が多く，ブッシュ前政権にも批判的だった。米メディアからは「意固地な性格」とも評されている。このこともあって，指名承認プロセスでは共和党保守派などを中心に指名に反発する空気が強かった。

とりわけ，ブッシュ前大統領による米軍のイラク増派決定（2007年1月）に対し，「ベトナム戦争以来の最も危険な政策」と口を極めて非難したことや，2001年，2008年にイランに対するアメリカ独自の経済制

裁についてそれぞれ反対を表明した上院議員2人のうちの1人であったことなどから，共和党側の強い疑問や反対に直面させられた。イランの核保有問題に関しても，自著で「仮にイランが核兵器を保有しても，それなりに責任ある行動をとるようになるので，そんなに悪いことではない」と述べたとメディアに報じられた。また，イスラエル寄りの政策を求めるユダヤ系ロビーを強く批判したこともあって，「反イスラエル議員」とのレッテルを貼られたこともある。

　このため2013年2月12日，上院軍事委員会で指名がやっと承認された際の表決では，民主党委員全員の賛成14に対し，出席した共和党委員の11人全員が反対票を投じるという前代未聞の展開となった。また，委員会で承認された場合には，時日を置かずに上院本会議で正式承認されるのが通例であるにもかかわらず，ヘーゲル長官の場合は，本会議でも一部共和党議員が長時間の演説をふるって議事を妨害するフィリバスターに打って出るなどしたために，委員会での承認から本会議承認まで2週間もかかった。しかも，本会議で正式承認（2月26日）された際の表決は，賛成58票，反対41票と大きな亀裂を露呈する形に終わった。国家の防衛と安全を担う国防長官の指名承認案件では，野党も含めて超党派の圧倒的賛成で承認されるのがこれまでの良き伝統だっただけに，厳しい党派対立を象徴する異例の採決結果として「汚点」を残したのは惜しまれる。

　だが，こうした事態は当初，国防長官候補にその名が浮上したころから半ば予想されていたことでもある。にもかかわらず，オバマ大統領が指名発表の際に「ヘーゲル氏はベトナム戦争従軍経験もあり，超党派の伝統を象徴している」と，「超党派」をことさら強調してみせたのは，保守派をあえて挑発しようとした観もなしとしない。

　ヘーゲル指名の裏には，別のうがった見方もある。国防分野では，2014年末に予定される米軍のアフガニスタン撤退や，今後様々な論議をはらむ国防費の大幅削減など，やっかいな課題が山積している。これらを共和党員の長官にすべて押しつけることによって，「オバマ大統領

は民主党の手を汚さずにすむという政治的打算からヘーゲル起用に踏み切ったのではないか」という見方が政界の一部にあることだ。今後，国防政策の方向をめぐって議会がいくら紛糾しても，大統領はこれを「共和党内の意見が割れているためだ。原因と責任は共和党にある」と説明することができ，2014年の中間選挙へ向けて共和党を分裂状態のままに引きずって行くこともできるからだ。

　ヘーゲル長官は，指名承認公聴会では「世界最強の米軍を維持する」と語り，アジア太平洋重視戦略に関しても「戦略を継承し，日本，韓国，豪州などとの同盟関係を強化し，北朝鮮などの挑発から守るために地域の国防態勢を近代化させる」と約束していた。しかし，指名が承認され，就任宣誓を行った後の職員訓示（3月27日）では，「アメリカは世界に命令できるわけでなく，世界に関与していかなければならない」との認識を明らかにした。アメリカと同盟国の資源を「賢明に用いなければならない」とも語り，力の行使には慎重な姿勢に回帰したかのような印象を残した。

　ヘーゲル長官はケリー国務長官と同じように，上院時代には中国に対する「協調重視」の発言傾向がみられる。また核・ミサイル実験を繰り返す北朝鮮に対しても，制裁強化よりは米朝の「2国間対話」を優先する発言で知られている。こうした点は，議会の保守派などから折りに触れて批判や攻撃される材料となる恐れがある。いずれにせよ，超党派の祝福を受けて円滑に国防政策が引き継がれた1期目のゲーツ長官人事とは打ってかわり，ヘーゲル長官の政策運営には今後も様々な難儀や軋轢が予想されるとみなければならない。

(3) 必殺の「ヒットマン」――ブレナンCIA長官

　新外交安保チームのもう1つの柱は，ジョン・ブレナン（John Brennan）中央情報局（Central Intelligence Agency, CIA）長官である。1980年にCIA入りした生え抜きの情報専門家で，約25年間にわたり主にイスラム過激派のテロ対策などを担当してきた。民主，共和党両政権に

仕え，党派色はほとんどみられない。ブッシュ前政権でイラク開戦を主導したジョージ・テネット（George Tenet）長官の下で首席補佐官，副長官などの重職を歴任したほか，2001年の9/11同時多発テロ後，国家情報長官（DNI）の下に創設された「対テロ国家センター」（National Counterterrorism Center, NCTC）長官代行も務めている。イラク戦争終結の「英雄」とされながら，不倫問題で辞任に追い込まれたデービッド・ペトレアス（David Petraeus）長官の後任となった。

ブレナン長官はとくに最新軍事技術の粋を集めた無人攻撃機の積極的な活用論者としても知られ，国際テロ組織の首謀者や幹部らを標的とした攻撃作戦に熱心とされる。2008年大統領選当時からオバマ陣営の政策顧問に加わっていた経歴もあって，大統領の個人的な信頼も厚い。ブレナンをCIA長官に起用する構想は1期目の2009年当時からあったものの，ブッシュ前政権時代に政治問題化したテロ容疑者らに対する「水責め」など苛酷な取調べ問題に連座して責任を問われかけたために，実現しなかったといういきさつがある。

1期目から対テロ政策に関する大統領特別補佐官に起用され，オバマ大統領と面談してテロ首謀者らの「暗殺候補リスト」を提示し，その承認を得る最終窓口役を務めてきたという[15]。2011年5月，外交・安保面でオバマ政権1期目の大きな業績とされている国際テロ組織アルカイダ指導者，オサマ・ビンラディン（Osama bin Laden）容疑者の殺害作戦でも主要な役割を果たし，政権の重要課題の1つである対テロ作戦には欠かせない「必殺のヒットマン」役と言える。

だが，オバマ大統領がブレナン長官を新外交・安保チームの柱に登用した意味は，これだけではないだろう。

もともとオバマ大統領は，1期目から地上軍の長期駐留を伴うような対外軍事介入には消極的だった。ブッシュ前政権が主導した「テロとの戦争」に関しても，オバマは民主主義的統治の確立や戦後復興も含めて長期かつ多大な人的犠牲や財源を余儀なくされがちな「国家建設」（Nation Building）活動に手を染めることを嫌い，むしろ，テロ組織やその首謀者，

幹部らをピンポイントで排除（殺害を含む）する形の作戦行動を志向してきた。いわば「米軍駐留型」の対外軍事介入を，より短期的かつ機動的な「ピンポイント攻撃型」に改める意味で，ブレナン長官はうってつけの役割なのである。

　無人攻撃機の活用やピンポイント攻撃の多用など，ブレナン長官に象徴される対テロ作戦は，第２節で触れたように，ガーフィンクルが「オフショア志向」と呼んだ「伝統的な前方展開戦略を徐々に縮小し，オフショア型の均衡戦略をめざす」志向にもピタリと合致する。ケリー国務，ヘーゲル国防両長官が対外軍事介入に慎重とみられることともあいまって，これら３人が運営する２期目の外交安保政策は，アメリカの国家安全保障戦略全体にとっても１つの構造的な変革へつながっていく大きな可能性を予感させるものがある。

　ブレナン長官は2013年３月７日，上院で正式に承認され，２期目の外交・安保チームの閣僚級の陣容が整った。大統領は「国家の安全を守る決意など，上院は私が重視するブレナン氏の資質を認めた」と声明した。長官は当面，中東，北アフリカなどに拡散しつつあるアルカイダの残党組織やイスラム過激派系テロ集団の監視・掃討作戦などに力を注ぐことになろう。

　しかし，指名承認審議では，ブレナン氏が無人機による暗殺作戦を主導してきたことから，「（海外の）米国人をも標的にした攻撃が行われるのではないか」との疑義が出され，表決まで１カ月近く空転を重ねた。また，ヘーゲル国防長官のときほどではないが，ブレナン長官の採決結果も圧倒的賛成と呼ぶには至らず，賛成63，反対34に割れる結果となった。２期目の外交・安保チーム主要３閣僚のうち，２人までが上院指名承認で２分される結果となったことは，政治的に今後も要注意のサインと言えよう。

第5節　アジア太平洋重視戦略の行方と日米同盟

(1)「パート2」は「外交・安保」と「経済・通商」の両輪

　前節では、「対中牽制」を重視するクリントン前国務長官と、「対中協調」を重視するケリー国務長官の対照的なニュアンスの違いに触れた。だが、実はオバマ政権2期目のアジア太平洋重視戦略の行方には、両者の単純な図式だけでは描き切れない部分がある。

　そのことを示すのは、任期終了を間近にした2012年11月、クリントン長官がシンガポールで行った外交演説である[16]。経営大学に学ぶ学生らを相手にした講演の中で、クリントン長官は「21世紀の歴史はアジアで書かれつつある。戦略・安全保障面でのわれわれの努力は既に周知のことだが、経済の重要性についてはまだ周知されていない。だが、アジアでも世界でも、**戦略環境を形成するのは経済である**」と語り、オバマ政権2期目ではアジア太平洋重視戦略の重点が経済・通商分野に置かれるという戦略的方向を強く示唆していた。

　アジア太平洋重視戦略を2011年秋に初めて打ち出して以来、オバマ政権が外交で「戦略的転回（ピボット）」、軍事では「リバランス（rebalance）」と呼ばれる戦略を展開してきたことは既にみてきた通りだ。とりわけ1期目は、軍事面で米海軍主力の約6割を太平洋に振り向けるなど、主に中国を念頭に置いた抑止と牽制の水準を引き上げ、外交面でも同盟国・協力国とのネットワークを拡大強化して中国を包み込む方向で展開を進めてきた。クリントン長官によると、こうした1期目の外交・軍事面における「周知の努力」をアジア太平洋重視戦略の「パート1」と位置づけるとすれば、「パート2」となる2期目においては、経済・通商面に力を注ぐということになる。つまり2期目のアジア太平洋重視戦略は、**「外交・安保」と「経済・通商」を両輪**として中国の台頭に対処し、同時にアジア太平洋の経済的活力をアメリカのために活用していくということだ。

　その根底にあるのは、2011年秋のクリントン論文が指摘していたよ

うに,「アジアの成長と活力を利用することがアメリカの経済・戦略的利益の核心であり,大統領が最優先する政策でもある。アメリカの経済回復には成長を続けるアジアの巨大消費市場の活用が必要であり,また戦略的には南シナ海の航行の自由を守り,北朝鮮の大量破壊兵器（WMD）拡散を阻止し,地域主要諸国の軍事的透明性を確保することを通じて,アジア太平洋の平和と安全を堅持することが世界の成長にとってもますます決定的重要性を持つ」[17]という基本方針である。

　また,同論文の中で,クリントン長官は自ら「前方配備外交」"forward-deployed diplomacy" と命名した積極外交の下で,以下の6つの「行動計画」を提示していた。
　1) 2国間同盟を強化する。
　2) 中国など台頭する諸国との協力関係を深める。
　3) 地域の多国間機構に関与する,
　4) 貿易と投資を拡大する。
　5) 広範な軍事プレゼンスを形成していく。
　6) 民主主義と人権を進める。

　これらのうち,1)と5)に関しては「日本,韓国,豪州,フィリピン,タイとの同盟条約はアジア太平洋戦略を推進するテコである」とし,具体的には米海兵隊の広域分散配備などに踏み切り,日米を中心に各同盟国との協力・連携の強化に着手した。また,3)の多国間機構への関与では,2011年11月,インドネシア・バリ島で開かれた第6回東アジア首脳会議（East Asia Summit, EAS）にオバマ大統領が初めて正式参加国として出席し,南シナ海の海洋安全保障をめぐる論議を主導して,中国の独善的な姿勢を強く牽制したことに象徴されよう[18]。

　6)の民主主義と人権の拡大についても,2011年末のクリントン長官,次いで翌2012年11月のオバマ大統領によるミャンマー訪問によって同国軍事政権の民主化拡大を促し,中国の政治的影響下から切り離そうとする外交攻勢が進められたことが挙げられる。主として2期目に残され

たのは，2)の協力関係と4)の貿易・投資の拡大ということになる。

　上述のシンガポール演説の中で，クリントン長官は「経済的な解決策は戦略的課題にも活用される」と語っており，今後は経済支援をテコに民主化を促すという上記の「ミャンマー方式」を北朝鮮などの国々にも適用していく狙いを滲ませていた。このように，1期目のクリントン外交の下では主に「外交・安保」面を軸としてアジア太平洋重視戦略が実行に移されていったと言える。これに加えて，2期目においては「経済・通商」面に軸足を置いて推進していこうとするのがクリントン演説の重要なポイントだったとみるべきだろう。

　「**経済（力）が戦略環境を形成する**」というクリントン長官の認識は，一般論としては格別に目新しいこととは言えない。しかし，リーマン・ショックを体験し，その後も債務上限問題など未曾有の財政・経済危機に直面させられているアメリカにとっては，極めて核心を衝いた指摘でもある。このことは，ケリー長官が指名承認公聴会の第一声などで「外交はすなわち経済だ」と繰り返していることと本筋では一致する。また，2013年2月22日，ワシントンで行われたオバマ大統領と安倍晋三首相の初の日米首脳会談で，米側が最大の焦点としたテーマが環太平洋経済連携協定（TPP）交渉の早期妥結と日本の参加問題[19]であったことも，そうした戦略的狙いを端的に物語っているとは言えないか。先に触れたように，オバマ大統領が一般教書演説で大西洋と太平洋の両面で広域自由貿易体制の構築を打ち出したことも，このような戦略と軌を一にするものだ。

　もともとTPPや，欧州との大西洋自由貿易協定は市場開放，自由競争などの理念に基づいて進められ，これらの原則を容易に認めようとしない中国などの国々を牽制する地政学的な意味合いも内包していると指摘されてきた。TPP交渉にかかわろうとする国々の中で，経済力・規模でみればアメリカが第1で，次は日本である。したがって，アメリカが描く戦略からすれば，アジア太平洋重視戦略の2期目の重要な柱となるTPPに日本の参加がどうしても欠かせないのは明白と言わざるをえな

い。オバマ政権2期目の最大の狙いは，通商と経済力の回復や自由貿易の枠組みをアジア太平洋から世界へ拡大することによってアメリカのグローバルな戦略環境を再構築し，外交，軍事，経済のすべての分野で中国との間の「パワー」の均衡を回復することにあるとみることも不可能ではない。

だが，その場合に決して忘れてならないことは，アジア太平洋重視戦略にとって「外交・安保」と「経済・通商」を不可分の両輪として進めなければならないということである。外交・安保面で適切な「抑止・牽制」を維持しつつ，それと同時に経済・通商面を中心とする「協調と相互依存」を図らなければ，総合的なパワーの回復という戦略的環境の再構築にはつながらない。経済・通商上の実利だけを追求するあまりに，牽制と抑止の側面を怠ってはならないだろうし，逆に牽制と抑止だけに集中して協調と相互依存のメリットを見失っては，かえってマイナス面が増えることになりかねない。2期目の外交を担う新チームには，そうした総合的視点と適切なバランス感覚がとりわけ求められていると指摘しておかなければならない。

(2) アメリカ側の「巻き込まれ警戒論」と日米同盟

オバマ政権がアジア太平洋重視戦略を打ち出すに至った主な原因は，1期目初期の対中政策の「甘さ」に気がつき，南シナ海などを中心とする中国の軍事的台頭と強引な海洋権益拡大行動がもたらすリスクに着目せざるを得なくなったことだった。2011年以降は当初の「対話と協調」路線だけでなく，「抑止」とヘッジ（軍事安保上の保険）に軸足を置き直したことが始まりと言える。

だが，客観的にみても，アメリカの財政・経済は完全な再生には程遠く，ブルッキングス政策提言書にもみられるように，中国を念頭に置いた抑止・牽制にかかわる安保コストについて「アメリカだけが負担する損な役回り」と捉える消極的な見方がアメリカ国内にわだかまり始めたことは，否定しようのない現実だ。さらには，アメリカの「中国寄り」の専

門家の間では「アジア太平洋重視戦略は，中国指導体制の本質的脆弱さを見誤ったものであり，不安をあおることでかえって中国を攻撃的にし，地域の安定や米中協調の可能性を損なうだけである」として，戦略自体の再考や修正を唱える意見も出始めている[20]。ブルッキングス提言書や，第4節で触れたケリー国務長官の公聴会証言なども，こうしたアメリカ国内の情勢とは決して無縁ではないだろう。

　日米関係という視点で考えた場合，2期目のアジア太平洋重視戦略の「両輪」を成功させていくには，アメリカ単独の力ではどうしても限界があり，そこで重大な役割を期待されるのは何といってもアジア最大の同盟国である日本にある。そこでは，当面の課題として（1）尖閣諸島問題などに象徴される日中の緊張に対し，アメリカ側で見え隠れする「巻き込まれ警戒論」にどう対応していくのか，（2）上記の「抑止・牽制」にかかわるコストを日本などの同盟諸国がいかに負担していくのか——という2点に取り組むことが必須となる。

　オバマ政権2期目の外交の「アキレス腱」が歳出強制削減措置に代表される財政危機にあることは言うまでもない。2013年に危惧された「財政の崖」は，大統領と議会が暫定予算をつなぐことで何とか回避できたにせよ，第2節で触れたように，巨額の財政赤字はいずれ削減しなければならない。問題はいささかも消えたわけではない。中国との協調を重視する一方，尖閣問題などを念頭に，「小さな岩や島をめぐって戦争に引き込まれては何の利益もない」（ブルッキングス提言書）などと，日中衝突に巻き込まれる危険の回避を求める意見が出てくる背景も，たどって行けばそこに帰着するのかもしれない。

　とりわけ日本の安全や日米同盟の運営・強化にとって心配なことは，アメリカの国防費が長期にわたる削減を強いられることだ。オバマ政権は既に10年間で4,870億ドルの削減に着手しているが，議会との対立が解消されなければ，さらに5,000億ドルの削減を追加される公算が大きい。合わせて「10年に1兆ドル」という長期・大幅な国防費の削減は，単純計算でも年に1,000億ドルに相当する。これは，日本の防衛関係費

（2012年度で4.6兆円）のざっと２年分をも上回る金額だ。日米を合わせた防衛費という枠組みで考えるならば，仮に日本が防衛予算を２倍に増やしていったとしても，アメリカ側でほぼ同額以上の資金が毎年削られていく計算となる。これは同盟としてまさに深刻と言うほかはない事態である。

　例えば，2012年１月にパネッタ国防長官が発表した削減計画によれば，「５年間で陸軍８万，海兵隊２万の約10万人を削減する」とし，空軍では最新鋭ステルス戦闘機Ｆ35の調達数の４割が先送りされ，海軍でも新たな建艦数が退役艦船の数に追いつかない状態が生じつつある。

　これとは対照的に，2013年３月に始まった中国の第12期全国人民代表大会（国会）で，温家宝首相などが公表したところによれば，2013年の中国国防予算は前年実績比10.7％増の7,406億2,200万元（約11兆1,100億円）[21]と３年連続で２桁の伸びを維持し，初めて7,000億元の大台に乗った。これに対して，日本の2013年度予算案の防衛関係費は前年度比わずか0.8％増の４兆6,804億円で，中国国防予算は公表分だけでも日本の約2.4倍に達した。

　米中の国防費を比較すると，絶対額ではまだ彼我に５倍前後の差があるとはいうものの，今後のアメリカの削減と中国の増強というペースと方向性を考慮すると，５年後，10年後が思いやられる傾向と言わざるをえない。オバマ大統領は「全体の削減は避けられないが，アジア太平洋の米軍プレゼンスは堅持する」と約束しているが，外交にせよ，経済にせよ，いわゆるソフトパワーを支える基盤はハードな軍事力の備えにあるという「鉄則」を忘れてはならない。だが，現実の政治では，こうした情勢が「日中の対立にアメリカが巻き込まれてはならない」といったリスク回避論に拍車をかけることになりかねず，日米両政府にとっては警戒が必要だ。

　戦争や対外軍事介入といった事態にならない限り，国防費の削減がもたらす影響は主に遠い国外で徐々に派生していくことになりがちだ。アメリカ国内に暮らす一般国民の目にはなかなかみえにくい。国民生活に

目に見える影響が及ぶ社会保障，教育などの分野と比べると，国防費が真っ先に削られやすいのはそのためでもある。アメリカの国防費削減が恒常的現実となっていく事態に備えるためにも，日本は自らの努力を飛躍的に高めると共に，日米共同防衛態勢の強化や効率化を進めることが不可欠になる。自らの防衛に一層の責任を持つと同時に，日米同盟をどのような方向で強化していくか，そのコストをいかに負担しあうか――といった具体的課題に沿って緊密な協議を続けることが欠かせないだろう。

第6節　おわりに

　オバマ政権2期目の外交課題は山積しているが，中東・アフリカ情勢から国際経済に至るまで，中国の台頭が直接間接的に21世紀の世界全体にもたらしている重要性を考えると，何といってもアジア太平洋重視戦略の「パート2」がどう展開していくかが最大の焦点となる。その上に，財政面の厳しい制約がアメリカの内政・外交全般に重くのしかかっていることを踏まえれば，「パート2」の展開には日本など同盟・パートナー諸国の連携と協力が大きなカギとなる。

　この点に関しては，2012年末まで約3年間の日本の民主党政権下で日米同盟関係が憂慮すべき状態に陥ったことを振り返って反省する必要があろう。オバマ大統領は2009年11月に初めて訪日し，東京で日米首脳会談に臨んだ翌日，アジア太平洋政策に関する初の本格的外交演説を行った。この演説で，オバマ大統領は自身を「アメリカ初のアジア太平洋大統領」と呼び，「アジア重視，日本重視」を強くアピールするなど，重要な内容や呼びかけを含んでいた。

　にもかかわらず，当時の鳩山由紀夫首相は初めからオバマ演説を聞こうともせずに，首脳会談を終えると，大統領を東京に置いたまま，政府専用機でアジア太平洋経済協力会議（APEC）首脳会議の開催地シンガポールへ出発してしまった。APECはオバマ大統領も出席することがわ

かっているのに，同盟国の指導者としてありえない非礼外交だった。アメリカ側から決して表には出ていないものの，こうした扱いが大統領自身や対日・アジア外交にかかわる米政府高官らに大きな失望と不信感を植え付けたことは，想像に難くない。

その一方で，オバマ政権は2010年秋から翌2011年にかけて，尖閣諸島沖の中国漁船と日本の海上保安庁巡視船の衝突事件などをめぐって日中の緊張が高まると，国務省や国家安全保障会議（NSC）の中国派を更迭し，対日重視人脈に入れ替える人事を敢行した。例えば，NSCのアジア上級部長ジェフリー・ベーダー（Jeffrey Bader）に代えて，ダニエル・ラッセル（Daniel Russel）日本・朝鮮部長を昇格させるなどの人事である。にもかかわらず，日本側でこうした対日重視人事を生かすような外交を十分に展開できなかったことは極めて残念としかいいようがない。

2012年8月，アメリカの知日派グループが発表した「アーミテージ・ナイ」第3報告[22]は，こうした情勢についての危機感をみなぎらせていたと言える。報告は「日米同盟が存続の危機にさらされている」と日本側に警告し，「日本は一流国家であり続けたいと望むのか，それとも二流国の地位に甘んじて零落するのか？」などと異例の問いかけを行ったことは記憶に新しい。こうした流れも振り返った上で，改めて痛感されるのは，オバマ政権2期目の外交の重要な柱となるアジア太平洋重視戦略を地域の平和と安全，繁栄を堅持する方向へ成功裏に展開させていくことは，アメリカのみならず日本にとっても極めて大切だということである。アメリカと日本が21世紀のアジア太平洋でどんな役割を果たしていくのか，中国との関係をどう設計していくのかという道筋も，そこから決まってくるのではないだろうか。

注
1　クリントン大統領は2000年7月，キャンプデービッドにイスラエル首相とパレスチナ自治政府議長を招き，残り半年の任期内に中東和平をまとめようと15日間に及ぶマラソン協議を行ったが，最後は決裂した。また北朝

鮮との国交正常化と引き換えに核放棄を求めて駆け込み協議を行い，同年10月，オルブライト国務長官を訪朝させた。続くブッシュ政権も，末期の2008年10月，核計画申告書と引き換えに北朝鮮に対するテロ支援国家指定を解除し，日韓などから批判された。

2　2期目の就任演説（2013年1月21日），一般教書演説（2月12日）は以下のサイト参照。http://www.whitehouse.gov/the-press-office/2013/01/21/inaugural-address-president-barack-obama http://www.whitehouse.gov/the-press-office/2013/02/12/remarks-president-state-union-address（いずれも2013年3月9日アクセス）

3　2011年10月，ヒラリー・クリントン（Hillary Clinton）国務長官が「アメリカの太平洋の世紀」と題する外交論文を発表，戦略的重点をアジア太平洋に転回する政策を示した。"America's Pacific Century," Hillary Rodham Clinton, *Foreign Policy Magazine*, October 11, 2011. 日本語全訳が在日米大使館サイトに掲載されている。http://japanese.japan.usembassy.gov/j/p/tpj-20111104-01.html（2013年3月9日アクセス）。国務省では論文のキーワード"pivot"（転回軸）から「ピボット戦略」と呼び，国防総省では翌2012年1月に公表された新国防戦略指針の"rebalance"（均衡回復）に着目して「リバランス戦略」と呼ぶことが多いが，両者は基本的に同じ戦略である。

4　2011年8月，アメリカ政府の債務不履行（デフォルト）回避のために成立した連邦財政管理法に伴う措置。債務上限を引き上げる一方，2021年度までに連邦予算を強制的に1兆2,000億ドル削減する。当初の発動時期は2013年1月1日だったが，12年末のブッシュ減税の期限切れと重なって深刻な財政混乱（「財政の崖」）が予想されたため，暫定法で2ヵ月先送りされた。

5　Garfinkle, Adam, "Conservative Principles of World Order," *American Interest*, December 13, 2012. 同誌は新保守主義と決別したフクヤマが2005年，政治学者ウォルター・ラッセル・ミード（Walter Russel Mead），元大統領補佐官ズビグニュー・ブレジンスキー（Zbigniew Brzezinski）らと創刊し，左右の立場を超越した「中道実利主義」を掲げている。

6　中国軍の非対称的戦略とされる「接近阻止・領域拒否戦略」（詳細は注8を参照）に対抗するため，米国防総省が進めている戦略構想。同種の構想に「統合アクセス作戦構想」（JOAC, Joint Operational Access Concept）がある。詳細は海上自衛隊幹部学校・戦略研究グループによる「転換期の米国国防戦略」，『読売クオータリー』2012年春号，読売新聞社などを参照。

7　ガーゲンの論評は「オバマの歴史的演説は亀裂を深めた」と題されていた。Gargen, David, CNN Senior Political Analyst, "Obama's historic speech deepens divisions," January 23, 2013.

http://davidgergen.com/davids-latest/gergen-obamas-historic-speech-deepens-

divisions-cnn/（2013年3月9日アクセス）
8 「接近阻止・領域拒否戦略（A2/AD）」は"Anti-Access/Access Denial"の略語。中国の対米軍事戦略として注目される。対艦弾道ミサイル（ASBM），潜水艦，ステルス戦闘機などを用いて米空母機動部隊の南シナ海などへの接近を阻止しようとする戦略を指す。
9 2013年2月7日付読売新聞夕刊，「国防費削減なら，中国軍監視に影響」などを参照。
10 "Big Bets & Black Swans—A Presidential Briefing Book," The Brookings Institution, January 17, 2013. 副題は「オバマ政権2期目の外交政策提言」（Policy Recommendations for President Obama's Second Term by the Foreign Policy Scholars at Brookings）。PDF版で全文95ページ。http://www.brookings.edu/research/interactives/2013/big-bets-black-swans（2013年3月9日アクセス）
11 「リバランス」の意味合いについては注3を参照。
12 Lieberthalは1983〜2009年，ミシガン大教授。クリントン政権時の98年〜2000年，国家安全保障会議（NSC）アジア上級部長。江沢民・中国国家主席の訪米などで対中戦略を助言した。
13 Hearing of the Senate Foreign Relations Committee, Nomination of Senator John Kerry to be Secretary of State, January 24, 2013 における質疑応答。
14 次期長官の本命候補とされたライスは2012年11月，リビアのベンガジ米領事館で米大使ら4人が殺された襲撃事件（同年9月）について「テロではなく，デモの中から自然に起きた」と誤った発言を繰り返したことで議会共和党の不信を買い，自ら指名を辞退した。
15 2012年4月，ブレナンはオバマ政権当局者として初めてCIAが無人攻撃機を駆使してパキスタン，イエメン，ソマリア，リビア，アフガニスタンなどの地域でテロ首謀者，幹部らの攻撃作戦を実施してきたことを認め，「合法的かつ効率的で倫理上も問題はない」と述べた。
16 2012年11月17日，シンガポールで行った講演。"Delivering on the Promise of Economic Statecraft," Remarks by Hillary Clinton, Secretary of State, Singapore Management University, Singapore, November 17, 2012. http://www.state.gov/secretary/rm/2012/11/200664.htm（2013年3月9日アクセス）
17 クリントン論文は注2参照。
18 オバマは首脳討議の主導権を握り，「航行の自由」をアピールした。これを受けて参加18カ国首脳のうち16人が発言し，中国の温家宝首相は四面楚歌の状態に陥った。討議の詳細は以下の米高官による同行記者団への背景説明を参照。状況が詳しく描かれ，高揚感もうかがえる。Background Briefing by a Senior Administration Official on the President's Meetings at ASEAN and East Asia Summit, Aboard Air Force One, November 19, 2011. http://www.whitehouse.gov/The-press-office/2011/11/19/background-briefing-senior-

administration-official-presidents-meeting-a（2013年3月9日アクセス）
19　首脳会談後の共同会見で，オバマ大統領は「われわれのナンバーワンの優先課題は通商拡大によって両国経済の活性化と雇用の拡大を図ることだ」と強調している。Remarks by President Obama and Prime Minister Abe of Japan After Bilateral Meeting, February 22, 2013. http://www.whitehouse.gov/the-press-office/2013/02/22/remarks-president-obama-and-prime-minister-abe-japan-after-bilateral-mee（2013年3月9日アクセス）
20　Ross, Robert S., "The Problem With the Pivot--Obama's New Asia Policy Is Unnecessary and Counterproductive," *Foreign Affairs*, November/December 2012. ロスは，中国の対外強硬姿勢について「体制の正当性を維持するために大衆ナショナリズムに迎合した象徴的行動」にすぎず，正面から対抗せずに「冷静に対応し，中国指導部の不安を緩和してやることが重要」という。また，Nathan, Andrew J. and Scobell, Andrew, "How China Sees America--The Sum of Beijing's Fears," *Foreign Affairs*, September/October 2012の両人は「中国が攻撃的かつ拡張主義的であるとの通念は見当違い」とし，アメリカが「タカ派的言動に出れば，相互の経済利益を損ない，包囲網の建設に莫大なコストを強いられ，中国を敵対的行動に駆り立てるだけだ」と主張している。
21　2013年3月6日付読売新聞朝刊などを参照。5日開幕した全人代冒頭の政府活動報告で温家宝首相は「海洋の総合管理を強化し，国家の海洋権益を守っていく」と強調，尖閣諸島などを念頭に領土問題などで譲歩しない姿勢を改めて強調している。
22　Armitage, Richard L. and Nye, Joseph S., *"The U.S.-Japan Alliance Anchoring Stability in Asia." CSIS Report*, CSIS, August 15, 2012.

第7章　評価と展望：連邦政府の機能障害の克服と"オバマ後"のアメリカ政治

吉野　孝

第1節　オバマ政権2期目の政策提案と最初の取り組み

(1) 就任演説と一般教書演説

オバマ大統領は2013年1月21日に2期目の就任式に臨み，全米に次のようなメッセージを送った。

> アメリカを1つにまとめているのは，膚の色，信条，名前の起源ではなく，独立宣言書に明確に記された1つの理念，すなわち，「すべての者は平等に創られ，創造主によってとりわけ生命，自由，幸福の追求など他人に譲り渡すこのとのできない権利を与えられている」という理念への忠誠である。「これらの言葉の意味と現実を橋渡しするための終わりのない旅」をわれわれは続けている。われわれは協力し「1つの国民」として，建国の父たちの原則を現代で実現しなければならない。

大統領は，①戦争の10年が終わり，経済の回復が始まったいま，われわれは新しいアイディアと技術でアメリカの繁栄を可能にしなければならない，②失業，病気，嵐に会うこともあり，相互協力——メディケア（高齢者用公的医療保険），メディケイド（低所得者用公的医療保険），社会保障——はわれわれを強めてくれる，と指摘したあと，とくに次の6項目がわれわれの世代が達成すべき任務であり，これらが達成されない限り，われわれの旅は終わらないと訴えた。

・われわれの妻，母，娘が彼女たちの努力に等しい生計を立てること。
・われわれの同性愛の兄弟と姉妹が法のもとで他の者と同じように扱われること。
・投票権を行使するために市民はいつまでも待たなくていいこと。
・アメリカを繁栄の土地と考える移民を歓迎するよい方法を発見すること。
・有望な若者とエンジニアが国から締め出されるのではなく労働市場に組み込まれること。
・デトロイトの街角からアパラチアの丘陵，ニュータウンの静かな芝生に至るまで，子供が世話をされ，慈しまれ，つねに外敵から安全であるのを知ること（White House, Office of the Press Secretary 2013a)。

　これらの訴えは，2008年の大統領選挙運動における有名な「1つのアメリカ」というスローガンをより具体化したものであり，「1つのアメリカ」が現在でもオバマ大統領の政策提案の背景的理念になっていることが示唆される。
　さて，もし就任演説がより平等・公平なアメリカ社会の実現という目的の表明と重要な社会的争点への言及によって特徴づけられるとするなら，2013年2月12日に行われた連邦議会に対する一般教書演説は，アフガニスタンからの撤兵，テロ対策の強化を除き，8割が経済・雇用を中心とする国内問題に向けられていた。
　演説の中でオバマ大統領は，アメリカの経済成長の真のエンジン，すなわち，台頭し繁栄する中産階級に再点火することがわれわれの世代の任務であり，まだやり遂げていない任務は，第1に，どこの出身であろうと，どのような風貌であろうと，誰を愛そうと，一所懸命働き責任を果たすなら前進することができる，というこの国を構築した基本契約を回復し，第2に，この政府が少数者のためではなく多数者のために働き，それが自由企業を促進し，個人のイニシアチブに報い，すべての子供に機会の扉を開くことを確実にすることである，と主張した。そして，オバマ大統領はさらに次のような具体的政策に言及した。

- 歳出削減と公平なコスト負担に基づいて財政赤字を削減する。
- 処方薬会社への税金支出を減らし，富裕な高齢者により大きな負担を求めることにより，メディケアのコストを引き下げる。
- 教育と技術刷新に投資する。
- 税制を改革する。
- 市場メカニズムに基づく環境改善を行う。
- 民間資本を引き付けるアメリカ再建パートナーシップを通じて橋・学校などを修繕する。
- 州政府と協力して質の高い保育施設を建設する。
- 市民権を獲得する責任ある手続きを定め，待機期間を短縮し官僚的手続きを削減し高度な企業家とエンジニアを引きつけるような合法的移民制度を確立する。
- 連邦最低賃金を1時間あたり9ドルに引き上げる。
- 2014年中にアフガニスタンから34,000人のアメリカ軍を引き上げ，2014年末までにアフガニスタンでの戦争を終わらせる。
- 国内の安全を維持し，テロリストと戦う国を援助し，必要に応じてテロリストを直接的に攻撃することにより，テロ対策を強化する。
- アメリカの輸出と雇用を増大させるために環太平洋経済連携協定（TPP）の交渉を終わらせる。
- 犯罪者が銃を手にすることを難しくする立法により，銃規制を厳格化する（White House, Office of the Press Secretary 2013b）。

(2) 「財政の崖」問題に至る経緯

　オバマ大統領が就任演説で独立宣言の理念を実現することを高らかに謳い上げ，また，一般教書演説で財政・税制改革，インフラ整備，最低賃金の引き上げなど多数の国内政策を大胆に実施すると主張したにもかかわらず，彼が最初に取り組まなければならなかったのは「財政の崖」問題であった。「財政の崖」問題は長い歴史をもち，また多くの要素が絡みあっているので，ここで整理しておこう。

歴史的にアメリカでは，1917年に連邦議会が連邦政府の債務の上限を定め，連邦政府機関はその範囲内で自由に国債などの債権を発行することが認められた。以来，連邦政府の任務が拡大するに伴い，連邦議会は連邦債務の上限を何度も引き上げた結果，債務が増加の一途をたどった。そこでオバマ大統領は，シンプソン（Alan Simpson）元上院議員（共和党，アイオワ州選出）とボールズ（Erskine Bowles）元大統領首席補佐官（クリントン政権）を共同委員長とする超党派の「財政責任と改革に関する全国委員会」（National Commission on Fiscal Responsibility and Reform）を設置し，同委員会は2010年12月に「歳出削減と税制改革により2012年から2020年までの9年間に債務を4兆ドル削減する」ことを提案した（吉野・前嶋 2012:49）。

　2010年の中間選挙において共和党が連邦下院で勝利し，2011年1月から始まる112議会で共和党が連邦下院多数党の地位を獲得すると，予算と連邦債務の上限引き上げ問題でオバマ政権は共和党指導部と真正面から衝突を繰り返した。交渉の末，連邦政府が今後10年間で2兆4,000億ドルにのぼる財政赤字削減と同規模の債務上限引き上げを2段階で実施することで妥協が成立した。すでに合意している今後10年間で9,170億ドルの削減を直ちに実行し，債務上限を現行の14兆2,940億ドルから9,000億ドル引き上げることを認めた予算管理法（Budget Control Act）が8月に成立したものの，そこに連邦議会が少なくとも1兆5,000億ドルの追加的財政再建策をまとめることができなかった場合，2013年1月から歳出が強制的に削減されるという規定が盛り込まれた。しかし，超党派の連邦議会合同特別委員会が，期限とされる2011年11月23日までに追加的財政削減策に合意することができなかった（吉野・前嶋 2012:187,195）。

　さらに運が悪いことに，リーマンショック後の景気低迷に対応するために，オバマ大統領が延長していたブッシュ減税の期限が2012年12月31日に切れることになっていた。もしブッシュ減税の延長期限が終了して9割の家計が実質的に増税となり，家計平均税率が4.5％上がり，

その上，大幅な歳出削減がなされると，アメリカの景気が落ち込むことが予想された。これが「財政の崖」である。

最悪の事態を回避するため，バイデン（Joe Biden）副大統領と連邦上院のマコーネル（Mitch McConnell）共和党院内総務の粘り強い交渉のもとに，12月31日に両党間で①富裕層を除く階層を対象とする減税を恒久化し，②世帯収入45万ドル以上の富裕層に対する増税を実施して家計の平均税率を1.8％増に抑えた上で，③歳出の強制削減を2013年2月28日まで凍結するという合意が成立した。これらの規定を含む法案が連邦上院で2013年1月1日未明に，連邦下院では同日深夜に可決され，翌2日に大統領の署名をえて法律となった（Weisman 2013; Steinhauer 2013）。

(3) 現在の対立状況

その後，2大政党間で協議は進まず，オバマ大統領が連邦議会の両党指導部をホワイトハウスに招いて合意点を見出そうとしたものの，その努力は実らなかった。その結果，オバマ大統領は3月1日夜に，米国連邦政府の支出を2021年会計年度（2020年10月〜21年9月）までに総額1兆2,000億ドルを削減する大統領令に署名し，強制削減措置が発動された。もし削減が完全実施されると，2013会計年度（2012年10月〜13年9月）だけでも850億ドルの歳出が削減されることになった（Goldfarb 2013）。

強制削減措置が発動された後もしばらくの間，オバマ大統領と連邦下院多数党指導部の歩み寄りはみられなかった。財政赤字削減策について，オバマ大統領は「増税と支出削減の組み合わせが必要である」と主張し，共和党のベイナー下院議長は「すでに増税をしたので，支出削減の内容に集中すべきである」と主張し，それぞれ原則に固執した。しかし，政府閉鎖はいずれの党も避けたいところであった。2013会計年度の暫定予算が3月27日に期限を迎える直前の3月21日に，連邦上院と連邦下院では同会計年度末（2013年9月30日）までの連邦政府の歳出を認め

る超党派の暫定予算が可決され，連邦債務の上限引き上げの期限である8月まで，対立は休止状態を迎えた（Lawder 2013）。

　その後も予算作成をめぐる駆け引きは続いた。オバマ大統領は4月10日に，2014会計年度（2013年10月～2014年9月）の予算教書を連邦議会に提出した。内容としては，社会保障や医療保険の支出を削減し，公共事業や教育への投資のために特定産業への優遇措置を見直す。これらを合わせた赤字削減額は10年間で1兆8,000億ドルとなる。強制歳出削減を除きすでに決定している予算削減額や2012年末の富裕層への減税打ち切りなどと合わせると，赤字削減額が4兆3,000億ドルに達するという。福祉支出を減らすことはオバマ大統領の大決断であり，これは「連邦債務をめぐる党派的行き詰まりを終わらせるという1目的だけを達成するための青写真」と報道された（Montgomery 2013b）。

　しかし，オバマ大統領が予算教書に関する記者会見で，政権側の歩み寄りに対して共和党も誠意を示すべきであると妥協を求めたのに対して，連邦下院の共和党指導部は何の反応も示さなかった。というのは，すでに3月11日に連邦下院のライアン（Paul Ryan）予算委員長が10年間で4兆6,000億ドルを削減し，財政収支を均衡させる予算決議案を発表していたからである。そこには，メディケアを一部民営化し，オバマケアと称される医療保険制度を廃止することが盛り込まれていた（Montgomery 2013a）。

　今回の「財政の崖」問題が回避されたとはいえ，予算と連邦債務の上限引き上げをめぐる対立が続く原因は，分割政府にある。少なくとも2014年の中間選挙で民主党が連邦下院の過半数を獲得し，民主党統一政府が形成されない限り，あるいは，2016年選挙で2大政党のいずれか一方が大統領選挙，連邦下院議員選挙，連邦上院議員選挙のすべてで勝利し，統一政府が形成されない限り，予算と連邦債務の上限引き上げをめぐる大統領と議会の対立は解消されないであろう。

第7章　評価と展望：連邦政府の機能障害の克服と"オバマ後"のアメリカ政治　195

　（補足：アメリカでは，2013年10月1日より2014会計年度が始まり，連邦政府が支出を行うためには予算を可決することが必要となる。共和党が多数派を占める連邦下院は，9月20日に，12月15日までの歳出を認める一方で，医療保険関連の歳出を削除する法案を可決した（230対189）。他方，民主党が多数派を占める連邦上院は，9月27日に，医療保険改革法関連も含め11月15日までの歳出を認める暫定予算を可決した（54対44）。しかし，両院はそれぞれ別の院から送付された暫定予算案を審議せず，また両院協議会も開催されず，2014会計年度の暫定予算は成立しなかった。その結果，2013年10月1日より連邦政府の一部が閉鎖された。

　その後，国内では政府閉鎖（government shutdown）に対する批判が高まり，また，世界経済危機の再発を恐れる主要20カ国地域（G20）の財務相・中央銀行総裁会議がアメリカに緊急行動を取ることを求めた結果，債務不履行に陥る10月17日の前日の16日に，連邦上下両院の間で，①連邦政府の債務の上限を2014年2月7日まで16兆7,000億ドルに引き上げる，②2014年の1月15日を期限とする暫定予算を組み，連邦政府を全面再開する，③医療保険改革で保険料の政府補助を受ける世帯の所得確認を厳格化する，を骨子とする合意が成立した。同日夜，同法案は連邦上院では賛成81対反対18で，連邦下院では賛成285対反対144で可決され，深夜（17日零時30分）にオバマ大統領によって署名された（Weisman 2013b, Weisman and Parker 2013）。

　こうして連邦政府の閉鎖は16日間で終わり，債務不履行の危機はぎりぎりのところで回避されたものの，合意は期限つきであった。さらに連邦上下両院の協議の過程で，超党派委員会を設置し，同委員会が2013年12月13日までに，今後10年間の税と歳出に関する詳細なプランを作成することが決定された。今回は，世論の民主・共和2大政党への厳しい批判の中で，マレー（Patty Murray）上院予算委員長（民主党）とライアン下院予算委員長（共和党）らから構成される協議会で12月11日に，①今後2年間で630億ドル分の予算を復活させ，2014，2015会

計年度の政策経費をそれぞれ1兆ドルとする，②空港利用料の値上げによる増収と政府職員の退職手当の削減による歳出削減を通じて，今後10年間で200億ドル分の財政赤字を減らす，を骨子とする合意が成立した。これによって，当座の間，政府閉鎖の危機は回避されることになり，また2013年3月から続いていた政府予算の強制削減策は一部解除されることになったものの，税制改革と福祉政策をめぐる2大政党の対立，連邦債務の上限引き上げをめぐる大統領と議会の対立は解消していない。

第2節　分割政府と連邦政府の機能障害

(1)アメリカに内在的なものとしての分割政府

　オバマ政権の第1期1年目の2009年は，大型景気刺激，金融安定化，ビッグスリー処理などの経済危機対策に追われ，また粘り強い努力の末ようやく2010年3月に医療保険改革法が成立した。しかし，これら大きな政府を象徴する政策がティーパーティ運動の台頭と活発化を促し，2010年の中間選挙において共和党が連邦下院の過半数を獲得した結果，分割政府が発生した。そして，2011年初頭から2012年度会計予算および連邦債務の上限引き上げ問題で，下院多数党の共和党指導部が小さな政府の実現と歳出削減を求めてオバマ政権と真正面から対立し，連邦政府は「機能障害」に直面した。すでに述べたように，この対立状況は現在でも続いている。

　アメリカでは，統一政府，すなわち大統領の政党，連邦上院の多数党，連邦下院の多数党が同一である場合，政策方針が類似しているので，政治運営が円滑に行われる。これとは対照的に，分割政府，すなわち大統領の政党，連邦上院の多数党，連邦下院の多数党が異なる場合，政策方針が異なるので，円滑な政治運営が難しくなる。分割政府が発生するのは，アメリカが権力分離と連邦制を採用しているからである。権力分離原則に基づき，大統領と連邦議会は独立して選出され，連邦制原則に基づき，連邦議会の上院と下院は異なる原理で選出される。そして，現実

の政治過程では，中間選挙が大統領の政治運営のレファレンダムの性格をもち，大統領の政党の所属議員が議席数を減らす傾向がある。これらを念頭におくと，分割政府はアメリカの憲法と政治に内在的するということができる。

第2次世界大戦後に限定すると，分割政府が発生する頻度は時間の経過とともに高くなり，かつて共和党政権の時期に集中していた分割政府は，クリントン政権以降，民主党政権の時期にも発生するようになった（表7-1）。しかし，分割政府の時期において，たとえ大統領が勧告・支持する法案の成立率が低下したとしても，少なくとも112議会（2011-13

表7-1　第2次世界大戦後の連邦議会会期と政府タイプ

会期(年)	大統領	タイプ	会期(年)	大統領	タイプ
79(1945-47)	ルーズヴェルト(民)	統一	97(1981-83)	レーガン(共)	分割
80(1947-49)	トルーマン(民)	分割	98(1983-85)	レーガン(共)	分割
81(1949-51)	トルーマン(民)	統一	99(1985-87)	レーガン(共)	分割
82(1951-53)	トルーマン(民)	統一	100(1987-89)	レーガン(共)	分割
83(1953-55)	アイゼンハワー(共)	統一	101(1989-91)	ブッシュ(父・共)	分割
84(1955-57)	アイゼンハワー(共)	分割	102(1991-93)	ブッシュ(父・共)	分割
85(1957-59)	アイゼンハワー(共)	分割	103(1993-95)	クリントン(民)	統一
86(1959-61)	アイゼンハワー(共)	分割	104(1995-97)	クリントン(民)	分割
87(1961-63)	ケネディ(民)	統一	105(1997-99)	クリントン(民)	分割
88(1963-65)	ケネディ(民)	統一	106(1999-01)	クリントン(民)	分割
89(1965-67)	ジョンソン(民)	統一	107(2001-03)	ブッシュ(子・共)	分割*
90(1967-69)	ジョンソン(民)	統一	108(2003-05)	ブッシュ(子・共)	統一
91(1969-71)	ニクソン(共)	分割	109(2005-07)	ブッシュ(子・共)	統一
92(1971-73)	ニクソン(共)	分割	110(2007-09)	ブッシュ(子・共)	分割
93(1973-75)	ニクソン(共)	分割	111(2009-11)	オバマ(民)	統一
94(1975-77)	フォード(共)	分割	112(2011-13)	オバマ(民)	分割
95(1977-79)	カーター(民)	統一	113(2013-)	オバマ(民)	分割
96(1979-81)	カーター(民)	統一			

出典）Harold W. Stanley and Richard G. Niemi, *Vital Statistics on American Politics 2011-2012: the definitive source for data and analysis on U.S. politics and government*, 2011, pp.36-37.

*107議会は，2つの政府タイプを経験した過去に例がない議会である。ブッシュが大統領に就任した2001年当初の107議会では，上院は共和党50対民主党50と同数であったものの，名目上の上院議長である副大統領が1票を投じることができるため共和党が上院の多数派となり，統一政府であった。その後，同年夏にジェフォーズ議員が共和党からインディペンデントに鞍替えし，民主党と組んだ結果，2003年1月まで，分割政府となった。

年)におけるように,予算成立や連邦債務の上限引き上げ交渉が難航して政治運営が行き詰まり,また,大統領と議会多数党の間で予算や債務上限の引き上げに関する合意ができず,何度も予算の執行停止や政府閉鎖の危機に直面することはなかった。

(2)現在の機能障害の原因

マンとオーンスタイン(Thomas E. Mann and Norman J. Ornstein)によると,分割政府はアメリカの憲法と政治に内在するものであるとしても,112議会の予算をめぐる対立で連邦政府の機能障害は「危険ゾーン」に達した。その契機は,自身を「ヤングガンズ(young guns)」[1]と呼ぶ新世代の共和党議員――カンター(Eric Cantor),マッカーシー(Kevin McCarthy),ライアン――が指導部についたことである――112議会で,カンターは院内総務,マッカーシーは院内幹事,ライアンは予算委員長に就任した。彼らは保守的政策の信奉者であり,妥協手続きと協調的同僚から自分たちを区別するために,新しい対決型政治と挑戦戦略を採用した。そして財政問題を政治的に利用して,首都ワシントンと経済体制に対する投票者の不満を増大させ,政府規模を1960年代の「偉大な社会(Great Society)」の前の水準にまで戻すという目的を達成しようとしたのである(Mann and Ornstein 2012: 3, 8-9)。

ところで,直接的には予算審議,連邦債務の上限引き上げ交渉をめぐって表面化したとしても,連邦政府の機能障害の原因はアメリカ政治に深く根ざしていた。マンとオーンスタインは,いくつかの要因を挙げる。

第1に,ギングリッチ(Newt Gingrich)が共和党議員の間に挑戦型政治スタイルを定着させた。ギングリッチは1978年に連邦下院議員に当選して以来,少数党の地位に不満をもつ共和党議員の間で保守機会協会(Conservative Opportunity Society)を設立し,委員会と本会議で民主党議員と対決する姿勢を示し,とくにC-SPANによる演説中継を利用して,民主党議員を腐敗した連邦議会という制度を支配し,そこから利益を得ている永続的多数派として攻撃した。1992年に下院銀行スキャンダル

が起こると，民主党多数党指導部を攻撃し，1994年の中間選挙では，均衡予算憲法修正，連邦議員の任期制限などを含む「アメリカとの契約」を掲げ，多数党になった後，多くの議会改革を実施した（Mann and Ornstein 2012:33-41）。

第2に，政党対立が激化していた。1970年代以降，サンベルト地帯への人口移動の増大ともに，南部諸州における共和党勢力が拡大し，1980年代以降の連邦議会では，かつては南部から選出されていた保守的な民主党議員の数が減少し，逆に保守的な共和党議員の数が増大した。その結果，両党議員は政策選好においてそれぞれより同質化して，1980年代より連邦議会における政党投票の比率が増大し政党凝集性が高まった。その後，政党対立軸は右に寄り，共和党議員はますます保守化し，民主党議員はますます中道化した（Mann and Ornstein 2012:46-56）。

第3に，メディアが2極化した。1990年代より，メディア，とくにニュース専門局がイデオロギー的に2極化し，例えば一方のFOXNEWSは保守の立場から，他方のMSNBCはリベラルの立場から，ニュースを報道し解説するようになった。こうした報道により，選挙民の間でのイデオロギー的2極化が固定化し，また促進された。

第4に，政治資金の流れが大きく変わった。政党ソフトマネーを禁止し，団体や個人の選挙運動への支出制限を目的とした超党派選挙運動改革法（Bipartisan Campaign Reform Act）が2002年に制定されたものの，2010年に最高裁判所は同法の支出制限規定が憲法の言論自由原則に反すると判断し，団体と個人は選挙運動に無制限の独立支出をすることが可能になった。こうして，スーパーPACと称される巨大政治活動委員会を中心とする団体は，選挙運動にテレビCMを含む宣伝に多額の資金を支出するようになったのである。

要するに，112議会に象徴される連邦政府の機能障害は，とくに1980年代以降の長期的な政党対立の激化を背景とし，さらにメディアが世論を2極化し，スーパーPACが自由な宣伝活動を行うという状況の中で，長期的に連邦議会の少数党の地位を享受していた共和党指導部

が非妥協的態度を採用することによって引き起こされた。したがって，多くの要因が組み合わさってはいるものの，必然的に発生したということができるであろう。

　もちろん小さな政府の実現は共和党の重要な政策提案の1つであり，そのような選択肢の提示は問題ではない。むしろ明確で異なる政策選択肢の存在は，有権者にとって必要である。ただし重要なのは，小さな政府の実現を支持する保守的な共和党議員，とくに指導部の非妥協的態度であり，これが分割政府のさいに不可欠となる2党の交渉と妥協による政治運営を困難にしているのである。

　マンとオーンスタインは連邦下院多数党の共和党指導部の非妥協的態度を批判しつつも，「40年以上にわたり多数党の地位にあった民主党が少数党に対して横柄で尊大な態度をとったことが，1994年に共和党に下院多数党の地位を獲得させた原因の1つである」，「政治の機能障害の責任のかなり大きな部分を一方または他方の大政党に帰すことは，心地よいものではなく，研究者精神に反する」（Mann and Ornstein 2012:184, 186）と指摘しつつも，連邦政府の機能障害のアメリカ政治への効果を次のように強調している。

　　もしアメリカのデモクラシーがその健全さを取り戻そうとするなら，連邦議会，大統領職，および州・地方の多くのレベルにおける共和党自体の文化とイデオロギー的核心が変わらなければならない。現在の共和党は，・・・極端なイデオロギー的信条と政策を許容し，問題解決ではなく政治的目的を実現するための身勝手で破滅的な手段を受容してしまっている。これらの傾向が続くと，強制されない限り交渉と妥協は軽視され，反対党の正当性は放棄されることになる（Mann and Ornstein 2012:185）。

(3) 共和党指導部の穏健化の可能性

連邦政府がうまく機能し，緊急的政治問題を効果的に解決するために

は，連邦下院多数党の共和党指導部が穏健化しなければならない。それでは，どのような方法により共和党指導部を穏健化することができるのであろうか。

　第1は，世論の圧力である。アメリカにおける選挙運動は個人主導であり，一般に議員と候補者は世論の変化に敏感である。2010年の春よりオバマ政権の大きな政府路線を見直すことを求める声が大きくなり，中間選挙において共和党が連邦下院の多数派となった後，共和党指導部がティーパーティ運動や保守派の声に耳を傾け，政府支出の削減と連邦債務の上限引き上げに反対したのは当然であろう。

　しかし，2012年選挙でオバマ大統領が再選され，連邦下院ではたとえ共和党が多数派の地位を守ったものの，8議席を減らしている。この事実から共和党指導部がオバマの再選という有権者の意思を理解し，それまでの行動を見直したとしても不思議ではなかった。しかし，共和党指導部は「財政の崖」に直面しても，その非妥協的な態度を変えることはなかった。

　第2は，大統領選挙で共和党が穏健な候補者を指名することである。2012年の大統領選挙で共和党候補者のロムニーが敗北して以来，共和党内部では同党が穏健化する必要性が主張されている。例えば，共和党全国委員長プリーバス（Reince Priebus）と年長議員グループは，共和党は①自身だけに問いかけるのを止め，日常的な国民のニーズをもっと熟知し，②大声で発言する連邦議員ではなく実際的で成功した州知事の周囲に政党を構築し，③貧困層，マイノリティ，女性のそれぞれに対応した経済機会のメッセージを発信することができる候補者を探し，④企業経営者と富裕層を反射的に擁護するのを止めるべきである，と主張した（The View from the West 2013）。また，ブッシュ（子）大統領の選挙戦略を担当したマッキノン（Mark McKinnon）は，ニューヨークタイムズとのインタビューに「共和党には，より広範な聴衆に訴えるメッセージと政策が必要である。思いやりの一部を保守主義の中にしまうときである。共和党には，一層の寛容，一層の多様性，中産階級の関心事への一層深い

理解が必要である」(Shear 2012) と答えている。

 もっとも，たとえ共和党が2008年および2012年の大統領選挙における敗北を反省し，2016年の大統領候補者指名過程で穏健な中道候補者を指名したとしても，連邦議会議員は大統領とは独立して選挙されるので，共和党の穏健な候補者選択が連邦議会指導部の政策選好に大きな効果を及ぼすことはないであろう。

(4) 共和党指導部が非妥協的態度を採用した理由

 もし世論の圧力や穏健な大統領候補者の指名によっても共和党指導部の非妥協的態度を変える可能性が小さいとするなら，共和党指導部が非妥協的態度を採用するに至った根本的な原因を究明する必要がある。共和党の保守化の経緯と原因の研究は多くの者によってなされているとしても，共和党（指導部）が極端な立場をとるに至った理由を，詳細なインタビューに基づく研究を通じて明らかにしたのが，スコッチポル (Theda Skocpol) とウィリアムソン (Vanessa Williamson) である。

 彼女らによると，共和党（指導部）が極端な立場をとり，しかもそれが事実上全会一致で支持されたのは，共和党の周囲にいる富裕者団体から共和党議員にイデオロギー的かつ制裁的な圧力が加えられたからである。1999年以来，共和党の主張グループである成長クラブ (Club for Growth)[2]は，増税を支持する共和党現職議員と候補者に予備選挙で対抗して立候補する保守派挑戦者に資金を提供することを明らかにし，同団体と同様の考え方をもつ反税団体は多額の資金を調達した。このような強力な反税共和党エリート集団は，税金改革を求めるアメリカ人連合 (Americans for Tax Reform) のノーキスト (Grover Norquist) によってまとめられていた。

 これら成長クラブと反税共和党エリート集団は，増税の反対とメディケアに代表される福祉支出の削減を目的とし，選挙や政策討論に影響を及ぼし，議員，州知事，連邦機関にロビー活動を行うのに十分な資金をもっていたものの，草の根組織を欠いていた。これらの団体は，最初，

反税や小さな政府問題に集中し，国民の支持を拡大するために宗教右派と提携しようとしたものの，両団体間で価値観と優先順位が異なり，提携は必ずしもうまく行かなかった。2009年以降，これらの団体はティーパーティ運動と提携し，政策優先順位も一致したため，ティーパーティの集会に参加する中産階級の保守派から熱狂的な支持を得た（Skocpol and Williamson 2012:171,172）。

2010年選挙後，ティーパーティ運動の全国組織であるフリーダムワークス（Freedom Works）のリーダー，アーミー（Dick Armey）——ギングリッチ下院議長のときの共和党院内総務——が当選議員の集会で，小さな政府原則を重視し，共和党指導部に取り込まれないように注意を促した。2011年には，彼は「影の連邦下院議長」を自認し，一般共和党議員に党指導部と協力をしないよう説得した。また，別の共和党主張グループである繁栄を求めるアメリカ人（Americans for Prosperity）[3]も，共和党議員に圧力をかけて監視する活動に参加し，その代表は連邦議会議事堂で共和党指導部と新人議員に会い，環境保護局の形骸化，社会保障とメディケアの民営化の促進など，自由市場原則に耳を傾けることを要請した（Skocpol and Williamson 2012:173,174）。

そして，全米各地に存在するティーパーティも，中間選挙後には，議員の監視活動に集中した。フリーダムワークスは，リアルタイムで議員活動を追跡し，当該議員に不満を伝えることのできるウェブサイトを作成し，それを草の根のティーパーティに提供した。また，別の全国組織であるティーパーティ・パトリオッツ（Tea Party Patriots）などの団体は，傘下のティーパーティに新人議員のEメールアドレスや携帯電話番号を配布したのである（Skocpol and Williamson 2012:177,178）。

要するに，ティーパーティ運動の連邦議会に対する影響力の源泉は，富裕な献金者——スーパーPACへの寄付を通じてテレビ宣伝を行う——とイデオロギー的主導者——草の根ティーパーティ運動と接触し，地方選挙区で睨みを利かす——から来る全国的圧力を調整する能力にあった。予算交渉時に調整された圧力が高まると，ティーパーティは議員に

首都ワシントン,団体,地方選挙区からのメッセージを伝える。ティーパーティは選出するのを助けた共和党議員に,「ティーパーティは君らを監視している,もし君らがティーパーティが望むように投票しないなら次の選挙で資金と票を与えないであろう」と伝えるのである（Skocpol and Williamson 2012:183）

それでは,ティーパーティ運動はいつまで続き,いつまで共和党を通じてアメリカ政治に大きな影響力を行使するのであろうか。スコッチポルとウィリアムソンによると,たとえアメリカ経済が上向きになったとしても,ティーパーティ運動はしばらくの間は衰えることはない。なぜなら,ティーパーティ運動は,世代集団間の「文化のずれ」を反映する運動でもあるからである。それは「異なる経験と価値観と社会的特徴をもつ若い年齢集団が台頭することによって,一国民の政治成果が変質するのを恨み,恐れる高齢の保守的な白人の反応」である。「ティーパーティ型の政治は,しばらくの間は,米国政府が何をなすべきであり何をなすべきではないかという現在行われている激しい論争の中核的部分として存続する可能性が高い。ティーパーティ運動は,アメリカにおいて永続する保守的ポピュリズムの世代拘束的な1形態である」（Skocpol and Williamson 2012:204,205）。

第3節　オバマ政権の中間評価と"オバマ後"のアメリカ政治

(1)オバマ政権の革新主義的リアリズム

オバマ政権がアメリカの政治と社会をどのように変えようとし,実際にどのように変えたのかを明らかにすることが,本シリーズの目的の1つである。しかし,この作業は容易ではない。オバマ政権とその政策の影響は多方面に及び,また,政権の任期もあと2年以上残っている。したがって,ここでは国内政策,とくに経済政策の領域に限定して,オバマ政権の第1期の中間評価を行うことにしよう。

アメリカでは,歴史的に民主党と共和党の競争が続いてきた。ニュー

ディール政策以降，民主党は大きな政府を目指し，共和党は小さな政府を目指すという差異があったものの，1952年に大統領に当選した共和党のアイゼンハワー（Dwight D. Eisenhower）がニューディール政策を受け入れた結果，連邦政府の介入を当然のことと認めるリベラル・コンセンサスが成立した。しかし，1950年代末より両党ではそれぞれリベラル政策，保守政策の実現を求める議員の声が強まり，一方の共和党は一貫して保守化の道を歩み，他方の民主党は1972年選挙でリベラル方向に大きく揺れたあと，ニューリベラル派の台頭とともに中道化の道を歩んだ。とくにクリントン（Bill Clinton）政権（1993～2001年）は，財政保守，社会政策リベラルの立場をとり（吉野・前嶋 2009:4-22），この後で民主党大統領の地位についたのが，オバマであった。

　それでは，オバマ政権は中道に引き寄せられた民主党――クリントン政権の遺産――をどのような方向にもっていこうとしたのであろうか。

　オバマ政権第1期目の政治運営スタイルと政策を考える上で重要なのは，政権の前半2年間が統一政府であり，後半2年間が分割政府であったという事実である。政府タイプが変わると参加アクターの動機と力関係がまったく変わってしまうので，オバマ政権が異なる政府タイプに対して異なる政治運営スタイルで臨んだとしても当然であろう。この点に注目しながら，任期1期目のオバマ政権の政策運営スタイルを分析したのが，ジェイコブス（Lawrence R. Jacobs）であった。

　彼は，オバマ大統領が「ここ30年間で最も生産的なリベラル大統領であった」にもかかわらず，なぜ彼はリベラル派を落胆させ，リベラル派から一貫して批判されるのであろうかという疑問から出発する。左派はオバマ政権を①言うことを聞かない連邦議会議員と豊富な資金をもつ利益団体を屈服させるような粘り強さを欠いていた，②情熱的リーダーシップを続けて発揮しようとせず，政策内部の詳細に没頭した，③最初，無謀にも超党派連合に基づく政治運営を志向し，貴重な時間と政策機会を無駄にした，という点から批判しているものの，左派はアメリカの民主党に伝統的な革新主義的リアリズム（progressive realism）の重要性を認

識していない (Jacobs 2012:181)。

革新主義的リアリズム[4]とは，ルーズヴェルト (Franklin D. Roosevelt) 大統領とジョンソン (Lindon B. Johnson) 大統領によって創始され，何世代もの改革者と献身的テクノクラットによって実践されたものである。これは2つの戦略に基づいて現実政治と制度発展のダイナミクスに合わせて立法活動を調整するやり方であり，その戦略とは，分割政府の時期には，社会保障とメディケアのような既成の包括的政府プログラムを注意深く拡張し，民主党の統一政府の時期には，新しい発展の道の促進に集中する政策を構築することにある。

ジェイコブスによると，オバマ政権はまさに革新主義的リアリズムの伝統の中に位置している。オバマ政権は最初の2年間で，大型景気刺激，ビッグスリー処理などの直接的便益を配分し，また，医療保険改革のような将来の政治的可能性を作り替えるような記念碑的改革を達成し，次の2年間で，その激しい攻撃を鈍らせることにより保守の再生に対応したのである (Jacobs 2012:183,188)。

2010年の中間選挙で共和党が連邦下院の多数党の地位を獲得したとき，オバマ大統領は中間選挙後のスタッフ交代時に自身の経済チームを再構築し，焦点を刷新と改革から実用主義と政治的調整に移した。そのとき彼はボルカー (Paul Volcker) の後任として，GEの最高経営責任者イメルト (Jeffrey Immelt) ―― アメリカの製造業と輸出の強化の提唱者 ―― を経済回復諮問会議 (economic recovery advisory board) の議長に据えた (Weatherford 2012:317)。おそらくこの人事は，オバマ政権のビジネス志向の現れとみなされ，左派にとってはオバマ民主党政権の「裏切り」と映ったかもしれない。しかし，これは，分割政府の時期に政権の発言と調整能力を高めるための，革新主義的リアリズムに基づくオバマ大統領の極めて冷静な戦略的対応であった。

(2)政治家オバマの政策理念：グローバリゼーション・競争・経済成長

次にオバマ大統領の政策理念に目を向けよう。オバマ大統領個人がリ

ベラルであるか中道であるかはこれまで多くの論者によって議論され，上で触れたジェイコブスは，オバマ大統領はリベラルという立場をとっている。しかし，オバマ大統領の著作や講演を詳細に検討すると，彼は決して従来型のリベラルではないことがわかる。例えば2006年に刊行された自伝『大胆な希望（The Audacity of Hope）』[5]の中で，彼はアメリカ経済がおかれた状況を次のように分析している。

　グローバル化する世界市場で競争力を維持するため，アメリカの企業は作業自動化，人員削減，海外への事業移転，賃金上昇抑制などを行った結果，アメリカでは「勝者独り勝ち」経済が出現した。クリントン政権は自由貿易と財政規律と教育改革を促進し，職業訓練に力を入れてきたものの，民主党支持者の多くは，自分たちの仕事を奪うという理由で自由貿易を前提とする政策に反対した。これに続くブッシュ（子）政権の経済政策は，減税と規制緩和と政府事業の民営化だけであった。政治家オバマの判断では，結局，アメリカが現在抱えている問題は，①アメリカが競争力を高めるために必要とされる対策に国が取り組んでいない，②市場に対して政府が果たすべき適切な役割について新しい合意が築かれていない点にあった（オバマ 2007:159,160,162）。

　したがって，どのような政策を組み合わせると，活力に満ちた自由市場と広範囲にわたる経済の安定，企業家精神に満ちた革新と上昇移動を生み出せるのかを自問すべきであり，すぐに政府の介入を求めてはならない。政府が介入するのは個人や民間では政府ほどうまく行えないことだけでいい（オバマ 2007:174）。また，現行の健康保険制度も危機に直面し,様々な改革案が提示されている。この手詰まり状況を脱するため，コスト，転職に伴う保険の移動可能性，医療の質の向上，資金プランなどいくつかの重要な点を考慮して新しい仕組みを考案する必要がある。「誰でもまともな医療を受けられるにしようと意を決すれば，国の財政を破綻させたり配給に頼ったりせずにそれを達成できる方法はある」（オバマ 2007:205）。こうして政治家オバマは，従来型のリベラル派が念頭におくような大きな政府の役割を当然のことと考えず，政府主導の公的

医療保険の導入にも異を唱えた[6]のである。

　また，政治家オバマは，大統領に就任する前から所得と財産における不平等の拡大を大きな問題とみなしていた。ウェザーフォード（Stephen Weatherford）によると，オバマはこの問題をイデオロギーではなく実用主義の観点から捉え直し，「新しい経済コンセンサス」の形成を主張した。その骨子は，①目標は再配分ではなく成長である，②その規範的根拠は同情ではなく責任である，③人的資本の構築が優先される，の3点である。とくにオバマは，教育と研究への投資の必要性を重視した。教育と研究への投資が市場と平等を強化し，労働者のスキルが向上すれば生産性と競争力が高まり，それにより労働者にも高い交渉力が与えられるのである（Weatherford 2012: 301-302）。この点では，オバマ大統領をクリントン大統領と同様のニューデモクラット派に属すると考えてもいいであろう。

　政治家オバマにとって不運であったのは，彼が大統領に就任し，自身の経済改革——グローバリゼーションの中でのアメリカ経済の再生——を提案する前に，不況と金融危機が起こり，大統領就任直後からこれらの非常事態への対応を迫られたことである。

　これらの点を考えると，オバマ大統領は必ずしも従来型のリベラルではなく，政府と市場の新しい関係を模索する中道理念の持ち主であることがわかる。したがって，2013年1月21日の就任演説と2月12日の一般教書演説は，多くのメディアによってリベラル色が強いと論評された（Cassidy 2013; Widmer 2013）ものの，これはオバマ大統領がリベラル寄りに傾斜したというよりは，2014年の中間選挙のための戦略的対応とみなすことができる。リベラル政策をアジェンダに登らせ，メディアの関心を集めることによって，中間選挙に民主党の勝利を確実にする。もし統一政府が出現すれば，一部のリベラル政策の実現を認めつつも，オバマ大統領は自身の経済改革プランを，成長，責任，教育と研究への投資，不平等の是正に集中することになるであろう。

(3)オバマ政権の経済政策の中間評価

オバマ大統領は，従来の民主党大統領と同様に，革新主義的リアリズムの立場から，分割政府が発生すると統一政府のときとは異なる行動をとらざるをえなかった。オバマ大統領は，政府と市場の新しい関係を模索する考えの持ち主であったにもかかわらず，大統領就任前に不況と金融危機が起こった結果，自身が意図する経済改革を提案しそれに着手することができなかった。これらの点を念頭におくと，オバマ政権の国内政策，とくに経済政策は暫定的に次のような点から評価することができるであろう。

第1に，オバマ大統領就は就任早々，大型景気刺激，金融安定化，ビッグスリー処理などの経済危機対策を実施した点は評価されなければならない。救済策が中途半端である，支出額が少ない，民間企業を税金で救うのはおかしい，財政赤字を悪化させる，など様々な批判が民主・共和両党議員から加えられたものの，もしこのような経済危機対策がなされなければ，混乱と被害はさらに大きくなっていた可能性がある。

第2に，オバマ大統領は，アメリカが直面する重要な問題が①グローバリゼーションの中でのアメリカ経済の再生，②所得と財産における不平等の是正であることを国民全体に知らせ，それらの目標に向けて様々な政策を提案し実施し始めた。アジア諸国との貿易の拡大を通じての雇用の創出,教育と研究への投資などは,具体的政策事例である。また，レーガン政権下で富裕層減税，規制緩和，福祉削減により拡大し始めた所得と財産の不平等を是正するため，これらの政策基調を逆転する努力を続けている（Weatherford 2012:318）。

ウェザーフォードは，最初の2年間のオバマ大統領の立法成果はニューディール期の広範かつ根本的変化に追い付いていないものの，それはアメリカ史で例外的に生産的な3つの歴史的瞬間――政治経済を大きく変質させた歴史的瞬間――に匹敵するという。それらに含まれるのは，①復員兵救護法（G.I. Bill of Rights）が社会的上昇移動の機会を拡大し，州間ハイウェイシステムが経済の輸送網を変化させた戦争直後,

②公民権法，メディケア，メディケイドにより政治的権利と経済的リスクの不平等が減少した1960年代，③不平等を小さくする超党派の何十年もの動きが減税と規制緩和により一掃され，アメリカを先進民主国の中で最も経済的に不平等な国に向う動きが始まったレーガン政権期である（Weatherford 2012:320）。

しかし，このような評価を下すのは時期尚早である。オバマ政権がグローバリゼーションの中でアメリカ経済の再生を意図し，所得と財産における不平等を是正する政策を開始したとしても，それらの政策が継続するのか否か，そして，それらの政策が期待される効果をもたらすのか否かは，なお不確定である。オバマ政権が第4の歴史的瞬間に数えられるのか否かを判定するためには，今後2年間のオバマ政権の政治運営と政策成果をじっくりと観察する必要がある。

(4) 民主党の将来

表7-2は，2004，2008，2012年の3回の大統領選挙における出口調査の結果である。黒人，女性，若者は一貫して民主党を支持し，ヒスパニック，アジア系の民主党支持の増加率が高かったことがわかる。この

表7-2 出口調査：人口統計的カテゴリーごとの民主党候補者への支持率

	2004年	2008年	2012年
白人	41	43(+2)	39(-4)
黒人	88	95(+7)	93(−2)
ヒスパニック	53	67(+14)	71(+4)
アジア系	56	62(+6)	73(+11)
男性	44	49(+5)	45(-4)
女性	51	56(+4)	55(−1)
18-29歳	54	66(+12)	60(−6)
30-44歳	46	52(+6)	57(+5)
45-64歳	48	50(+2)	47(-3)
65歳以上	46	45(-1)	44(-1)

出典）http://elections.nytimes.com/2012/results/president/exit-polls（2013年4月7日にアクセス）

ような変化に注目して，これまでの民主党とは異なる支持者連合が形成されつつあると指摘するのが，テシーラ（Ruy Teixeira）とハルピン（John Halpin）である。

彼らによると，オバマ大統領が再選された結果，1968年の大統領選挙ではケネディ（Robert F. Kennedy）が，1972年の大統領選挙ではマクガバン（George McGovern）が形成しようとしていた「多人種，多民族，階級交差型連合──黒人，ヒスパニック，女性，若者，専門職，経済的平等を重視するブルーカラー労働者から構成され，経済機会と個人の自由をすべての人々に拡張するために活動主義的政府アジェンダを支持する連合」が出現しつつある。しかも，オバマ大統領がかなり低い比率の白人票で再選されたことも注目される。出口調査によると，黒人の93％，ヒスパニックの71％，アジア系の73％がオバマ大統領に投票したに対して，オバマ大統領に投票した白人はわずか39％であった。

オバマ大統領の勝利は2つの理由から説明される。

第1は，選挙民の人口構成の変化である。非白人，非婚の働く女性，ミレニアル世代（1970年代末または1980年代から1990年代に生まれ，インターネットを使いこなせる世代），より都市化した州に居住する教育水準の高い白人の比率の上昇が民主党に有利に作用した。同様に，オハイオ，ペンシルベニア，ウィスコンシンのような重要な激戦州で民主党を支持する労働者階級の比率が高く，他方で，コロラド，バージニアのような新興激戦州で民主党を支持する大学卒の比率が高かったのである。

第2は，選挙民の間での政策選好の変化である。投票者の選好は，レーガン＝ブッシュ時代のトリクルダウン経済（trickle-down economics），社会的保守主義から離れ，クリントン＝オバマのより実用主義的なアプローチに向いつつある。多くの選挙民が引きつけられる実用主義的アプローチには，政府による強力な中産階級の支援，教育とインフラストラクチャーへの政府の投資，富裕層にも相応の負担を求めるより公正な税体系，包括的な社会政策が含まれている（Teixeira and Halpin 2012:1-2）[7]。

確かに彼らが指摘するように，オバマ大統領が構築した支持者連合が

「多人種，多民族，階級交差型連合」に発展する可能性がないわけではない。しかし，近い将来にそのような連合ができるか否かは，極めて疑わしい。

　第1に，新しい民主党連合の台頭を予測する多くの論者は，例えばアメリカの総人口に占めるヒスパニックの比率が2010年には16％であったものが2030年には23％に，さらに2050年には30％に上昇するという長期予測に依拠している。しかし，短期的にみると，ヒスパニックの総人口に占める比率は，2010年16％，2015年17.7％，2020年19.4％とわずかずつ上昇するに過ぎず（United States Census Bureau），しかも増加率は州ごとに一様ではない。大統領は州ごとに選挙人票の数で決まることを考えると，アメリカ全体の人口構成の変化だけから民主党多数派の可能性を論じるのは適切ではない。

　第2に，新しい連合の形成が潜在的に可能であるとして，現実に連合を結集する大統領候補者が不可欠である。2008年選挙以来，アメリカ史上初の黒人大統領のオバマは，新しい連合のシンボルであった。また，2012年の大統領選挙で，政党と活動家による選挙アウトリーチ戦略が効果を発揮したのは事実であるとしても，それが大きな効果をもったのはやはりオバマ大統領が再選を目指して立候補していたからであろう。2016年の大統領選挙ではオバマ以外の候補者が立候補する。その候補者がどの程度にまでこれら非白人マイノリティの支持を集めることができるかを予想するのは容易ではない。

　第3に，最近，連邦下院民主党議員の間での政策グループ間の力関係が変化している。1995年にブルードック連合（Blue Dog Coalition）と呼ばれる保守派または中道派のグループ[8]が結成された。同連合は2010年前半には党内の主要勢力の1つとなり，リベラル派と保守派の調停を試みた。2012年選挙で同グループのメンバーの多くが落選すると，今度は1997年に設置された，自由貿易とビジネス支持アジェンダを支持するニューデモクラット連合（New Democratic Coalition）[9]が発言力を強めた（Lillis 2012）。しかし2012年選挙では，同時にリベラル派議員も善

第7章　評価と展望：連邦政府の機能障害の克服と"オバマ後"のアメリカ政治　213

戦した。もしオバマ大統領の医療保険改革や不平等是正政策などに勢いづき，2014年の中間選挙で大きな政府を求めるリベラル派議員数がさらに増加すると，ニューデモクラット連合とリベラル派議員の間で政策アジェンダをめぐる意見相違が大きくなる（Bouie 2013:158-161）。

　要するに，人口構成の長期的変化は民主党に有利に作用するとしても，新議員に占めるリベラル派の比率が増加すれば，党内の意見対立はますます激しくなる。これでは，民主党候補者が大統領に当選し，統一政府のもとで積極的な政治運営を進めようとしても，大統領による党内コンセンサスづくりはますます難しくなるであろう。

(5)共和党の将来

　共和党は，民主党以上に多くの課題を抱えている。

　第1に，これまでの共和党支持基盤が収縮する傾向にある。共和党候補者のレーガンとブッシュを大統領に当選させた白人高齢者の比率が減少し，選挙民の中での安定した共和党支持基盤が縮小しつつある。もし共和党が大統領選挙で勝利を目指そうとするなら，マイノリティ，若者，その他これまで自身を共和党支持または保守とみなしてこなかった投票者を取り込む必要がある。しかし，ここ2回の大統領選挙を通じてヒスパニックとアジア系が大きく民主党支持に傾いている。これらのマイノリティの支持を民主党から引き離し，共和党に向ける戦略を真剣に立てなければならない。

　第2に，共和党政策と支持者の認識にはずれがある。これまでアメリカの2大政党の政策差異は，民主党が政府に大きな役割を期待し，共和党が政府に小さな役割を期待する点にあったものの，最近，ティーパーティ運動が共和党議員に圧力をかけた結果，共和党政策は富裕層増税反対，連邦政府支出削減の2点に収斂する傾向がある。しかしながら，選挙民は現在の共和党政策に不満をもっている。ワシントンポストとABCが2012年12月に行った世論調査によると，これまでの6回の大統領選挙のうちの5回で共和党候補者が一般投票で敗れた理由として，

「共和党はあまりにも保守的であり，同党には国民とくに低・中所得層の人々の福祉に直接的に関係するプログラムが必要である」と思うか，それとも「共和党の政策はよいものの，同党にはそれらの政策を説明しそれらへの支持を獲得するためのよいリーダーが必要である」と思うかという質問に対して，過半数の53％の回答者が政策に問題があると答え，リーダーに問題があると答えた回答者は38％であった[10]。

このように共和党政策と選挙民の政策選好に大きなずれがあることは，別の調査でも明らかにされている。スコッチポルとウィリアムソンが行ったインタビュー調査によると，高齢で中産階級のティーパーティ運動の支持者は社会福祉，メディケア，在郷軍人給付を支持しており，彼らが大きな政府に反対するのは，移民，低所得者，若者などを含む資格のない「いそうろう（freeloader）」に税金が使われるのが我慢できないからである（Skocpol and Williamson 2012:55-56, 59-68）。そして，このようなアメリカの選挙民の2面性は「運用リベラリズム」として説明されることもある。

　　アメリカ人は抽象的な政府には不快を感じるものの，2大政党支持者およびあらゆる所得集団の過半数は，教育から高齢・失業・疾病時の低所得のリスク管理に至るまでの日常的活動を通じて必要な助けを配分する具体的な政府プログラムを現に支持している。アメリカ文化の哲学的な保守の側面は，「運用リベラリズム」――明らかに必要な場合に特定の政府責任を実用主義的に受け入れる――に向う力強い拡大的性向によって補完されているのである（Jacobs 2012:189）。

共和党政策には，大きな矛盾が内在している。もし共和党政策が文字通り実現されるなら，支持者から必要な政府サービスを奪ってしまい，その支持者は共和党から離れてしまう。また，総人口に占める比率が増加しつつある非白人マイノリティが，相対的に教育や所得において恵まれないことを考えると，今後，共和党政策を支持する選挙民の比率はま

すます少なくなる。さらに，かつて多くの選挙民は，強いアメリカ政策や強力なテロ対策から共和党を支持していたものの，現在，安全保障問題やテロ対策はオバマ政権によって手堅く処理されている。したがって，共和党はより広範な争点を含み，多くの選挙民にとって魅力のある政策選択肢を考案しなければならない。

　第3に，過去2回の大統領選挙においては，共和党の候補者指名段階から，強いリーダーシップをもつ候補者が現れなかった。上で述べた世論調査では，共和党が一般投票で敗れた理由はリーダーではなく政策にあるとみなされた。しかし，どのような魅力ある政策選択肢を考案しても，それが有能で魅力ある候補者によって語られないと選挙民に伝わることはない。すでに2016年の大統領候補者として，例えば自身がヒスパニックであるフロリダ州選出上院議員ルビオ（Marco Rubio），穏健派のニュージャージー州知事クリスティ（Chris Christie）らの名前が挙がっている。次の共和党の大統領候補者は，連邦下院の保守派共和党指導部と保守派議員に対抗し，マイノリティからも支持を得られる者でなければならない。

　要するに，現在，共和党に求められているのは新しい政策，新しいリーダー，そして新アイデンティティである。そして，このような新しい共和党を構築するための作業は，決して簡単なものではない。

第4節　おわりに：「脱保守化」のきざし

　アメリカでは2008年にオバマが民主党大統領候補者の指名を獲得すると，相反する2つの大きな政治潮流が発生した。

　第1の潮流は，オバマ大統領を支持する新しい選挙民が動員されたことである。大統領候補者オバマは「変化」と「イエス，ウィキャン」を合言葉に，分断されたアメリカを1つにまとめることを訴え，精力的に選挙運動を展開した。これに呼応するように，若者はソーシャル・ネットワーキング・サービス（SNS）を利用して新しい運動の形を考案し，

オバマを支持する輪を広げた。また，アウトリーチ戦略により2008年には黒人が，2012年にはアジア系が選挙運動と投票に動員された。このような動員が技術発展と新しい選挙戦略によって可能になったとしても，それは大統領候補者および大統領としてのオバマの存在と，アメリカの人口構成の長期的変化——全人口に占める白人比率の減少とヒスパニック比率の増大——に支えられていた。

第2の潮流は，反オバマ大統領勢力が結集し，2011年以降，連邦下院の共和党指導とオバマ大統領が真正面から衝突したことである。2010年3月に医療保険改革法が成立すると，ティーパーティ運動が台頭・活発化し，オバマケアに反対して小さな政府の実現を求めた。2010年の中間選挙において共和党が連邦下院の過半数を獲得すると，若手の保守派議員が執行部に入り，2011年初頭から2012年度会計予算および連邦債務の上限引き上げ問題で，オバマ政権と真正面から対立した。背後では，反税共和党エリート集団とティーパーティが協力して，大統領提案に妥協しないように各選挙区の共和党議員に圧力をかけた。

さて，とくに2010年以降，アメリカではこれら2つの政治潮流が顕著化し，対決型政治が注目された。しかし，アメリカ政治や社会の別の側面に目を向け詳細に検討すると，選挙民と政治家の間での政治や政策の選好に変化の兆しを見ることができる。

第1に，2012年の大統領選挙以降，オバマ大統領の中道政策と政治運営は国民一般から高い支持を獲得していた。2012月11月から2013年3月まで，オバマ大統領の支持率は50％を超えていた。これは国民の多くが，これまでの共和党政権とは異なるオバマ政権の政策——市場メカニズムを応用しつつ，最低限であるとしても連邦政府がサービスを提供し，教育と研究に投資し，貧富の差を縮める政策——を評価し，受け入れ始めた兆候と考えてもよいであろう（Cillizza and Sullivan 2013）。

第2に，2012年5月にオバマ大統領が公に同性婚を支持して以来，国民の間で同性婚を認める者の比率が高まった。ワシントンポストとABCの世論調査によると，2004年には同性婚を非合法と考える回答者

が約60％，合法と考える回答者が30数％であったものが，2009年にはほぼ同率になり，2013年3月には,合法と答える者が58％，非合法と答える者が36％と比率が逆転した。共和党支持者全体の中では,非合法59％,合法34％となお反対者の比率が高いものの，19〜49歳の年齢層に限定すると,合法52％，非合法43％と支持者の比率が高くなる（Cohen 2013）。高齢者と宗教右派が引き続き同性婚に強く反対するとしても，時間が経過するとともに，同性婚はアメリカの国論を2分する争点ではなくなり，その結果，2大政党の間の主要争点でなくなることが予想される[11]。

　第3に，これまで政党が真正面から対立していた争点をめぐり，合意形成の努力が始められたことである。これを象徴するのが，2013年4月16日に8名の連邦上院議員が超党派で提出した新移民法案であろう[12]。これは，2011年末前に入国した不法移民が，犯罪歴の調査などを受け13年間を過ぎれば市民権を申請することができる，というものである。ワシントンポストとABCが新法案提案の直後に行った世論調査によると，63％の回答者がこの法案に賛成し，69％が13年間は長すぎると答えている（Washington Post 2013）。

　今後，国境の取り締まり強化策や待機期間は今後とも議論されるであろうし，反対派議員はこれまでの法案と同様に多数の修正案を出し，時間切れ廃案になることを目指している。また，2013年4月15日にボストン市で起こった移民による爆弾テロ事件により，国民の間での同法案への懸念が高まるかもしれない。しかし，かつて2大政党の間での主要争点であった移民政策の改革案が，超党派の議員によって提出されることは注目に値する。また，112議会以降，オバマ大統領と連邦下院の共和党指導部が対立する場合，しばしば妥協案を提示し，歩み寄りを試みてきたのが，連邦上院の両党指導部と有力議員であった。将来，アメリカの人口構成が大きく変わることを考えると，このような試みは大きな意味をもつ。なお，同法案は2013年6月28日に連邦上院で可決（68対32）されて下院に送付されたものの，下院が同法案を可決する見込

みは低い(Parker and Martin. 2013)。

　第4に，かつてアメリカ政治を大きく動かした宗教右派の影響力が低下しつつある。最近の宗教右派には，ファルウェル（Jerry Falwell）やロバートソン（Pat Robertson）のようなカリスマ的リーダーが不在である。資金不足により組織の維持が難しく，明確なメッセージがなく若者の補充ができなかったため，宗教右派メンバーは高齢化した（Kazin 2012）。最近の調査によると，福音派として育てられた若者の過半数が教会に通わず，福音派は社会勢力としても衰退しつつある（Dickerson 2012）。そして，宗教右派は神の道徳的規準に反するという理由で人工妊娠中絶反対と同性愛・同性婚反対という2点に集中してきたものの，人工妊娠中絶と同性婚を支持するオバマ大統領が再選され，人工妊娠中絶と同性婚に反対した連邦議員の多くが落選した。これは宗教右派の道徳的前提が国民の多くに受け入れられないことを意味し（Clark 2012），宗教右派は政治との関係の根本的な見直しを求められている。

　第5に，2010年の中間選挙において共和党選挙運動で宗教右派にとって代わったティーパーティ運動は，2012年選挙を境に勢いを失いつつある。まず，連邦下院では，同院共和党でティーパーティ・コーカス――一時メンバーは60名を超えた――を設置したバックマン（Michele Bachmann）議員は大統領候補者指名競争に名乗りを上げたものの，アイオワ州ですらいい結果を残せなかった。連邦上院議員選挙では，ティーパーティ運動を支持する2名の現職が不用意な発言で落選した。また12月に，運動の主要なリーダーの1人であるデミント（Jim DeMint）が上院議員を辞任してヘリテージ財団の理事長に就任し，フリーダムワークスのアーミーは組織内問題で同議長を辞職した。主要なリーダーを失った結果，ティーパーティは運動として存続するか，連邦議会の1グループになるかの選択を迫られている（Gabriel 2012 ; Whalen 2013）。そして，国民のティーパーティ運動に対する支持は低下する傾向にある。

　こうした多くの変化の兆しが示唆するのは，おそらくアメリカが「脱保守化」に向けて動き始めたということであろう。1981年から2009

年までのアメリカは，事実上の保守政治の時代であった。レーガン政権，ブッシュ（父）政権は，小さな政府と規制緩和を推し進め，クリントン民主党政権は，社会の保守化に合わせて政治の中道化を図った。2000年選挙で当選したあと，ブッシュ（子）大統領は強いアメリカと思いやりのある保守主義を実践した。要するに，民主党クリントン政権という8年間の中道政権が間に入るとしても，この30年間のアメリカ政治は一貫して保守主義を底流としていた。この間にアメリカの政治経済社会が大きく変わったことを考えると，2010年代から政策の見直しが始まったとしても決して不思議ではあるまい。

　アメリカを理解するには，何が政治と社会を動かすのかを知らなければならない。アメリカでは基本的な制度――厳格な権力分離制，連邦制，予備選挙制，2大政党制――は不変であり，政党自体は強力な政治アクターではなく，分割政府は制度と政治に内在している。そうした中で，そのようなばらばらの制度をある方向に動かすのは，新しい政策選好をもつ選挙民の出現と新しい世代の政治家の台頭である。オバマ大統領が新しい政策選好をもつ選挙民の出現によって誕生したアメリカ初の黒人大統領であることは言うまでもない。そして，そのような新しい政策選好をもつ大統領が新しい政治変化を促進する役割を担っていると予想しても，大きな誤りはないであろう。

（補足：筆者が本章を脱稿した2013年7月末以降に，オバマ大統領の評価を引き下げるような大きな出来事が続いた。それは，シリア政府軍に化学兵器の利用への対応問題とアジア諸国訪問の中止問題であった。

　シリア政府軍が反政府勢力に対して化学兵器を使用したという報道（2013年8月21日）に直面して，化学兵器の使用は「越えてはいけない一線」としてシリアに繰り返し警告してきたオバマ大統領は，最初，軍事介入の可能性をほのめかした。しかし，この問題への対応策をめぐり西欧諸国の足並みが乱れ，また，アメリカ国内でも他国への軍事介入を

疑問視する声が大きくなると，オバマ大統領の決意は揺れ動き，彼の主張は軍事介入から外交努力による問題解決に変わった。最終的には，オバマ大統領はシリアの化学兵器を国際管理下におくというロシアのラブロフ外相の提案を受け入れ，ロシアの仲介に救われる形となった。

このようなオバマ大統領の一連の態度の変更は，アメリカ国内では彼には決断力とリーダーシップがないと批判され，また，同盟諸国の間では，アメリカによる迅速な反撃という前提が崩れると抑止効果が低下するという懸念が表明された。リビア内戦やエジプト内乱に対する政策不在へと合わせて，これらの事例は，国際社会の安定や国際紛争の解決におけるアメリカの影響力がますます低下することを意味する。

また，オバマ大統領は，連邦政府の一部閉鎖に対処し，10月17日に迫った債務不履行を回避するために，アジア諸国の歴訪を中止した。その結果，オバマ大統領は，7日と8日にインドネシアのバリ島で開催されたアジア太平洋経済協力会議（APEC）の首脳会議，TPP交渉の首脳会議，そして，9日と10日にブルネイで開催された東アジアサミットを欠席せざるをえなかった。

TPPはオバマ大統領が中心になって推進した経済政策であり，また，APEC首脳会議と東アジアサミットはアメリカが東南アジア諸国と協力して中国を牽制する場であったことを考えると，アジア諸国の歴訪中止は，アジア太平洋地域における米国の存在感の低下を意味する。オバマ政権が主張するアジア重視戦略にとって大きな痛手になるのは明らかである。

国際問題と国内問題は直接的には無関係であるとしても，国際問題の解決におけるオバマ大統領の影響力の低下は，国内における彼の支持率やリーダーシップに少なからず影響する。実際，2013年10月から新医療保険をウエブサイトで受け付けを始めると，不具合が多発して多くの国民が申し込むことができず，この問題は11月に入ってもなかなか改善されなかった。他方，企業利益や株価は上昇したものの，平均賃金は変わらず，格差はむしろ拡大した。その結果，オバマ政権の支持率は，

第7章　評価と展望：連邦政府の機能障害の克服と"オバマ後"のアメリカ政治　221

2013年12月より低下し始めた。

　本章では，レーガン共和党大統領が定め，その後の大統領が踏襲してきた政策方針をオバマ大統領が大きく変更する可能性があり，選挙民と政治家の間にも政治や政策への選好に変化の兆しが観察されると指摘した。しかし，オバマ大統領の支持率とリーダーシップの低下は，期待される政策アジェンダの変更を遅らせるかもしれない。また，たとえオバマ大統領が国内政治における政策アジェンダ変更に成功したとしても，国際社会におけるアメリカの役割低下の事実であり，彼のアジア重視戦略の見直しが迫られる可能性もあろう。

注

1　連邦下院共和党の既成機関が現職議員の再選にしか関心を示さないことに不満をもっていたカンター，マッカーシー，ライアンは，改革志向の新人候補者を補充し当選を確実にするために，2007年に「ヤングガン計画（Young Gun Program）」を立ち上げた。2010年の中間選挙では90名以上の「ヤングガン」候補者のうち60名が当選し，共和党が多数党の地位を獲得することに貢献した。2009年1月，共和党の景気刺激策を提出してほしいというオバマ大統領の求めに応じて，当時の連邦下院少数党院内総務ベイナーは，院内幹事カンターをリーダーとする下院共和党経済回復に関する作業グループ（House Republican Working Group on Economic Recovery）を設置し，このグループが共和党案を作成した。したがって，「ヤングガン」メンバーと共和党経済回復作業グループのメンバーは重複し，保守的政策志向でも共通している。カンターらが「ヤングガン計画」を立ち上げた理由と彼らの一般的政策提案は，Paul Ryan, Eric Cantor, and Kevin McCarthy, *Young Guns: A New Generation of Conservative Leaders*, 2010を参照。経済回復作業グループが作成した提案は，http://majorityleader.gov/newsroom/2005/05/canter-house-republican-economic-recovery-working-group-release-new-youcut-proposals.htmlを参照（2013年3月25日にアクセス）。

2　成長クラブは，ムーア（Stephen Moore），ローズ（Thomas Rhodes），ギルダー（Richard Gilder）によって1999年に設立された団体（財政上501(c)4）であり，Club for Growth ActionというスーパーPACをもつ。ホームページによると，同団体の目的は，所得税率の引き下げ，相続税の廃止，歳出制限と予算改革を通じての小さな政府の実現，社会福祉改革，自由貿易の拡大などである。

3　2004年に「健全な経済を求める市民（Citizens for a Sound Economy）」が，

フリーダムワークスと「繁栄を求めるアメリカ人基金」に分裂した。「繁栄を求めるアメリカ人」は，後者を基礎にコーク兄弟（製造業・通商・投資部門からなる多国籍企業のオーナー）の支援で設立された。ホームページによると，同団体の目的は，市民教育と市民の動員，課税と政府支出の削減，規制緩和，司法での公正の回復である。

4 革新主義的リアリズムは，もともと2006年にジャーナリストのライトが造り出した用語である。彼によると，ポスト冷戦時代を通じて，安全保障の地形は大きく変わり，ある点では悪化している。しかし，この環境変化にはまれにしか気づかれない利点もある。今，与えられた円と同積の正方形を求める，すなわち「理想主義者の人道主義的目的と現実主義者の強力な論理を調停させる」ことに近い外交政策パラダイムを構築することが可能である。Robert Wright, "An American Foreign Policy That Both Realists and Idealists Should Fall in Love With," http://www.nytimes.com/2006/07/16/opinion/16wright.html（2013年3月26日にアクセス）

5 本書は翻訳され，2007年に『合衆国の再生―大いなる希望を抱いて』のタイトルで刊行された。「第4章　再生のための政策」で，アメリカ経済と福祉制度の現状分析と問題解決策が詳細に述べられている。

6 政権の医療保険改革には，州児童医療保険プログラムの拡張案，国民の医療記録のコンピューター化，総合包括予算再調整法（COBRA: Consolidated Omnibus Budget Reconcili- ation Act）の医療保険の失業労働者への適用など，多数の改革案が含まれていた。市場メカニズム原則に基づき，それゆえオバマ改革の核心とみなされる医療保険市場（Health Insurance Exchange）―個人と中小企業が集団として競争的市場で保険会社と交渉し，比較しながら保険プランを購入する―の創設は，オバマ大統領（側）から提案された。Thomas R. Dye, et al., *Obama: One Year*, 2010, pp.96-97.

7 テシーラとハルピンは「2012年選挙とそれ以降のオバマ連合（The Obama Coalition in the 2012 Election and Beyond）」という報告書をセンター・フォー・アメリカン・プログレス（Center for American Progress）から刊行した。センター・フォー・アメリカン・プログレスは，ヘリテージ財団やアメリカ企業研究所の保守的なシンクタンクに対抗するため，2003年に設置された。同センターは革新主義的な理念と活動を通じてアメリカ人の生活を向上させることを目的とし，初代会長はクリントン大統領の首席補佐官ポデスタ（John Podesta）が務め，現会長はオバマ・クリントン両政権とヒラリー・クリントンの選挙運動のスタッフであったタンデン（Neera Tanden）である。オバマ大統領も最初から上級研究員に名を連ねている。報告書を書いたハルピンは同センターの上級研究員，テシーラはセンチュリー財団と同センターの上級研究員である。

8 ブルードック連合は，公式ホームページによると，「合衆国の財政の安定

と国家の安全を深く支持し，国民の最大のチャレンジに対する超党派の解決策を発見することに専念する財政保守的な民主党議員から構成される連邦下院の公式のコーカス」と定義され，①個人の権利と自由の原則の上に構築され，国民の一般福祉と繁栄に役立つ条件の創出に専心する平等な機会社会を定義する際に，政府は重要かつ建設的な役割を演じる，②規模が大きすぎて介入的すぎる政府は，機会社会の障害となる，③アメリカの納税者の負担は可能な場合には軽減されなければならない，など11項目の使命が列挙されている。http://bluedog.schrader.house.gov/about/（2013年4月10日にアクセス）。同連合は15名のグループから出発し，111議会（2009年1月から2011年1月）には最大の所属議員数54名に達した。その後，議員数は減少し，2012年選挙後，人数は14名となった。

9　公式のホームページによると，ニューデモクラット連合は「アメリカの無欠と刷新の力を信じ」，その任務は「新しいアメリカの雇用，大きな経済的繁栄，より安全で確実な未来に至るようにその想像力を育成し制御する方法を発見する」ことにある。http://newdemocratcoalition-kind.house.gov/about-me（2013年4月10日にアクセス）。同連合は，ビル・クリントンらが創設メンバーに名を連ね，1985年に設置された「民主党リーダーシップ会議（Democratic Leadership Council）」に加盟している。2012年選挙後直後，同連合は記者会見で，所属議員数51名を数える同連合が民主党内最大の会派であると宣言した。http://newdemocratcoalition-kind.house.gov/press-release/new-democratic-coalition-more-one-fourth-democratic-caucus（2013年4月10日にアクセス）

10　http://www.washingtonpost.com/wp-srv/politics/polls/postabcpoll_20121216.htm（2013年4月10日にアクセス）

11　アメリカでは，これまで12州と首都ワシントンで，同性婚が認められていた。2013年6月26日，連邦最高裁判所は同性婚に関する2つの判決を出した。第1の判決で連邦最高裁判所は，同性婚が合法と認められている州で結婚した同性カップルに配偶者控除や相続税などの優遇措置を認めていない1996年に制定された連邦結婚擁護法（Federal Defense of Marriage Act）を，「同性婚の定義，威厳，擁護を拡張する州の決定である」という理由で無効とした。ただし，これは連邦結婚擁護法の規定（セクション3）を違憲とするもので，テキサス州など35州の同性婚を違法とする州法を違憲とするものではなかった。第2の判決において連邦最高裁判所は，カリフォルニア州からの訴えを却下することにより，同州での同性婚を実質的に認めた。カリフォルニア州では2008年に同性婚を禁止する州憲法修正提案（提案第8号）が住民投票により可決された。地方裁判所が平等の保護をうたった連邦憲法第14修正に違反すると判断した後，同州は控訴を断念し，代わりに州民投票の推進者が控訴した。連邦高等裁判所は訴えに違

憲判決を下したものの，今回最高裁判所は，州民投票の推進者に控訴する権利はないとして訴えを却下した。これにより，カリフォルニア州を含め同性婚が認められるのは13州となった。Jess Bravin, "Historic Win for Gay Marriage: High Court Rulings Lift Bans on Federal Same-Sex Benefits, Weddings in California," http://online.wsj.com/article/SB10001424127887324520904578553500028771488.html（2013年7月2日にアクセス）.

12 同法案は844頁にも及ぶ膨大なものであり，8人組（Gang of Eight）と称される超党派議員の作業グループによって作成された。メンバーのうちの民主党議員は，シューマー（Charles E. Schumer, ニューヨーク州選出），メネンデス（Robert Menendez, ニュージャージー州選出），ダービン（Richard J. Durbin, イリノイ州選出），ベネット（Michael F. Bennet, コロラド州選出）の4名，共和党議員は，グラハム（Lindsey O. Graham, サウスカロライナ州選出），マケイン（John McCain, アリゾナ州選出），ルビオ（Marco Rubio, フロリダ州選出），フレーク（Jeff Flake, アリゾナ州選出）の4名である。

引用参考文献

Bouie, Jamelle. 2013. "Forward: The Future of the Democratic Party," in Larry J. Sabato, ed., *Barack Obama and the New America: The 2012 Election and the Changing Face of Politics*.

Cassidy, John. 2013. "What Kind of Liberal is Obama? An Increasingly Crafty One." http://www.newyorker.com/online/blogs/johncassidy/2013/01/but-what-kind-of-liberal-is-obama.html（2013年4月3日にアクセス）

Cillizza, Chris, and Sean Sullivan. 2013. "People (still) really like President Obama." http://www.washingtonpost.com/blogs/the-fix/wp/2013/03/27/people-still-really-like-President-Obama/（2013年4月23日にアクセス）

Clark, Fred. 2012. "Why the white evangelical religious right can no longer presume to claim moral superiority." http://www.patheos.com/blogs/slacktivist/2012/11/08/why-the-white-evangelical-religious-right-can-no-longer-presume-to-claim-moral- superiority（2013年4月23日にアクセス）

Cohen, Jon. 2013. "Gay marriage support hits new high in Post-ABC poll." http://www.washingtonpost.com/blogs/the-fix/wp/2013/03/18/gay-marriage-support-hits-new-high-post-abc-poll（2013年4月23日にアクセス）

Costa, Robert. 2013. "A Time for Choosing: The Future of the Republican Party," in Larry J. Sabato, ed., *Barack Obama and the New America: The 2012 Election and the Changing Face of Politics*.

Dickerson, John S. 2012. "The Decline of Evangelical America." http://www.nytimes.com/2012/12/16/opinion/sunday/the-decline-of-evangelical-america.html（2013年4月23日にアクセス）

Gabriel, Trip. 2012. "Clout Diminished, Tea Party Turns to Narrower Issues." http://nytimes.com/2012/12/26/us/politics/tea-party-its-clout-dimished-turns-to-fringe-issues.page.html（2013年4月23日にアクセス）
Goldfarb, Zachary A. 2013. "Obama, Congressional Leaders Fail to Reach Deal on Sequester." http://www.washingtonpost.com/politics/obama-meets-congressional-leaders-on-sequester（2013年4月5日にアクセス）
Jacobs, Lawrence R. 2012. "Barack Obama and the Angry Left: the Fight for Progressive Realism," in Jacobs, L. R. and Desmond King, eds., *Obama at the Crossroads: Politics, Markets, and the Battle for America's Future*
Kazin, Michael. 2012. "The End of the Christian Right." http://www.newrepublic.com/article/politics/99679/whose-afraid-the-christian-right-the-precipitous-political-decline-conservati（2013年4月23日にアクセス）
Lawder, David. 2013. "Senate to Pass Budget. Ushering in Lull in Fiscal Battle." http://www.reuter.com/article/2013/03/23/us-usa-fiscal-budget-idUSBRE92KOP52030323（2013年4月13日にアクセス）
Lillis, Mike, 2012. "New Dems hope to be a force in 113th Congress." http://thehill.com/homenews/house/268567-new-dems-hope-to-be-a-force-in-113th-congress（2013年4月9日にアクセス）
Mann, Thomas E., and Norman J. Ornstein. 2012. It's *Even Worse Than It Looks: How the American Constitutional System Collided with the New Politics of Extremism.*
Montgomery, Lori. 2013a. "Ryan Set Stage for a Budget Duel, Targets Health-Care Law." http://articles.washingtonpost.com/2013-03-12/business/37636213_1_new-jobs-package-gop-budget-committee-chairman-party-murray（2013年4月13日にアクセス）
Montgomery, Lori. 2013b. "Obama Releases a budget plan with a simple goal: Ending the debate standoff." http://articles.washingtonpost.com/2013-04-10/business/38415029_1_senate-republicans-president-obama-entitlement-reform（2013年4月13日にアクセス）
Parker, Ashley, and Jonathan Martin. 2013. "Senate, 68 to 32, Passes Overhaul for Immigration." http://www.nytimes.com/2013/06/28/us/politics/immigration-bill-clears-final-hurdle-to-senate-approval.html（2013年7月2日にアクセス）
Shear, Michael D., 2012. "Demographic Shift Brings New Worry for Republicans." http://www.nytimes.com/2012/11/08/us/politics/obamas-victory-presents-gop-with（2013年3月27日にアクセス）
Skocpol, Theda, and Vanessa Williamson. 2012. *The Tea Party and the Remaking of Republican Conservatism.*
Steinhauer, Jennifer. 2013. "Divided House Passes Tax Deal in End to Latest Fiscal Standoff." http://www.nytimes.com/2013/01/02/us/politics/house-takes-on-fiscal-

cliff.html（2013年4月10日にアクセス）
Teixeria, Ruy, and John Halpin. 2012. "The Obama Coalition in the 2012 Election Beyond." http://www.americanprogress.org/wp-content/uploads/2012/12/ObamaCoalition-5.pdf（2013年4月6日）
The United States Census Bureau, U.S. Department of the Commerce, Population Projections. http:www.census.gov/population/projections/national/2008/summarytables.html（2013年4月9日にアクセス）
The View from the West. 2013. "Republican 'elders' plot moderate course." http://www.winnipeg freepress.com/opinion/westview/republican-elders-plot-moderate-course（2013年3月27日にアクセス）
The White House, Office of the Press Secretary. 2013a. "Inaugural Address by President Barak Obama." http://www.whitehouse.gov/the-press-office/2013/01/21/inaugural-address-by-president-barack-obama（2013年4月18日にアクセス）
The White House Office of the Press Secretary. 2013b. "President Barack Obama's 2013 State of the Union." http://www.whitehouse.gov/the-press office/2013/02/13/president-obamas-2013-state-of-the-union（2013年4月18日にアクセス）
Washington Post. 2013. "April 2013 Post-ABC poll-economy-gun control-and-immigration issues." http://www.washingtonpost.com/page/2010-2019/WashingtonPost/2013/04/16/ National-Politics/Polling/release_226.xml?wpisrc=nl_fix（2013年4月23日にアクセス）
Weatherford, M. Stephen. 2012. "Economic Crisis and Political Change: A New New Deal?" in Bert A. Rockman, Andrew Rudalevige, and Colin Campbell, eds. 2012. The Obama Presidency: *Appraisals and Prospects*.
Weisman, Jonathan. 2013a. "Senate Passes Legislation to Allow Taxes on Affluent to Rise." http://www.nytimes.com/2013/01/02/us/politics/senate-tax-deal-fiscal-cliff.html（2013年4月10日にアクセス）
Weisman, Jonathan. 2013b. "Senators Restart Talks as Default Looms." http://www.nytimes.com/ 2013/10/16/us/politics/congress-budget-debate.html（2013年10月26日にアクセス）
Wiseman, Jonathan, and Ashley Parker. 2013. "Republicans Back Down, Ending Crisis Over Shutdown and Debt Limit." http://www.nytimes.com/2013/10/17/us/congress-budget-debate.html（2013年10月26日にアクセス）
Whalen, Bill. 2013. "The Future of the Tea Party." http://www.hoover.org/print/publications/ defining -ideas/article/139406（2013年4月23日にアクセス）
Wider, Ted. 2013. "From Obama, a Proudly Liberal Message." http://www.nytimes.com/2013/ 02/13/opinion/from-obama-a-proudly-liberal-message.html（2013年4月3日にアクセス）

オバマ，バラク，2007『合衆国の再生―大いなる希望を抱いて』棚橋志行訳，ダイヤモンド社。
吉野孝・前嶋和弘編著，2009『2008年アメリカ大統領選挙：オバマの当選は何を意味するのか』東信堂。
吉野孝・前嶋和弘編著，2012『オバマ政権と過渡期のアメリカ社会：政党，選挙，制度，メディア，対外援助』東信堂。

エピローグ

吉野 孝

　本書は,『2008年アメリカ大統領選挙：オバマの当選は何を意味するのか』(東信堂, 2009年8月),『オバマ政権はアメリカをどのように変えたのか：支持連合・政策成果・中間選挙』(東信堂, 2010年7月),『オバマ政権と過渡期のアメリカ社会：選挙, 政党, 制度, メディア, 対外援助』(東信堂, 2012年3月)に続く, 4冊目の研究成果である。筆者は昨年度に引き続き, 早稲田大学の日米研究機構――「早稲田大学の各学術院に分散する個々の研究者と, アメリカ側の研究パートナーに共同研究の場を提供する」という新しいタイプの研究所――で研究グループのまとめ役をつとめた。2012年度は「オバマ政権と2012年選挙」というテーマのもとに, 5回の研究会を開催した。それらの報告に加筆訂正し, オバマ政権2期目の外交課題に関する章と, アメリカ政治の動向と展望に関する結論章を加えたのが本書である。

　日米研究機構にアメリカ政治部会をおき, 人種, 政党, 選挙運動, メディア, 投票行動, 連邦議会などを専門とするアメリカ政治の研究者に声をかけ, 研究活動を始めたのは, 2008年7月のことであった。また2012年度から科研費を獲得し, アメリカでの調査や資料収集を含めて研究活動の幅が広がった。その結果, 今回の4冊目の研究成果を出版することにより, オバマ大領領の誕生から政権第2期目の開始まで, オバマ政権の第1期を中心に5年間に及ぶアメリカ政治の詳細な研究を刊行することができた。

　本研究を一貫するテーマは,「分断されたアメリカを修復することは可能か」であり, オバマ政権第1期を中心に多面的な研究を続けた。し

かし、「分断されたアメリカはまだ修復されていない」というのが結論であり、最後に「脱保守化」の兆しに言及することで終わらざるをえなかった。これが1年ごとの研究会報告をまとめるという方法の限界であるかもしれない。そこで、年度ごとの出版はこの企画をもって一休みし、今後は、研究テーマを「オバマ政権」から「アメリカの選挙デモクラシー」に変え、1960年代中頃までうまく機能していたアメリカのデモクラシーが機能障害に陥ってしまった理由を中・長期的視点から検討するというプロジェクトに集中する。読者の方々から、これまでの3冊の著作を含めての分析や解釈についてご意見やコメントをいただければ幸いである。

　本書の刊行にあたり、多くの方々の暖かいご支援をいただいた。まず、早稲田大学の日米研究機構から、研究報告をまとめて出版する許可と出版助成をいただいた。同機構の柴田健治事務長に心からの謝意を表したい。また、定例研究会の報告者との連絡や会場の準備などで、事務局の鈴木恭子さん、波多野篤子さん、阪元恵子さん、市瀬秋水さんにお世話になった。ここであらためてお礼を申しあげたい。

　最後に、この出版企画を引き受け、いろいろ相談にのっていただき、執筆者の原稿が完成するまで辛抱強く待っていただいた東信堂社長の下田勝司氏には、心よりお礼を申しあげたい。また、共編者としていろいろ相談にのっていただき、多くの原稿の点検をお願いし、表記の統一や索引の作成でご協力をいただいた前嶋和弘先生にも、この場を借りて、心よりお礼を申しあげたい。

　2014年1月

編著者を代表して　吉野　孝

事項索引

「→」は同じ意味をもつ索引語を,「⇢」は関連する索引語を示す.

【あ行】

アウトリーチ　　　　　iii–iv, 63–64, 69, 76, 78, 83–84, 87–94
アジア(太平洋諸島)系　iv, 71, 75, 80–83, 89–90, 211, 213, 216
アジア太平洋重視戦略　169–171, 177, 180–181, 184、
　⇢戦略的展開(ピボット)
　⇢リバランス(rebalance＝均衡回復)
アフガニスタン　　i, 87, 160, 167, 186, 190, 191
アフリカ系　　63, 69, 71, 74, 80, 92–94
　→黒人
移民　37–39, 44, 46–48, 103, 161, 191, 217
医療保険　102–133, 194–195, 208, 222
　——改革　　　　　　　　38, 65, 133
　——制度　　　　　　　　　　　194
院内幹事　　　　　　　129, 133, 221
院内総務　　　　　128–129, 193, 221
ウォール街占拠運動(Occupy Wall Street Movement)　　　　　　146–149
運営政策委員会　　　　　　　　128
エアシーバトル構想　　　　161, 163
オフショア　　　　　v, 161–164, 176

【か行】

下院議長　　　　　　　　　　　128
カズンズ対ウィゴダ　　　　　　　4
環太平洋経済連携協定(TPP)　165–166, 179, 191, 220
議員総会(Caucus, Conference)　　　　　　　　　127–128, 130
議会指導部　125–127, 129–131, 133, 135, 137–139, 141–143, 145–150, 152–156
議長　　　　　　　　　　　128, 133
共和党指導部　　　　　　　　　134
空中戦　　　　　　　　　iii, 50, 58
経済愛国主義　　　　　　65–66, 68
黒人　99, 111–116, 118–211, 216, 219
　→アフリカ系
コミュニティー・オーガナイザー　65

【さ行】

財政の崖　　　　　　185, 191, 193–194
サイバー戦　　　　　　　iii, 50, 58
指導部　　　　125, 130, 132–134, 151
　——主導　　　　　　　　　　129
社会的望ましさバイアス(social desirability bias)　　109–110, 112–113, 118
条件付政党政府論(Conditional Party Government Theory)　　　　127
スイング・ボート　　　　　　64, 84
スーパーチューズデー　9, 12, 16, 20, 31
スーパーPAC　　iii, 15, 19, 29–30, 50, 53–54, 64, 75, 85, 199, 203, 221
政策委員会　　　　　　　　127–128
政党再編成　　　　　　　　　　153
政府閉鎖(government shutdown)　195,

198
責任政党政府　　　　　　　　　154
選挙委員会(Hill Committee)　127–129,
　　130, 155
選挙デモクラシー　　　　　　　　3
戦略的転回(ピボット)　　　　　177
　　→リバランス(rebalance＝均衡回復)
　　→アジア太平洋重視戦略
争点重要性(顕出性：salience)　　34
ソーシャル・ネットワーキング・サービス
　　(SNS)　　　　　　　　　i, 132
　　→ソーシャルメディア
ソーシャルメディア　　49, 52, 90–91
　　→ソーシャル・ネットワーキング・
　　　サービス(SNS)

【た行】

大胆な希望(The Audacity of Hope)　207
大統領野党(opposition party)　134, 155
大統領与党(presidential party)　134, 155
地上戦　　　　　　　　　iii, 50, 58
ティーパーティ　　　i, 102, 134, 141,
　　146–149, 151–153, 156, 196, 201,
　　203–204, 213–214, 216, 218
テロ　　　　　　　　38–41, 46, 48, 133,
　　175–176, 185, 190–191, 217
統一政府　　　　　　　　　　　196
党指導部　　　　　　　　　　　132
同性愛　　　　　　　　　69, 71, 161
　　→LGBT(同性愛・両性愛・性転換者)
同性婚　　　　37, 39–40, 44, 46–48,
　　103–104, 216–217, 223
党大会　　　　iv, 76, 78–79, 88, 93
独立支出　　　　　　　　　　15, 53

【な行】

内容分析　　　　　　　　　　35, 45
2極化　　　　　　　　　　　　199
ニューデモクラット　　208, 212, 223

【は行】

繁栄を求めるアメリカ人(Americans for
　　Prosperity)　　　　　　　　203
ヒスパニック(系)　　28, 69, 71–72,
　　78, 80, 93, 99, 103, 119–120, 211,
　　213, 215– 216
　　→ラティーノ
ビッグデータ　　　　　　　　50, 52
ピボット戦略　　　　　　　　　185
ブルードック連合(Blue Dog Coalition)
　　　　　　　　　　　　212, 222
フロントローディング　　　　35, 59
分割政府　　　　　　　　196, 200
分極化　　　　　　125–127, 129, 135
分割政府　　　　　　　　　　　196

【ま行】

マスメディアの議題設定機能(agenda-
　　setting function of the media)
　　　　　　　　　　　　　　33–34
末日聖徒イエス・キリスト教会　　98
　　→モルモン(教)
民主党全国委員会(DNC)　67, 76, 79
メガ・ドナー　　　　iii, 15, 29, 30
メディアの分極化　　　　　　55, 59
メディケア(高齢者用公的医療保険)
　　　　　　　189, 191, 203, 210, 214
メディケイド(低所得者用公的医療保険)
　　　　　　　　　　　　　189, 210

モルモン（教） ii, 98, 108–115
　→末日聖徒イエス・キリスト教会

【や行】

ユダヤ教徒 120, 121
ユダヤ系 71, 75, 80, 83–89
予算管理法 192

【ら行】

ラティーノ 71, 80, 82
　→ヒスパニック（系）
リスト実験 110–111, 114
リバランス（rebalance＝均衡回復）
　　　　　　　　165, 168, 177, 185
　→アジア太平洋重視戦略
　→戦略的展開（ピボット）

リバランス戦略 185
ローズガーデン戦略 iii, 43, 58

【アルファベット】

J-Street 85–88, 90, 94
LGBT（同性愛・両性愛・性転換者）
　　　　　　　　　　　　71–72, 80
　→ 同性愛
LGBTアウトリーチ 75
"pivot"（転回軸）から「ピボット戦略」 185
Waseda American Voter Survey
　　　　　　　v, 105, 110, 126, 140

人名索引

【か行】

ギングリッチ　　　17–18, 20–21, 23–25, 27, 103, 131, 133, 138, 153, 198, 203
クリスティ　　　215
ケイン　　　14, 17–19
ケリー　　　v, 160, 167, 169, 170–172, 174, 176–177, 179, 181
コーク兄弟　　　222

【さ行】

サントラム　　　17–25, 27, 30, 102, 116

【た行】

デミント　　　218

【な行】

ノーキスト　　　202

【は行】

バイデン　　　29, 31, 42, 170–171, 193

バックマン　　　17
ハンツマン　　　17–18, 110
ベイナー　　　193, 221
ペリー　　　17–18, 27
ポール　　　17–18, 23, 102
ポーレンティー　　　17–19

【ま行】

マコーネル　　　193

【ら行】

ライアン　　　103, 151, 194, 198, 221
ルビオ　　　215, 224
ロムニー　　　ii–iv, 17, 18, 19, 20–22, 24–28, 31, 37, 45, 49, 52, 54, 56, 63, 68–69, 71–75, 82, 84, 88–89, 92–93, 97, 98, 102–104, 108–110, 114–117, 119, 170, 201

執筆者紹介(○印　編者)

飯田　健(いいだ　たけし)　第4章
1976年生まれ。同志社大学法学部政治学科卒業。同大学院アメリカ研究科博士前期課程修了を経て，2007年テキサス大学(オースティン)政治学博士課程修了(Ph.D.in Government)。早稲田大学アジア太平洋研究科・助教，神戸大学大学院法学研究科特命講師などを経て，現在，同志社大学法学部准教授。主要著作は，『投票行動研究のフロンティア』(共編著，おうふう，2009年)，『計量政治分析』(共立出版，2013年)など。専攻は，政治行動論，政治学方法論，アメリカ政治。

今村　浩(いまむら　ひろし)　第1章
1954年生まれ。早稲田大学政治経済学部卒業。同大学院政治学研究科博士後期課程修了。早稲田大学社会科学部助手，専任講師，助教授を経て現在教授。1995年から1997年までバージニア大学ウッドロー・ウィルソン政治国際関係学部滞在研究員。専門は，アメリカ政党論，アメリカ政治論，選挙制度論。主要業績は，『巨大国家権力の分散と統合』(共編著，東信堂，1997年)，『誰が政治家になるのか』(共著，早稲田大学出版部，2001年)など。

高畑　昭男(たかはた　あきお)　第6章
1949年生まれ。国際基督教大学教養学部卒業。毎日新聞ロンドン特派員(1982～1987年)，ウィーン支局長(1990～1994年)，ワシントン特派員・北米総局長(1994～1999年)，論説委員，論説副委員長(2000～2007年)，産経新聞論説委員・論説副委員長(2007～2013年)などを経て，現在，白鷗大学経営学部教授。専門は，外交史・安全保障，日米関係など。主要著作は，『サッチャー革命：英国はよみがえるか』(築地書館，1989年)，『クリントンの大逆転』(毎日新聞社，1999年)など。

○**前嶋　和弘**(まえしま　かずひろ)　第2章
1965年生まれ。上智大学総合グローバル学部教授(2014年4月から)。上智大学外国語学部英語学科卒業後，新聞記者を経て1994年渡米，ジョージタウン大学大学院政治学部修士課程修了(MA)，メリーランド大学大学院政治学部博士課程修了(Ph.D.)。敬和学園大学、文教大学を経て現職。専攻はアメリカ現代政治。主要著作は『アメリカ政治とメディア：政治のインフラから政治の主役になるマスメディア』(単著,北樹出版,2011年)，『オバマ政権と過渡期のアメリカ社会：選挙，政党，制度，メディア，対外援助』(共編著，東信堂，2012年)、『オバマ政権はアメリカをどのように変えたのか：支持連合・政策成果・中間選挙』(共編著，東信堂，2010

年)、『2008年アメリカ大統領選挙：オバマ大統領の当選は何を意味するのか』(共編著，東信堂，2009年)，『インターネットが変える政治と社会：日米韓にみる新たな「公共圏」の姿』(共編著，慶応義塾大学出版会，2013年)他。

松本 俊太(まつもと しゅんた) 第5章
1976年生まれ。1999年京都大学法学部卒業。同大学院法学研究科博士後期課程を経て，2006年フロリダ州立大学政治学博士課程修了(Ph.D in Political Science)。2005年10月から名城大学法学部専任講師。2008年4月から同准教授。専攻は，アメリカ政治，議会政治，政策過程論。主要著作は，「オバマ政権と連邦議会：100日と200日とその後」(吉野孝・前嶋和弘編『オバマ政権はアメリカをどのように変えたのか』所収，2010年)，「国会議員はなぜ委員会で発言するのか？―政党・議会・選挙制度―」(『選挙研究』第26巻第2号，2010年(共著))など。

○**吉野 孝**(よしの たかし) プロローグ，第7章，エピローグ
1954年生まれ。早稲田大学政治経済学部卒業。同大学院政治学研究科博士後期課程修了。1984年から1986年までウィスコンシン大学(マディソン)政治学大学院留学。1991年から1993年までジョンズ・ホプキンス大学高等国際問題研究大学院(SAIS)客員研究員。1995年より早稲田大学政治経済学術院教授。専門は，英米政治学，政党論，アメリカ政治。主要著書は，『誰が政治家になるのか』(共著，早稲田大学出版部，2001年)，『2008年アメリカ大統領選挙：オバマ大統領の当選は何を意味するのか』(共編著，東信堂，2009年)，『オバマ政権はアメリカをどのように変えたのか：支持連合・政策成果・中間選挙』(共編著，東信堂，2010年)，『現代の政党と選挙 新版』(共著，有斐閣，2011年)，『オバマ政権と過渡期のアメリカ社会：選挙，政党，制度，メディア，対外援助』(共編著，東信堂，2012年)など。

渡辺 将人(わたなべ まさひと) 第3章
1975年生まれ。北海道大学大学院メディア・コミュニケーション研究院准教授。シカゴ大学大学院国際関係論修士課程修了。米下院議員事務所，上院選対本部を経て，2001年テレビ東京入社。報道局政治部記者として総理官邸，外務省などを担当。同社退社後，2008年コロンビア大学，ジョージワシントン大学客員研究員を経て，2010年から現職。専攻はアメリカ政治。2009年第5回中曽根康弘賞優秀賞受賞。主要著作は『現代アメリカ政治の集票過程：アウトリーチ戦略と政治意識の変容』(日本評論社，2008年)，『評伝バラク・オバマ：「越境」する大統領』(集英社，2009年)，『オバマ政権はアメリカをどのように変えたのか』(共著，東信堂，2010年)など。

オバマ後のアメリカ政治 ―2012年大統領選挙と分断された政治の行方

2014年3月31日　　初　版第1刷発行	〔検印省略〕
	定価はカバーに表示してあります。

編著者©吉野 孝・前嶋和弘／発行者 下田勝司　　　　印刷・製本／中央精版印刷

東京都文京区向丘1-20-6　　郵便振替00110-6-37828
〒113-0023　TEL(03)3818-5521　FAX(03)3818-5514　　発行所 株式会社 東信堂

Published by TOSHINDO PUBLISHING CO., LTD.
1-20-6, Mukougaoka, Bunkyo-ku, Tokyo, 113-0023 Japan
E-mail : tk203444@fsinet.or.jp　http://www.toshindo-pub.com

ISBN978-4-7989-1202-8　C3031　©YOSHINO, Takashi,
　　　　　　　　　　　　　　　　　MAESHIMA, Kazuhiro

東信堂

宰相の羅針盤 総理がなすべき政策	村上誠一郎＋21世紀戦略研究室	一六〇〇円
福島原発の真実（改訂版）日本よ、浮上せよ！このままでは永遠に収束しない	村上誠一郎＋原発対策国民会議	二〇〇〇円
3.11本当は何が起こったか：巨大津波と福島原発　原子炉を「冷温密封」する！まだ遅くない　科学の最前線を教材にした暁星国際学園ヨハネ研究の森コースの教育実践	丸山茂徳監修	一七一四円
オバマ後のアメリカ政治——二〇一二年大統領選挙と分断された政治の行方	吉野孝編著	二五〇〇円
オバマ政権と過渡期のアメリカ社会——選挙、政党、制度メディア、対外援助	前嶋和弘編著	二四〇〇円
オバマ政権はアメリカをどのように変えたのか——支持連合・政策成果・中間選挙	吉野孝／前嶋和弘編著	二六〇〇円
2008年アメリカ大統領選挙——オバマの勝利は何を意味するのか	吉野孝／前嶋和弘編著	二〇〇〇円
政治学入門——夜明けはいつ来るか　日本政治の新しい	内田満	一八〇〇円
政治の品位	内田満	二〇〇〇円
「帝国」の国際政治学——冷戦後の国際システムとアメリカ	山本吉宣	四七〇〇円
国際開発協力の政治過程——国際規範の制度化とアメリカ対外援助政策の変容	小川裕子	四〇〇〇円
アメリカ介入政策と米州秩序——リカ外援助政策の変容	草野大希	五四〇〇円
グローバル・ニッチトップ企業の経営戦略——複雑システムとしての国際政治	難波正憲・鈴木勘一郎・福谷正信編著	二四〇〇円
最高責任論——最高責任者の仕事の仕方	樋尾内起寛	一八〇〇円
現代に甦る大杉榮——自由の覚醒から生の拡充へ	大尾内起寛	二八〇〇円
大杉榮の思想形成と「個人主義」	飛矢崎雅也	二九〇〇円
〔現代臨床政治学シリーズ〕		
リーダーシップの政治学	石井貫太郎	一六〇〇円
アジアと日本の未来秩序	伊藤重行	一八〇〇円
象徴君主制憲法の20世紀的展開	下條芳明	二〇〇〇円
ネブラスカ州における一院制議会	藤本一美	一六〇〇円
ルソーの政治思想	根本俊雄	二〇〇〇円
海外直接投資の誘致政策——インディアナ州の地域経済開発	邊牟木廣海	一八〇〇円
ティーパーティー運動——現代米国政治分析	末次俊之一美	二〇〇〇円

〒113-0023 東京都文京区向丘1-20-6
TEL 03-3818-5521　FAX03-3818-5514　振替 00110-6-37828
Email tk203444@fsinet.or.jp　URL:http://www.toshindo-pub.com/

※定価：表示価格（本体）＋税

東信堂

国際法新講〔上〕〔下〕	田畑茂二郎	〔上〕二九〇〇円 〔下〕二七〇〇円
ベーシック条約集（二〇一四年版）	編集代表 田中・薬師寺・坂元	二六〇〇円
ハンディ条約集	編集代表 松井・薬師寺・坂元	一六〇〇円
国際人権条約・宣言集〔第3版〕	編集代表 松井・薬師寺・小畑・徳川	三八〇〇円
国際機構条約・資料集〔第2版〕	編集代表 香西・安藤・中村	三二〇〇円
判例国際法〔第2版〕	編集代表 松井芳郎	三八〇〇円
国際環境法の基本原則	松井芳郎	三八〇〇円
国際民事訴訟法・国際私法論集	高桑昭	六五〇〇円
国際機構法の研究	中村道	八六〇〇円
条約法の理論と実際	坂元茂樹	四二〇〇円
国際立法——国際法の法源論	村瀬信也	六八〇〇円
21世紀の国際法秩序——ポスト・ウェストファリアの展望	R・フォーク／川崎孝子訳	三八〇〇円
軍縮問題入門〔第4版〕	黒澤満編著	二五〇〇円
宗教と人権——国際法の視点から	N・レルナー／百合子訳	三八〇〇円
ワークアウト国際人権法——人権を理解するために	元中坂・徳川編訳 W・ベネデック編	三〇〇〇円
難民問題と『連帯』——EUのダブリン・システムと地域保護プログラム	中坂恵美子	二八〇〇円
国際法〔第2版〕——市民のための国際法入門	松井芳郎	二八〇〇円
国際法から世界を見る〔第3版〕	浅田正彦編著	二九〇〇円
国際法と共に歩んだ六〇年——学者として裁判官として	小田滋	三六〇〇円
国際法学の地平——歴史、理論、実証	大沼保昭	一二〇〇〇円
国際法／はじめて学ぶ人のための〔新訂版〕	寺谷広司編著	六八〇〇円
小田滋・回想の海洋法	小田滋	七六〇〇円
グローバル化する世界と法の課題	位田・中村・安藤隆一道編	八二〇〇円
〔国際共生研究所叢書〕		
国際社会への日本教育の新次元	関根秀和編	二二〇〇円
国際関係入門——共生の観点から	黒澤満編	一八〇〇円
国際共生とは何か——平和で公正な社会へ	黒澤満編	二〇〇〇円

〒113-0023 東京都文京区向丘1-20-6　TEL 03-3818-5521　FAX 03-3818-5514
Email tk203444@fsinet.or.jp　URL:http://www.toshindo-pub.com/　振替 00110-6-37828

※定価：表示価格（本体）＋税

東信堂

【現代国際法叢書】

国際法における承認——その法的機能及び効果の再検討	王 志安	五二〇〇円
国際社会と法	高野雄一編	四三〇〇円
集団安保と自衛権	高野雄一	四八〇〇円
国際「合意」論序説——法的拘束力を有しない国際「合意」について	中村耕一郎	三〇〇〇円
法と力——国際平和の模索	寺沢 一	五二〇〇円
武力紛争の国際法	真山全編	一四二六〇円
国連安保理の機能変化	松山山尭司編	二七〇〇円
海洋境界確定の国際法	柘山尭司編	二八〇〇円
国際刑事裁判所〔第二版〕	村瀬信也編	近刊
自衛権の現代的展開	村瀬信也	二八〇〇円
国連安全保障理事会	村瀬信也編	三三二〇〇円
集団安全保障の本質	松浦博司	四六〇〇円
海の国際秩序と海洋政策	栗林忠男・秋山昌廣編著	三二〇〇円
相対覇権国家システム安定化論——東アジア統合の行方	柳田辰雄	二四〇〇円
国際政治経済システム学——共生への俯瞰	柳田辰雄	一八〇〇円
イギリス憲法I 憲政	幡新大実	四二〇〇円
イギリス債権法	幡新大実	三八〇〇円
根証文から根抵当へ	幡新大実	二八〇〇円
判例ウィーン売買条約	井原宏・河村寛治編著	四二〇〇円
グローバル企業法	井原宏	三八〇〇円
国際ジョイントベンチャー契約	井原宏	五八〇〇円
シリーズ《制度のメカニズム》		
アメリカ連邦最高裁判所	大越康夫	一八〇〇円
衆議院——そのシステムとメカニズム	向大野新治	二〇〇〇円
フランスの政治制度〔改訂版〕	大山礼子	二〇〇〇円
イギリスの司法制度	幡新大実	二〇〇〇円

〒113-0023　東京都文京区向丘1-20-6
TEL 03-3818-5521　FAX03-3818-5514　振替 00110-6-37828
Email tk203444@fsinet.or.jp　URL:http://www.toshindo-pub.com/

※定価：表示価格（本体）＋税

東信堂

書名	著者	価格
日本コミュニティ政策の検証——自治体内分権と地域自治へ向けて	山崎仁朗編著	四六〇〇円
現代日本の地域分化——センサス等の市町村別集計に見る地域変動のダイナミックス	蓮見音彦	三八〇〇円
地域社会研究と社会学者群像	橋本和孝	五九〇〇円
地域社会学としての闘争論の伝統		
「むつ小川原開発・核燃料サイクル施設問題」研究資料集	舩橋晴俊編著	一八〇〇〇円
組織の存立構造論と両義性論——社会学理論の重層的探究	舩橋晴俊	二五〇〇円
新版 新潟水俣病問題——加害と被害の社会学	舩橋晴俊編	三八〇〇円
新潟水俣病をめぐる制度・表象・地域	関礼子編	五六〇〇円
新潟水俣病問題の受容と克服	堀田恭子	四六〇〇円
公害被害放置の社会学——イタイイタイ病・カドミウム問題の歴史と現在	藤川賢・飯島伸子編	三六〇〇円
自立支援の実践知——阪神・淡路大震災と共同・市民社会	似田貝香門編	三八〇〇円
[改訂版]ボランティア活動の論理——ボランタリズムとサブシステム	西山志保	三六〇〇円
自立と支援の社会学——阪神大震災とボランティア	佐藤恵	三二〇〇円
個人化する社会と行政の変容——情報、コミュニケーションによるガバナンスの展開	藤谷忠昭	三八〇〇円

《大転換期と教育社会構造：地域社会変革の社会論的考察》

書名	著者	価格
第1巻 教育社会史——日本とイタリアと生活者生涯学習の展開	小林甫	三二〇〇円
第2巻 現代的教養Ⅰ——地域・的展開	小林甫	六八〇〇円
現代的教養Ⅱ——技術者生涯学習の生成と展望	小林甫	六八〇〇円
第3巻 学習力変革——地域自治と社会構築	小林甫	近刊
第4巻 社会共生力——東アジアと成人学習	小林甫	近刊

書名	著者	価格
ソーシャルキャピタルと生涯学習	J・フィールド 矢野裕俊監訳	三二〇〇円
コミュニティワークの教育的実践	高橋満	二〇〇〇円
NPOの公共性と生涯学習のガバナンス	高橋満	二八〇〇円

《アーバン・ソーシャル・プランニングを考える》（全2巻）

書名	著者	価格
都市社会計画の思想と展開	橋本和孝・藤田弘夫・吉原直樹編著	二三〇〇円
世界の都市社会計画——グローバル時代の都市社会計画	橋本和孝・藤田弘夫・吉原直樹編著	二三〇〇円

〒113-0023 東京都文京区向丘1-20-6
TEL 03-3818-5521 FAX 03-3818-5514 振替 00110-6-37828
Email tk203444@fsinet.or.jp URL:http://www.toshindo-pub.com/

※定価：表示価格（本体）＋税

東信堂

書名	著者	価格
ハンス・ヨナス「回想記」	H・ヨナス／木下喬弘・山本訳	四八〇〇円
責任という原理——科学技術文明のための倫理学の試み（新装版）	H・ヨナス／加藤尚武監訳	四八〇〇円
原子力と倫理——原子力時代の自己理解	Th・リット／小笠原道雄編	一八〇〇円
生命科学とバイオセキュリティ——デュアルユース・ジレンマとその対応	河原直人編著	二四〇〇円
バイオエシックス入門【第3版】	今井道夫	二三八一円
バイオエシックスの展望	香川知晶編著	三三〇〇円
死の質——エンド・オブ・ライフケア世界ランキング	松井・小野・飯田・片桐・水野訳	一二〇〇円
生命の神聖性説批判	H・クーゼ／飯田亘之訳	四六〇〇円
概念と個別性——スピノザ哲学研究	朝倉友海	四六四〇円
〈現われ〉とその秩序——メーヌ・ド・ビラン研究	村松正隆	三八〇〇円
省みることの哲学——ジャン・ナベール研究	杉村靖彦	三八〇〇円
ミシェル・フーコー——批判的実証主義と主体性の哲学	越門勝彦	三二〇〇円
カンデライオ（ジョルダーノ・ブルーノ著作集 1巻）	手塚博	三二〇〇円
原因・原理・一者について（ジョルダーノ・ブルーノ著作集 3巻）	加藤守通訳	三二〇〇円
傲れる野獣の追放（ジョルダーノ・ブルーノ著作集 5巻）	加藤守通訳	四二〇〇円
英雄的狂気（ジョルダーノ・ブルーノ著作集 7巻）	加藤守通訳	三六〇〇円
ロバのカバラ——ジョルダーノ・ブルーノにおける文学と哲学	加藤守通訳	三六〇〇円
〔哲学への誘い——新しい形を求めて 全5巻〕	N・オルディネ／加藤守通監訳	
自己	松永澄夫編	三二〇〇円
世界経験の枠組み	松永澄夫編	三二〇〇円
社会の中の哲学	松永澄夫編	三二〇〇円
哲学の振る舞い	松永澄夫編	三二〇〇円
哲学の立ち位置	松永澄夫編	三二〇〇円
哲学史を読むⅠ・Ⅱ	松永澄夫	各三八〇〇円
言葉は社会を動かすか	松永澄夫	三二〇〇円
言葉の働く場所	松永澄夫編	三〇〇〇円
食を料理する——哲学的考察	松永澄夫	二三〇〇円
言葉の力（音の経験・言葉の力 第一部）	松永澄夫	二五〇〇円
音の経験——言葉はどのようにして可能となるのか（音の経験・言葉の力 第Ⅱ部）	松永澄夫	二八〇〇円

〒113-0023 東京都文京区向丘1-20-6　TEL 03-3818-5521　FAX 03-3818-5514　振替 00110-6-37828
Email tk203444@fsinet.or.jp　URL:http://www.toshindo-pub.com/

※定価：表示価格（本体）＋税